2024 전기핵심완성 시리즈 ③

2024
술자격
검정시험대비

전기기기
전기기사 필기

이승학 편저

ENGINEER
ELECTRICITY

예문사

머리말

"기초수학부터 자격증 취득까지 여러분을 인도합니다."

전기공부는 산을 오르는 것과 같습니다. 급한 마음으로 공부한다면 어렵고 힘든 길이 되겠지만 좋은 교재로 차근차근 공부한다면 재미있게 실력을 키울 수 있습니다.

효과적인 학습과 수월한 목표 달성을 위하여 기본에 충실한 교재를 만들기 위해 노력하였습니다. 어려운 내용과 문제보다는 기초를 다진 후 이를 응용하고 적용할 수 있도록 내용을 구성하였습니다. 충분히 기초를 쌓아야 어려운 문제도 풀 수 있습니다.

본 교재는
 -전기를 처음 접하는 수험생
 -오래전에 전기를 공부한 수험생
 -기초수학이 부족한 수험생
을 위해 꼭 필요한 내용을 담았으며 되도록 계산기를 이용하여 풀도록 하였습니다.

자격증 취득 시험은 100점을 맞아야 합격하는 시험이 아니라 60점 이상만 맞으면 합격하는 시험입니다. 문제를 보고 필요한 공식을 즉시 떠올려 적용하는 것이 빠른 합격의 지름길입니다. 이를 위해서는 내용을 여러 번 반복해야만 합니다. 이 교재는 합격에 필요한 내용을 효과적으로 반복할 수 있도록 하여 전기자격증 이라는 산의 정상에 쉽게 오를 수 있도록 돕는 길잡이가 될 것입니다.

본 교재의 다소 미흡한 부분은 추후 개정판을 통해 수정 보완해나갈 것을 약속드리며 출간을 위해 애써주신 예문사에 진심으로 감사드립니다.

저자 일동

시험 가이드 / GUIDE

❶ 전기기사 개요

전기를 합리적으로 사용하는 것은 전력부문의 투자효율성을 높이는 것은 물론 국가 경제의 효율성 측면에도 중요하다. 하지만 자칫 전기를 소홀하게 다룰 경우 큰 사고의 위험이 있기 때문에 전기설비의 운전 및 조작·유지·보수에 관한 전문 자격제도를 실시하여 전기로 인한 재해를 방지하고 안전성을 높이고자 자격제도를 제정하였다.

❷ 시험 현황

① 시행처 : 한국산업인력공단

② 시험과목

구분	시험유형	시험시간	과목
필기 (CBT)	객관식 4지 택일형 (총 100문항)	2시간 30분 (과목당 30분)	1. 전기자기학 2. 전력공학 3. 전기기기 4. 회로이론 및 제어공학 5. 전기설비기술기준
실기	필답형	2시간 30분 정도	전기설비설계 및 관리

② 합격기준
- 필기 : 100점을 만점으로 하여 과목당 40점 이상, 전과목 평균 60점 이상
- 실기 : 100점을 만점으로 하여 60점 이상

❸ 시험 일정

구분	필기접수	필기시험	합격자 발표	실기접수	실기시험	합격자 발표
정기 1회	24.1.23. ~24.1.26.	24.2.15. ~24.3.7.	24.3.13.	24.3.26. ~24.3.29.	24.4.27. ~24.5.12.	1차 : 24.5.29. 2차 : 24.6.18
정기 2회	24.4.16. ~24.4.19.	24.5.9. ~24.5.28.	24.6.5.	24.6.25. ~24.6.28.	24.7.28. ~24.8.14.	1차 : 24.8.28. 2차 : 24.9.10.
정기 3회	24.6.18. ~24.6.21.	24.7.5. ~24.7.27.	24.8.7.	24.9.10. ~24.9.13.	24.10.9. ~24.11.8.	1차 : 24.11.20 2차 : 24.12.11

※ 자세한 내용은 한국산업인력공단 홈페이지(www.q-net.or.kr)를 참고하시기 바랍니다.

❹ 검정현황

연도	필기			실기		
	응시	합격	합격률(%)	응시	합격	합격률(%)
2022	52,187	11,611	22.2	32,640	12,901	39.5
2021	60,500	13,365	22.1	33,816	9,916	29.3
2020	56,376	15,970	28.3	42,416	7,151	16.9
2019	49,815	14,512	29.1	31,476	12,760	40.5
2018	44,920	12,329	27.4	30,849	4,412	14.3

도서의 구성과 활용

STEP 1　핵심이론

- 효율적인 학습을 위해 최신 출제기준에 따라 핵심이론 만을 정리 · 분석하여 체계적으로 수록하였습니다.
- 학습에 필요한 다양한 도표와 그림을 삽입하여 더욱 쉽게 이해할 수 있도록 하였습니다.

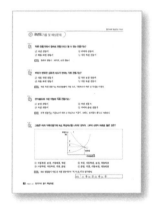

STEP 2　단원별 과년도 기출 및 예상문제

- 전기기사 및 산업기사의 과년도 기출문제를 철저히 분석 하여 구성한 단원별 기출 및 예상문제를 제공합니다.
- 문제 아래 해설을 배치하여 빠른 학습이 가능하도록 구성 했습니다.

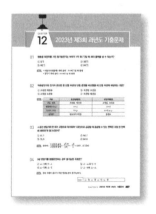

STEP 3　과년도 기출문제

- 2023년 포함, 2020~2023년 기출문제를 수록하였습 니다.
- 2022년도 2회 이후 CBT로 출제된 기출문제는 개정된 출제기준과 해당 회차의 기출 키워드 분석 등을 통해 완벽 복원하였습니다.

CBT 모의고사 이용 가이드

STEP 1 ▶ 로그인 후 메인 화면 상단의 [CBT 모의고사]를 누른 다음 시험 과목을 선택합니다.

STEP 2 ▶ 시리얼 번호 등록 안내 팝업창이 뜨면 [확인]을 누른 뒤 시리얼 번호를 입력합니다.

시리얼번호			
XXXX	XXXX	XXXX	XXXX

STEP 3 ▶ [마이페이지]를 클릭하면 등록된 CBT 모의고사를 [모의고사]에서 확인할 수 있습니다.

시리얼 번호

S135 - R223 - 02W6 - FR13

목차

전기기사 핵심완성 시리즈

01

전기기사 필기
핵심이론

전기기사 핵심완성 시리즈 - 3. 전기기기

CRAFTSMAN
ELECTRICITY

CHAPTER

01 직류기

simple is the best 전기기사 이론파트는 본 내용으로 충분합니다.

01 전기기기 주요 현상 및 주요 법칙
SECTION

1. 직류와 교류

① 직류 : 시간에 따라 전기에너지의 크기와 극성이 변하지 않는 전기
② 교류 : 시간에 따라 전기에너지의 크기와 극성이 변화되는 전기

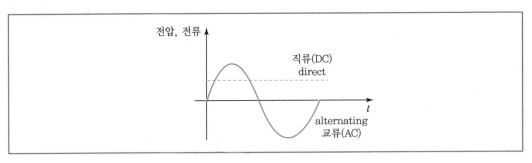

2. 자기현상(자속, 자기력선, 자기장을 얻는 방법)

(1) 영구자석에 의한 자기현상

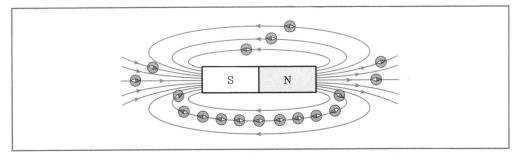

(2) 전류에 의한 자기 현상

① 도선에 전류를 흘려주면 도선 주위에는 도선을 중심으로 하는 원형의 자기력선이 발생한다.

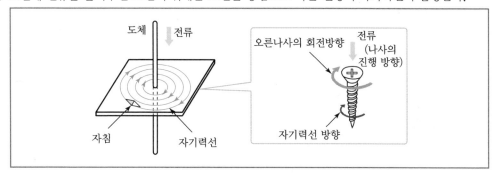

② 전류의 방향이 바뀌면 자기력선의 방향이 바뀌고, 자기력선의 밀도는 도선에 가까울수록 높다.

(3) 앙페르의 오른나사 법칙

① 개념 : 전류에 의해 만들어지는 자기력선의 방향을 나타내는 법칙
② 자기력선 방향

직선 도체	코일
• 엄지 : 전류 방향 • 나머지 손가락 : 자기력선 방향	• 엄지 : 자기력선 방향 • 나머지 손가락 : 전류 방향

3. 전자유도 현상

(1) 전자유도 현상 개념

코일과 자속이 쇄교할 경우 자속이 변하거나 자기장 중에 놓인 코일이 움직이게 되면 코일에 새로운 기전력(유도 기전력)이 유도되어 전류가 흐르는 현상

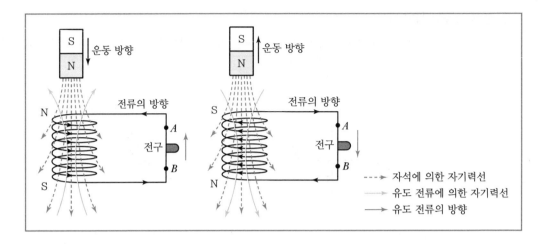

(2) 패러데이의 전자유도 법칙(Faraday's Law)

  ① 개념 : 전자유도 현상에 의한 유도 기전력의 크기를 개념한 법칙

  ② 유도 기전력의 크기

$$e = \ominus N \frac{d\varnothing}{dt} \text{ [V]}, \text{ 암기} : e = -N \frac{d\varnothing}{dt} = -L \frac{di}{dt} \text{ [V]}$$

     └→ 렌츠의 법칙

(3) 렌츠의 법칙(Lenz's Law)

  "유도 기전력은 자신이 발생하는 원인이 되는 자속의 변화를 방해하려는 방향으로 발생한다"라고 개념한 법칙

4. 발전기 유도기전력의 방향과 크기

  (1) 개념

  자기장 내에 도체를 놓고 운동시키면 도체가 자속을 끊으면서 기전력이 발생한다.

  (2) 유도기전력 방향

  플레밍의 오른손 법칙에 의해 결정

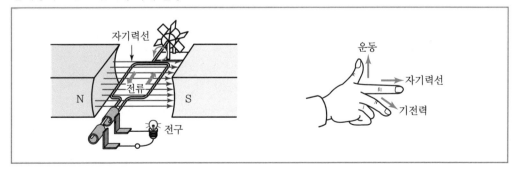

① 엄지 : 도체의 운동방향
② 검지 : 자기장(B[Wb/m^2]), 자기력선의 방향
③ 중지 : 기전력(e[V])의 방향

(3) 유도기전력(e) 크기(세기)

$$e = B\ell v\sin\theta\,[\mathrm{V}]$$

- B : 자속밀도[Wb/m^2]
- ℓ : 도체의 길이[m]
- v : 도체의 주변속도[m/s]
- θ : 자기장과 도체가 이루는 각[°]

5. 전자력의 방향과 크기

(1) 전자력의 개념

자기장 내에 도체를 놓고 전류를 흘릴 때 도체가 받는 힘을 전자력이라고 한다.

(2) 전자력의 방향 : 플레밍의 왼손 법칙에 의해 결정

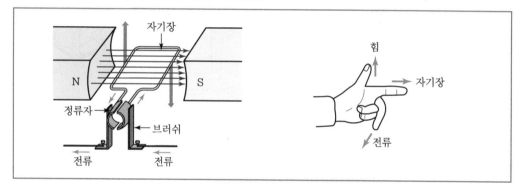

① 엄지 : 힘(전자력) 방향
② 검지 : 자기장(B[Wb/m^2]), 자기력선의 방향
③ 중지 : 전류(I[A]) 방향
④ 전자력(F) 크기

$$F = B\ell I\sin\theta\,[\mathrm{N}]$$

- B : 자속밀도[Wb/m^2]
- ℓ : 도체의 길이[m]
- I : 전류[A]
- θ : 자기장과 도체가 이루는 각

02 SECTION 직류발전기 원리와 구조

1. 직류발전기의 원리

① 전자유도작용과 플레밍의 오른손 법칙 이용

$$e = N\frac{d\varnothing}{dt} = Blv\,[\mathrm{V}]$$

② 교류기전력 발생

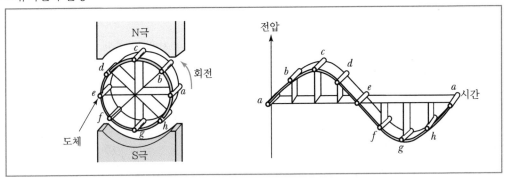

③ 전기각 계산식

$$전기각 = \frac{P}{2} \times 기계각\,[°]$$

④ 교류기전력을 직류기전력으로 변환하는 장치 : 정류자

2. 직류발전기의 구조

(1) 구조도

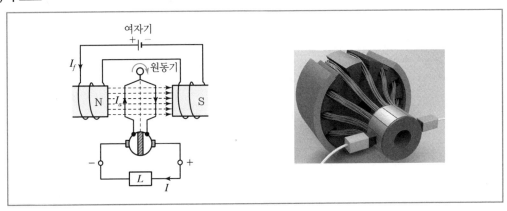

(2) 계자(고정자)

① 역할 : 계자권선에 전류를 흘려 자속($\varPhi$)을 발생시킨다.

② 구성 : 계자철심(연강판) + 계자권선(연동선)

(3) 전기자(회전자)

① 역할 : 전기자 권선이 자속을 끊어서 유기기전력(E)을 발생(교류)시킨다.

② 구성 : 전기자철심(규소강판) + 전기자권선(연동선)

(4) 정류자

① 역할 : 전기자에 의해 발전된 교류(AC) 기전력을 직류(DC)로 변환한다.

② 구성 : 정류자 편 + 절연재 운모(편과 편 사이)

(5) 브러시

① 역할 : 정류자에서 변환된 직류 기전력을 외부로 인출한다.

② 종류

ㄱ 탄소질 브러시

ㄴ 전기 흑연질 브러시

ㄷ 금속 흑연질 브러시 : 전류용량이 크고, 저전압 대전류 기기에 사용

③ 구비조건

ㄱ 적당한 접촉저항을 가질 것(접촉저항이 클 것)

ㄴ 내열성이 클 것

ㄷ 기계적으로 튼튼할 것

ㄹ 고유저항이 작을 것

④ 기타

ㄱ 브러시의 정류자면 접촉압력 : 0.1~0.25[kg/cm^2]

ㄴ 브러시를 중성축에서 이동시키는 것 : 로커

(6) 공극

① 계자와 전기자 사이의 공간(Air Gap)

② 자속의 이동 통로, 전기자 권선이 자속을 끊는 부분(간격 : 약 3~8[mm])

(7) 직류기의 3요소

① 계자

② 전기자

③ 정류자

⚡ 과년도 기출 및 예상문제

★★★
01 12극 3상 동기발전기의 기계각 15[°]에 대응하는 전기각은?

① 30   ② 45

③ 60   ④ 90

해설 전기각= $\dfrac{P}{2}$ ×기계각= $\dfrac{12}{2}$ ×15 = 90[°]

★☆☆
02 직류기를 구성하고 있는 3요소는?

① 전기자, 계자, 슬립링   ② 전기자, 계자, 정류자

③ 전기자, 정류자, 브러시   ④ 전기자, 계자, 보상권선

해설 직류기의 3요소 : 전기자, 계자, 정류자

★★★
03 브러시 홀더(brush holder)는 브러시를 정류자면의 적당한 위치에서 스프링에 의하여 항상 일정한 압력으로 정류자 편에 접촉하여야 한다. 이때 가장 적당한 압력은?

① 1~2[kg/cm^2]   ② 0.5~1[kg/cm^2]

③ 0.1~0.25[kg/cm^2]   ④ 0.01~0.15[kg/cm^2]

해설 브러시의 정류자면 접촉압력 : 0.1~0.25[kg/cm^2]

★☆☆
04 브러시를 중성축에서 이동시키는 것은?

① 로커   ② 피그테일

③ 홀더   ④ 라이저

해설 로커를 통해 브러시를 이동시킨다.

정답 | 01 ④   02 ②   03 ③   04 ①

03 SECTION 전기자 권선법

1. 전기자 권선법 구분

환상권	개로권	단층권	파권(직렬권)
고상권	폐로권	이층권	중권(병렬권)

→ 고상권, 폐로권, 이층권, 중권을 주로 사용한다.

① 환상권과 고상권

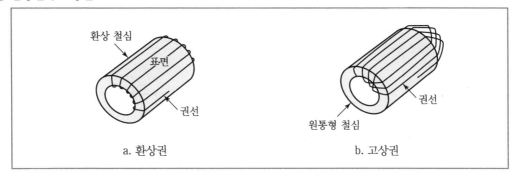

② 개로권과 폐로권

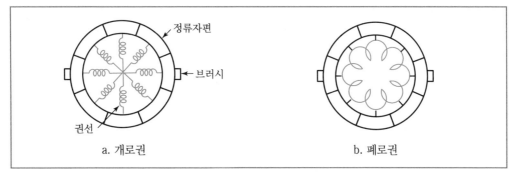

③ 단층권과 이층권

④ 중권(병렬권)과 파권(직렬권)

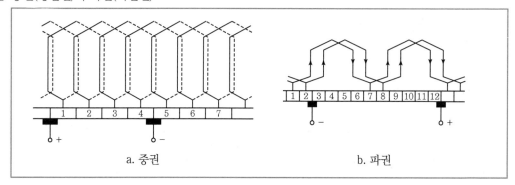

a. 중권   b. 파권

2. 중권과 파권의 비교

구분	중권(병렬권)	파권(직렬권)
권선형태		
전압, 전류	저전압, 대전류	고전압, 소전류
병렬회로 수(a)	$a = p$	$a = 2$
브러시 수(b)	$b = p$	$b = 2$ or p
균압환	필요(4극 이상)	불필요

3. 균압환

① 개념 : 기전력(전압)을 균등하게 해주기 위해 설치하는 고리형 도체

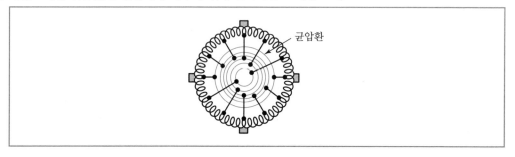

균압환

② 적용목적 : 기전력 불평형에 의한 순환전류 및 브러시 불꽃 발생 방지

⚡ 과년도 기출 및 예상문제

★★★
01 직류기의 전기자에 일반적으로 사용되는 전기자 권선법은?

① 2층권   ② 개로권

③ 환상권   ④ 단층권

해설 직류기에서는 일반적으로 고상권, 폐로권, 이층권, 중권을 사용한다.

전기자 권선법 구분

환상권	개로권	단층권	파권(직렬권)
고상권	폐로권	이층권	중권(병렬권)

★★★
02 다음 권선법 중에서 직류기에 주로 사용되는 것은?

① 폐로권, 환상권, 이층권   ② 폐로권, 고상권, 이층권

③ 개로권, 환상권, 단층권   ④ 개로권, 고상권, 이층권

해설 직류기에서는 주로 고상권, 폐로권, 이층권을 사용한다.

★★☆
03 직류발전기의 전기자 권선법 중 단중 파권과 단중 중권을 비교했을 때 단중 파권의 특성으로 맞는 것은?

① 고전압, 대전류   ② 저전압, 소전류

③ 고전압, 소전류   ④ 저전압, 대전류

해설 **중권과 파권 비교**

구분	중권(병렬권)	파권(직렬권)
전압, 전류	저전압, 대전류	고전압, 소전류
병렬회로 수(a)	$a = p$(극수)	$a = 2$
브러시 수(b)	$b = p$(극수)	$b = 2$ 또는 p(극수)
균압환	필요(4극 이상)	불필요

정답 | 01 ①   02 ②   03 ③

★★☆
04 직류 분권 발전기의 전기자 권선을 단중 중권으로 감으면?

① 병렬 회로수는 항상 2이다.
② 높은 전압, 작은 전류에 적당하다.
③ 균압선이 필요 없다.
④ 브러시 수는 극수와 같아야 한다.

해설 중권의 경우 브러시 수는 극수와 같다($b=p$).

★★★
05 직류기의 권선을 단중 파권으로 감으면?

① 내부 병렬회로 수가 극수만큼 생긴다.
② 균압환을 연결해야 한다.
③ 저압 대전류용 권선이다.
④ 내부 병렬회로 수는 극수와 관계없이 언제나 2이다.

해설 파권의 병렬회로 수 : $a=2$

★☆☆
06 4극 단중 중권 직류발전기의 전전류가 I[A]일 때, 전기자권선의 각 병렬회로에 흐르는 전류는 몇 [A]가 되겠는가?

① $4I$ ② $2I$
③ $\dfrac{I}{2}$ ④ $\dfrac{I}{4}$

해설 중권은 병렬회로 수 $a=p=4$이므로, 병렬회로에 흐르는 전류는 $\dfrac{I}{4}$이다.

★☆☆
07 4극 전기자 권선이 단중 중권인 직류발전기의 전기자전류가 20[A]이면 각 전기자 권선의 병렬 회로에 흐르는 전류는?

① 10[A]   ② 8[A]
③ 5[A]   ④ 2[A]

해설 중권은 $a=p$이므로, $I=\dfrac{20}{4}=5$[A]

04 SECTION 유기 기전력 표현식

1. 유기기전력 표현식

(1) 도체 1개의 유기 기전력(e)

$$e = B\ell v \,[\mathrm{V}]$$

- B : 자속밀도[$\mathrm{Wb/m^2}$]
- ℓ : 도체길이[m]
- v : 주변속도[m/s]

(2) 전체 유기기전력(E)

$$E = \frac{PZ\phi n}{a} = \frac{PZ\phi N}{60\,a} = K\phi N \,[\mathrm{V}]$$

- P : 극 수
- Z : 총도체 수
- $\varnothing$: 매극당 자속[Wb]
- n : [rps]
- N : [rpm]
- a : 병렬 회로 수

2. 주변속도(v) 표현식

$$v = \pi D n = \pi D \frac{N}{60} \,[\mathrm{m/s}]$$

- D : 전기자 지름[m]
- n : 초당회전수[rps]
- N : 분당회전수[rpm]

3. 전기각 및 기계각

(1) 전기각 표현식

$$전기각 = \frac{P}{2} \times 기계각 \,[°]$$

(2) 기계각 표현식

$$기계각 = \frac{2}{P} \times 전기각 \,[°]$$

⚡ 과년도 기출 및 예상문제

★☆☆

01 직류발전기의 유기기전력과 반비례하는 것은?

① 자속

② 회전수

③ 전체 도체수

④ 병렬 회로수

> **해설** • 유기기전력 $E = \dfrac{PZ\phi n}{a} = \dfrac{PZ\phi N}{60\,a} = K\phi N[\mathrm{V}]$
>
> • 병렬 회로수 a와 반비례 관계 $E \propto \dfrac{1}{a}$

★★☆

02 전기자 지름 0.2[m]의 직류발전기가 1.5[kW]의 출력에서 1,800[rpm]으로 회전하고 있을 때 전기자 주변속도는 약 몇 [m/s]인가?

① 18.84

② 21.96

③ 32.74

④ 42.85

> **해설** $v = \pi\,D\,n = \pi\,D\dfrac{N}{60} = \pi \times 0.2 \times \dfrac{1,800}{60} \fallingdotseq 18.84[\mathrm{m/s}]$

★★☆

03 자극수 P, 파권, 전기자 도체수가 Z인 직류발전기를 $N[\mathrm{rpm}]$의 회전속도로 무부하 운전할 때 기전력이 $E[\mathrm{V}]$이다. 1극당 주자속[Wb]은?

① $\dfrac{120\,E}{PZN}$

② $\dfrac{120\,Z}{PEN}$

③ $\dfrac{120\,ZN}{PE}$

④ $\dfrac{120\,PZ}{EN}$

> **해설** 기진력 $E = \dfrac{PZ\phi\,N}{60 \times a} = \dfrac{PZ\phi\,N}{120}[\mathrm{V}]$의 식에서, 자속 $\phi = \dfrac{120\,E}{PZN}[\mathrm{Wb}]$

★★★

04 10극인 직류발전기의 전기자 도체수가 600, 단중 파권이고, 매극의 자속수가 0.01[Wb], 600[rpm]일 때의 유도기전력[V]은?

① 150

② 200

③ 250

④ 300

> **해설** 기전력 $E = \dfrac{PZ\phi\,N}{60\,a} = \dfrac{10 \times 600 \times 0.01 \times 600}{60 \times 2} = 300[\mathrm{V}]$

정답 | 01 ④ 02 ① 03 ① 04 ④

★★☆

05 극수 8, 중권 직류기의 전기자 총 도체수 960, 매극 자속 0.04[Wb], 회전수 400[rpm]이라면 유기 기전력은 몇 [V]인가?

① 625   ② 425

③ 327   ④ 256

> **해설** 중권이므로 $a = P = 8$, $E = \dfrac{PZ\varnothing N}{60a} = \dfrac{8 \times 960 \times 0.04 \times 400}{60 \times 8} = 256\,[\mathrm{V}]$

★★☆

06 직류 분권발전기의 극수 4, 전기자 총 도체수 600으로 매분 600 회전할 때 유기기전력이 220[V]라 한다. 전기자 권선이 파권일 때 매극당 자속은 약 몇 [Wb]인가?

① 0.0154   ② 0.0183

③ 0.0192   ④ 0.0199

> **해설** 자속 $\phi = \dfrac{60aE}{PZN} = \dfrac{60 \times 2 \times 22}{4 \times 600 \times 600} = 0.0183\,[\mathrm{Wb}]$

★☆☆

07 포화하고 있지 않은 직류발전기의 회전수가 1/2로 감소되었을 때 기전력을 속도 변화 전과 같은 값으로 하려면 여자를 어떻게 해야 하는가?

① 1/2배로 감소시킨다.   ② 1배로 증가시킨다.

③ 2배로 증가시킨다.   ④ 4배로 증가시킨다.

> **해설** $E = \dfrac{PZ\phi n}{a} = \dfrac{PZ\phi N}{60\,a} = K\phi N\,[\mathrm{V}]$, $E \propto \varnothing N$의 관계에서 회전수 $N = \dfrac{1}{2}$ 로 변했기 때문에 기전력이 일정하기 위해서는 여자(자속)를 2배로 증가시켜야 한다.

★☆☆

08 극수가 24일 때, 전기각 180[°]에 해당되는 기계각은?

① 7.5[°]   ② 15[°]

③ 22.5[°]   ④ 30[°]

> **해설** 기계각 $= \dfrac{2}{24} \times 180[°] = 15[°]$

정답 | 05 ④   06 ②   07 ③   08 ②

05 SECTION 전기자 반작용

1. 발생 메커니즘

(1) 무부하 시

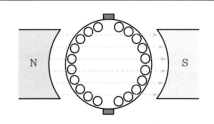

- 전기자 도체에 전류가 흐르지 않음
- 전기자 반작용 없음

(2) 부하 연결 시

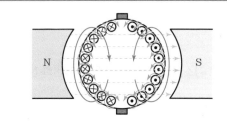

- 전기자 도체에 전류가 흐름
- 전기자전류(I_a)에 의한 전기자 자속 발생

(3) 전기자 반작용 발생

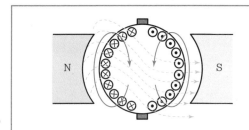

전기자전류에 의한 자속이 계자전류에 의한 주자속에 영향을 미침

(4) 감자작용, 편자작용

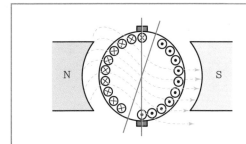

- 감자작용 : 주자속 감소에 의한 유기기전력 (E) 감소
- 편자작용 : 중성축 이동, 브러시 불꽃 발생

2. 전기자 반작용의 원인, 영향, 대책

(1) 원인

전기자전류(I_a)에 의한 전기자 자속($\varnothing_a$)

(2) 영향

항목	영향
감자작용	• 계자전류에 의한 주자속($\varnothing$) 감소 • 발전기의 경우 −유기기전력(E) 감소 −출력(P_o) 감소 • 전동기의 경우 −토크(τ) 감소 −속도(N) 증가
편자작용	• 중성축 이동 −발전기 : 회전방향 −전동기 : 회전 반대방향 • 브러시 불꽃 발생, 정류 불량

(3) 대책

① 보상권선 설치하여 전기자전류와 반대 방향으로 전류 흘린다(주(主) 대책, 가장 효과적).
② 보극을 설치한다(보조 대책).

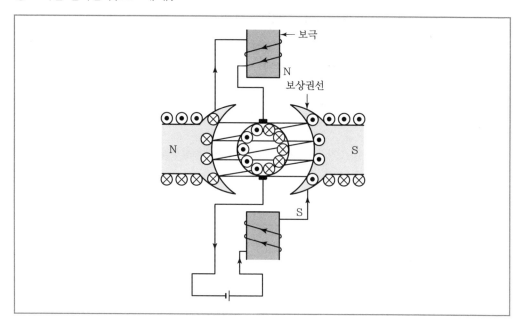

⚡ 과년도 기출 및 예상문제

★★☆
01 직류기에서 전기자 반작용이란 전기자 권선에 흐르는 전류로 인하여 생긴 자속이 무엇에 영향을 주는 현상인가?

① 감자작용만을 하는 현상 ② 편자 작용만을 하는 현상
③ 계자극에 영향을 주는 현상 ④ 모든 부분에 영향을 주는 현상

해설 전기자 반작용 : 전기자전류에 의한 전기자 자속이 계자전류에 의한 주 자속에 영향을 미치는 현상

★★★
02 직류발전기 전기자 반작용의 영향이 아닌 것은?

① 주자속이 증가 ② 전기적 중성축이 이동
③ 정류에 악영향 줌 ④ 정류자편 간 전압이 불균일

해설 전기자 반작용 영향 : 감자작용(주자속 감소)과 편자작용(중성축 이동)

★☆☆
03 직류발전기의 전기자 반작용에 대한 설명으로 틀린 것은?

① 전기자 반작용으로 인하여 전기적 중성축을 이동시킨다.
② 전기자 편간 전압이 불균일하게 되어 섬락의 원인이 된다.
③ 전기자 반작용이 생기면 주자속이 왜곡되고 증가하게 된다.
④ 전기자 반작용이란, 전기자전류에 의하여 생긴 자속이 계자에 의해 발생되는 주자속에 영향을 주는 현상을 말한다.

해설 전기자 반작용 영향 : 감자작용(주자속 감소)과 편자작용(중성축 이동)

★☆☆
04 직류기에 관련된 사항으로 잘못 짝지어진 것은?

① 보극 – 리액턴스 전압 감소
② 보상권선 – 전기자 반작용 감소
③ 전기자 반작용 – 직류전동기 속도 감소
④ 정류기간 – 전기자 코일이 단락되는 기간

해설 직류전동기 속도 $n = K\frac{V - I_a r_a}{\varnothing}$ [rps], $n \propto \frac{1}{\varnothing}$ 의 관계에서, 감자작용에 의해 자속이 감소하면 속도는 증가한다.

정답 01 ③ 02 ① 03 ③ 04 ③

★★☆
05 보극이 없는 직류발전기에서 부하의 증가에 따라 브러시의 위치를 어떻게 하여야 하는가?

① 그대로 둔다.
② 계자극의 중간에 놓는다.
③ 발전기의 회전 방향으로 이동시킨다.
④ 발전기의 회전 방향과 반대로 이동시킨다.

해설 전기자 반작용의 영향 중 편자작용에 의해 중성축이 이동하므로 브러시의 위치도 바꾸어 준다. 단, 발전기는 회전 방향으로 중성축이 이동한다.

★★☆
06 부하변동이 심한 부하에 직류 전동기를 사용할 때 전기자 반작용을 감소시키기 위해서 설치하는 것은?

① 계자 권선　　　　　　　　② 보상권선
③ 브러시　　　　　　　　　④ 균압선

해설 전기자 반작용 대책 : 보상권선 설치와 보극 설치

★★★
07 직류기에서 전기자 반작용을 방지하기 위한 보상 권선의 전류 방향은?

① 계자 전류의 방향과 같다.　　② 계자 전류 방향과 반대이다.
③ 전기자전류 방향과 같다.　　④ 전기자전류 방향과 반대이다.

해설 전기자 반작용 대책으로 보상권선을 설치하고, 전기자전류와 반대 방향으로 전류를 흘려주면 전기자 자속이 상쇄된다.

정답 | 05 ③　06 ②　07 ④

06 SECTION 정류

1. 정류의 개념

정류는 전기자 도체의 전류가 브러시를 통과할 때마다 전류의 방향을 반전시켜서 교류 기전력을 방향이
일정한 직류로 변환시키는 작용이다.

2. 정류곡선

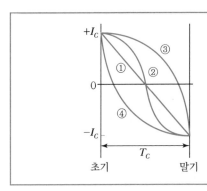

① 직선정류 : 가장 이상적인 정류(불꽃 발생 없음)
② 정현정류 : 양호한 정류(불꽃 발생 없음)
③ 부족정류 : 정류 말기에 브러시 후단에 불꽃 발생
④ 과정류 : 정류 초기에 브러시 전단에 불꽃 발생

3. 평균 리액턴스 전압

① 개념 : 정류 과정에서 발생하는 리액턴스 전압
② 표현식

$$e_L = L\frac{2I_C}{T_C}[\text{V}]$$

- $2I_C$: 전류 변화량
- T_c : 정류주기[sec]

③ 정류 불량 및 불꽃 발생의 원인이 된다.

4. 정류 개선 대책

① 평균 리액턴스 전압을 작게 한다.
    ㉠ 인덕턴스(L)를 작게 한다.
    ㉡ 정류주기(T_c)를 크게 한다.

② 전압정류 : 보극 설치(가장 효과적인 대책)
③ 저항정류 : 브러시 접촉저항을 크게 한다(탄소브러시 사용).
④ 보상권선 설치

⚡ 과년도 기출 및 예상문제

★★★
01 직류발전기에서 양호한 정류를 얻는 조건으로 틀린 것은?

① 정류주기를 크게 할 것
② 리액턴스 전압을 크게 할 것
③ 브러시의 접촉저항을 크게 할 것
④ 전기자 코일의 인덕턴스를 작게 할 것

해설 **정류 대책**
• 평균리액턴스 전압을 작게 한다.
• 보극설치(전압정류), 탄소브러시 사용(저항정류)
• 보상권선 설치

★★★
02 직류기에서 양호한 정류를 얻는 조건이 아닌 것은?

① 정류 주기를 크게 한다.
② 전기자 코일의 인덕턴스를 작게 한다.
③ 평균 리액턴스 전압을 브러시 접촉면 전압 강하보다 크게 한다.
④ 브러시의 접촉 저항을 크게 한다.

해설 브러시 접촉면 전압강하($e_R = iR$)가 평균 리액턴스 전압$\left(e_L = L\dfrac{di}{dt} = L\dfrac{2I_c}{T_c}\right)$보다 클 때 직류기에서 양호한 정류를 얻을 수 있다.

★★☆
03 직류기에서 정류코일의 자기 인덕턴스를 L이라 할 때 정류코일의 전류가 정류주기 T_c 사이에 I_c에서 $-I_c$로 변한다면 정류 코일의 리액턴스 전압[V]의 평균값은?

① $L\dfrac{T_c}{2I_c}$

② $L\dfrac{I_c}{2T_c}$

③ $L\dfrac{2I_c}{T_c}$

④ $L\dfrac{I_c}{T_c}$

해설 평균 리액턴스 전압 $e_L = L\dfrac{2I_C}{T_C}$[V]

정답 | 01 ② 02 ③ 03 ③

★★★
04 직류발전기의 정류 초기에 전류변화가 크며 이때 발생되는 불꽃정류로 옳은 것은?

① 과정류   ② 직선정류
③ 부족정류   ④ 정현파정류

> **해설** • 과정류 : 정류 초기에 불꽃 발생
> • 부족정류 : 정류 말기에 불꽃 발생

★★☆
05 다음은 직류발전기의 정류곡선이다. 이 중에서 정류 말기에 정류의 상태가 좋지 않은 것은?

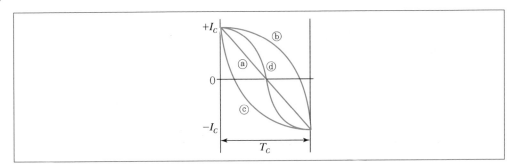

① ⓐ   ② ⓑ
③ ⓒ   ④ ⓓ

> **해설** • 부족정류 : 정류 말기에 불꽃 발생
> • 과정류 : 정류 초기에 불꽃 발생

★☆☆
06 직류기에 탄소 브러시를 사용하는 주된 이유는?

① 고유저항이 작기 때문에   ② 접촉저항이 작기 때문에
③ 접촉저항이 크기 때문에   ④ 고유저항이 크기 때문에

> **해설** • 탄소 브러시 사용(저항정류) → 접촉저항을 크게 한다.
> • 브러시 접촉면 전압강하$(e_R = iR)$ > 평균 리액턴스 전압 $\left(e_L = L\dfrac{di}{dt} = L\dfrac{2I_c}{T_c}\right)$

07 SECTION 직류발전기 종류와 특성

1. 직류발전기 종류

직류발전기의 종류는 여자방식(계자전류 공급방식)에 따라 구분된다.

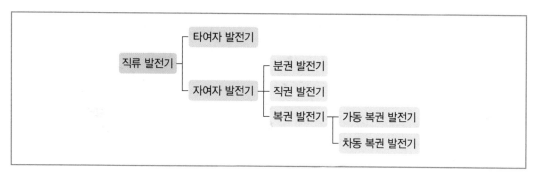

2. 타여자 발전기

(1) 개념

① 계자전류를 별도의 직류전원을 이용해서 공급하는 방식
② 별도의 여자기 필요(잔류자기 불필요)

(2) 회로 구성도 및 전류 · 전압 특성

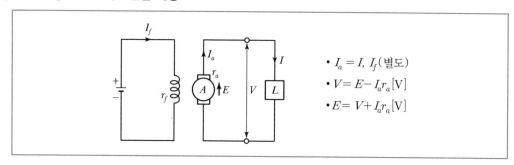

- $I_a = I,\ I_f$ (별도)
- $V = E - I_a r_a [\mathrm{V}]$
- $E = V + I_a r_a [\mathrm{V}]$

3. 자여자 발전기 전압확립 조건

① 잔류자기가 있을 것
② 계자저항은 임계저항보다 작을 것
③ 회전 방향이 정방향일 것(역회전 금지)
  ※ 역회전 시 잔류자기 소멸 → 유기기전력 발생 불가

4. 분권 발전기

(1) 개념

분권계자와 전기자를 병렬로 구성한 발전기

(2) 회로 구성도 및 전류 · 전압 특성

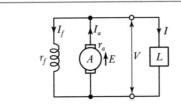

① $I_a = I + I_f \left(\text{여기서, } I = \dfrac{P}{V}, \ I_f = \dfrac{V}{r_f} \right)$

② $V = E - I_a r_a \, [\text{V}]$

③ $E = V + I_a r_a \, [\text{V}]$

5. 직권 발전기

(1) 개념

직권계자와 전기자를 직렬로 구성한 발전기

(2) 회로 구성도 및 전류 · 전압 특성

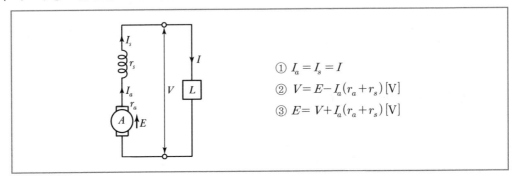

① $I_a = I_s = I$

② $V = E - I_a (r_a + r_s) \, [\text{V}]$

③ $E = V + I_a (r_a + r_s) \, [\text{V}]$

6. 복권 발전기

(1) 개념

2개의 계자(분권계자 + 직권계자)와 전기자가 직 · 병렬로 구성된 발전기

(2) 회로 구성도

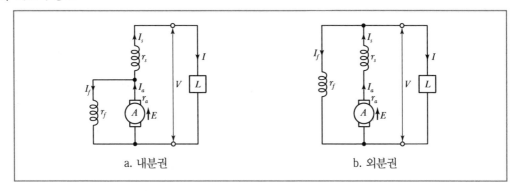

a. 내분권 b. 외분권

(3) 차동복권 발전기

① 자속형태 : $\varnothing = \varnothing_f - \varnothing_s$

② 특징

  ㉠ 전압변동율이 가장 크다.

  ㉡ 수하특성이 매우 크다.

  ㉢ 전기용접기 전원용에 적합하다.

(4) 가동복권 발전기

① 자속형태 : $\varnothing = \varnothing_f + \varnothing_s$

② 특징

과복권	평복권	부족복권
$V_o < V$	$V_o = V$	$V_o > V$
($\varnothing_s$ >전압강하)	($\varnothing_s$ =전압강하)	($\varnothing_s$ <전압강하)

(5) 복권 발전기를 직권 및 분권으로 전환하는 방법

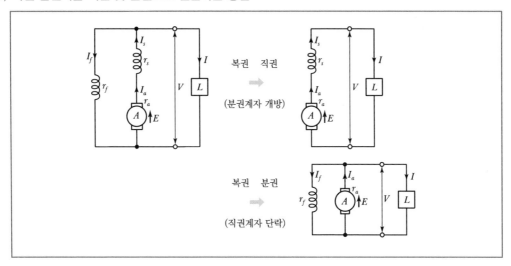

복권 직권

(분권계자 개방)

복권 분권

(직권계자 단락)

⚡ 과년도 기출 및 예상문제

★★☆
01 직류발전기에 있어서 계자 철심에 잔류자기가 없어도 발전이 가능한 직류기는?

① 분권 발전기   ② 직권 발전기
③ 타여자 발전기   ④ 복권 발전기

> **해설** 타여자 발전기는 별도의 전원을 이용해서 자속을 공급하기 때문에 잔류자기가 필요하지 않다.

★★★
02 다음 ( )에 알맞은 것은?

> 직류발전기에서 계자권선이 전기자에 병렬로 연결된 직류기는 (ⓐ) 발전기라 하며, 전기자권선과 계자권선이 직렬로 접속된 직류기는 (ⓑ) 발전기라 한다.

① ⓐ 분권, ⓑ 직권   ② ⓐ 직권, ⓑ 분권
③ ⓐ 복권, ⓑ 분권   ④ ⓐ 자여자, ⓑ 타여자

> **해설** • 분권 발전기 : 전기자 권선과 계자 권선이 병렬접속
> • 직권 발전기 : 전기자 권선과 계자 권선이 직렬접속

★★★
03 계자 권선이 전기자와 병렬로 연결된 직류기는?

① 분권기   ② 직권기
③ 복권기   ④ 타여자

> **해설** 분권 발전기 : 분권계자와 전기자를 병렬로 구성한 발전기

정답 | 01 ③   02 ①   03 ①

★☆☆
04 무부하에서 자기 여자로서 전압을 확립하지 못하는 직류발전기는?

① 타여자 발전기   ② 직권 발전기
③ 분권 발전기   ④ 차동 복권 발전기

해설 직권 발전기 : 무부하 상태에서 발전 불능

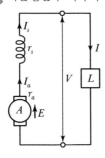

★★★
05 단자전압 220[V], 부하전류 48[A], 계자전류 2[A], 전기자저항 0.2[Ω]인 직류 분권 발전기의 유도기
전력[V]은? (단, 전기자 반작용은 무시한다.)

① 210   ② 220
③ 230   ④ 240

해설 • 전기자전류 $I_a = I + I_f = 48 + 2 = 50[A]$
      • 유도 기전력 $E = 220 + 50 \times 0.2 = 230[V]$

★☆☆
06 정격이 5[kW], 100[V], 50[A], 1,800[rpm]인 타여자 직류발전기가 있다. 무부하시의 단자전압은 얼
마인가? (단, 계자 전압은 50[V], 계자 전류 5[A], 전기자 저항은 0.2[Ω]이고, 브러시의 전압 강하는
2[V]이다.)

① 100[V]   ② 112[V]
③ 115[V]   ④ 120[V]

해설 무부하 시 단자전압 $V_o = E$이므로, $E = V + I_a R_a + e_b = 100 + 50 \times 0.2 + 2 = 112[V]$

★☆☆
07 직류발전기의 단자전압을 조정하려면 다음 어느 것을 조정하는가?

① 전기자 저항   ② 기동저항
③ 방전 저항   ④ 계자 저항

> 해설 계자저항기를 통해 계자전류 및 자속을 변화시켜 단자전압을 조정한다.

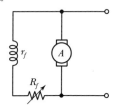

★★☆
08 100[V], 10[A], 1,500[rpm]인 직류 분권발전기의 정격 시의 계자전류는 2[A]이다. 이때 계자회로에는 10[Ω]의 외부저항이 삽입되어 있다. 계자권선의 저항[Ω]은?

① 20   ② 40
③ 80   ④ 100

> 해설 계자회로의 저항 계자전류 $r_f + R_f = \dfrac{V}{I_f}\,[\Omega]$의 식에서,
> 계자권선 저항 $r_f = \dfrac{V}{I_f} - R_f = \dfrac{100}{2} - 10 = 40\,[\Omega]$

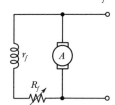

★★★
09 직류 타여자발전기의 부하전류와 전기자전류의 크기는?

① 전기자전류와 부하전류가 같다.   ② 부하전류가 전기자전류보다 크다.
③ 전기자전류가 부하전류보다 크다.   ④ 전기자전류와 부하전류는 항상 0이다.

> 해설 타여자 발전기는 부하전류와 전기자전류가 같다.

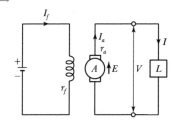

정답 | 07 ④ 08 ② 09 ①

10 분권발전기의 회전 방향을 반대로 하면 일어나는 현상은?

① 전압이 유기된다.　　　　　　　② 발전기가 소손된다.

③ 잔류자기가 소멸된다.　　　　　④ 높은 전압이 발생한다.

해설 자여자 발전기는 역회전하면 잔류자기가 소멸하여 발전되지 않는다.

11 차동 복권 발전기를 내부결선을 바꾸어 분권 발전기로 하려면 어떻게 하여야 하는가?

① 분권 계자를 단락시킨다.　　　　② 직권 계자를 단락시킨다.

③ 분권 계자를 단선시킨다.　　　　④ 직권 계자를 단선시킨다.

해설 복권 발전기의 직권 계자를 단락하여 분권 발전기로 한다.

정답 | 10 ③　11 ②

08 SECTION 직류발전기 특성곡선

1. 특성곡선의 종류

① 무부하 특성곡선 : E와 I_f 관계, $(E = V_o = V)$와 I_f 관계
② 부하 특성곡선 : V와 I_f 관계
③ 외부 특성곡선 : V와 I 관계

2. 무부하 특성곡선(= 무부하 포화곡선)

① 회전속도를 일정하게 유지하고, 무부하 상태에서 계자전류(I_f) 변화에 대한 유기기전력(E)과의 관계를 나타내는 곡선
② 타여자 발전기의 경우

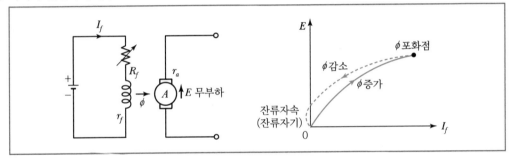

3. 부하 특성곡선

① 회전속도와 부하전류를 일정하게 유지하고, 계자전류(I_f) 변화에 대한 단자전압(V)과의 관계를 나타내는 곡선
② 타여자 발전기의 경우

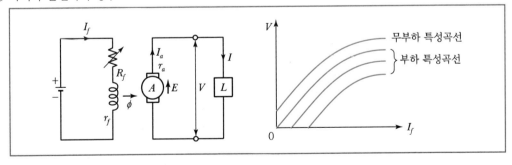

4. 외부 특성곡선

① 회전속도와 계자전류를 일정하게 유지하고, 부하전류(I)의 변화에 대한 단자전압(V)과의 관계를 나타낸 곡선

② 발전기 종류별 특성곡선

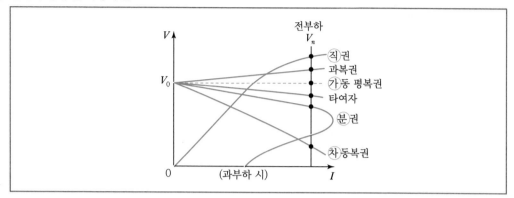

③ 용도

구분	용도 설명
직권	직류 승압기용, 선로 전압강하 보상용
과복권	선로가 긴 급전선의 전압강하 보상용
가동 평복권, 타여자, 분권	동기기의 여자기용[전압변동률(ε)이 작아서]
분권	전기화학용, 축전지 충전용
차동복권	용접기 전원용(수하특성이 매우 크기 때문)

④ 수하특성 : 전류 증가 시 전압이 감소하는 현상

ⓐ 수하특성이 있는 발전기 : 타여자, 분권, 차동복권

ⓑ 수하특성이 없는 발전기 : 직권, 과복권

⚡ 과년도 기출 및 예상문제

★☆☆
01 직류발전기의 특성곡선 중 상호 관계가 옳지 않은 것은?

① 무부하 포화곡선 : 계자전류와 단자전압
② 외부 특성곡선 : 부하전류와 단자전압
③ 부하 특성곡선 : 계자전류와 단자전압
④ 내부 특성곡선 : 부하전류와 단자전압

해설 내부 특성곡선 : 부하전류와 유기기전력의 관계를 나타내는 곡선이다.

★★☆
02 직류 분권 발전기에 대한 설명으로 옳은 것은?

① 단자전압이 강하하면 계자 전류가 증가한다.
② 부하에 의한 전압변동이 타여자 발전기에 비하여 크다.
③ 타여자 발전기보다 외부특성곡선이 상향으로 된다.
④ 분권권선의 접속방법에 관계없이 자기여자로 전압을 올릴 수가 있다.

해설 분권 발전기의 전압변동은 타여자 발전기보다 크다.

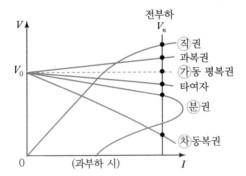

★☆☆
03 그림은 복권발전기의 외부 특성곡선이다. 이 중 과복권을 나타내는 곡선은?

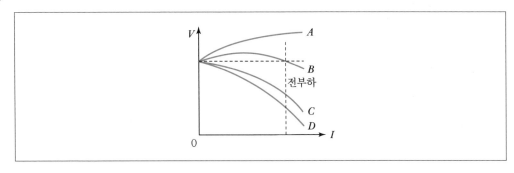

① A   ② B
③ C   ④ D

해설 과복권 발전기 : $V_o < V_n$

★★☆
04 직류발전기의 무부하 특성곡선은 다음 중 어느 관계를 표시한 것인가?

① 계자전류 – 부하전류   ② 단자전압 – 계자전류
③ 단자전압 – 회전속도   ④ 부하전류 – 단자전압

해설 • 무부하 특성곡선 : E와 I_f 관계, ($E = V_o = V$)와 I_f 관계
    • 부하 특성곡선 : V와 I_f 관계
    • 외부 특성곡선 : V와 I 관계

★★★
05 직류발전기의 외부 특성곡선에서 나타내는 관계로 옳은 것은?

① 계자전류와 단자전압   ② 계자전류와 부하전류
③ 부하전류와 단자전압   ④ 부하전류와 유기기전력

해설 외부 특성곡선 : 부하전류(V)와 단자전압(I) 관계

★☆☆
06 용접용으로 사용되는 직류발전기의 특성 중에서 가장 중요한 것은?

① 과부하에 견딜 것
② 전압변동률이 적을 것
③ 경부하일 때 효율이 좋을 것
④ 전류에 대한 전압특성이 수하특성일 것

해설 차동복권 발전기는 수하특성이 매우 커서 전기용접기 전원용으로 사용된다.

정답 | 03 ① 04 ② 05 ③ 06 ④

09 SECTION 전압변동률

1. 전압변동률

(1) 개념

변압기나 발전기 등에서 부하를 연결함으로써 나타나는 단자전압의 변화 정도를 기준전압(정격전압)에 대한 백분율로 표현한 값이다.

(2) 표현식

$$\varepsilon = \frac{V_o - V_n}{V_n} \times 100\,[\%]\,,\ \ \frac{V_o}{V_n} = \frac{\varepsilon}{100} + 1 \ \text{또는}\ \frac{V_o}{V_n} = \varepsilon + 1$$

- V_o : 무부하 전압[V]
- V_n : 전부하 전압(정격전압)[V]

(3) 직류발전기 종류별 전압변동률(ε) 특성

① $\varepsilon(+)$: 타여자, 분권, 차동복권 발전기
② $\varepsilon(0)$: 평복권 발전기
③ $\varepsilon(-)$: 직권, 과복권 발전기

⚡ 과년도 기출 및 예상문제

★★★
01 정격 200[V], 10[kW] 직류 분권 발전기의 전압변동률은 몇 [%]인가? (단, 전기자 및 분권 계자 저항은 각각 0.1[Ω], 100[Ω])

① 2.6
② 3.0
③ 3.6
④ 4.5

해설 $I = \dfrac{P}{V} = \dfrac{10 \times 10^3}{200} = 50[\text{A}]$, $I_f = \dfrac{V}{r_f} = \dfrac{200}{100} = 2[\text{A}]$

$I_a = I + I_f = 50 + 2 = 52[\text{A}]$, $E = V + I_a r_a = 200 + (52 \times 0.1) = 205.2[\text{V}]$

$\therefore \varepsilon = \dfrac{205.2 - 200}{200} \times 100[\%] = 2.6[\%]$

★★☆
02 직류발전기에서 전압변동률(ε)이 (+)값으로 표시되는 발전기는?

① 과복권 발전기
② 직권 발전기
③ 분권 발전기
④ 평복권 발전기

해설 • $\varepsilon(+)$: 타여자, 분권, 차동복권 발전기
• $\varepsilon(0)$: 평복권 발전기
• $\varepsilon(-)$: 직권, 과복권 발전기

★★☆
03 무부하 전압이 120[V]인 분권 발전기의 전압변동률이 5[%]이다. 이 발전기의 정격전압[V]은 약 얼마인가?

① 125.4
② 119.3
③ 114.3
④ 109.4

해설 $\dfrac{V_o}{V_n} = \dfrac{\varepsilon}{100} + 1$, $V_n = \dfrac{V_o}{\dfrac{\varepsilon}{100} + 1} = \dfrac{120}{\dfrac{5}{100} + 1} = 114.28[\text{V}]$

정답 | 01 ① 02 ③ 03 ③

10 SECTION 직류발전기 병렬운전

1. 병렬운전 조건

① 극성이 같을 것
② 정격전압이 같을 것
  → 유기기전력은 같지 않아도 된다.
③ 외부 특성이 수하특성이 있을 것

2. 수하특성이 없는 (직권, 복권)발전기의 병렬운전

① 균압선 설치
② 균압선 설치 목적 : 안정된 병렬운전

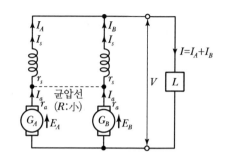

⚡ 과년도 기출 및 예상문제

★★☆
01 직류발전기의 병렬운전에서 부하분담 방법은?

① 계자전류와 무관하다.
② 계자전류를 증가하면 부하분담은 감소한다.
③ 계자전류를 증가하면 부하분담은 증가한다.
④ 계자전류를 감소하면 부하분담은 증가한다.

해설 계자전류 증가 시 : 자속($\varnothing$) 증가 → 유기기전력(E) 증가 → 단자전압(V) 증가 → 부하분담 증가

★☆☆
02 직류발전기의 병렬운전 조건 중 잘못된 것은?

① 단자전압이 같을 것 ② 외부 특성이 같을 것
③ 극성을 같게 할 것 ④ 유도기전력이 같을 것

해설 **병렬운전 조건**
 • 극성이 같을 것
 • 정격전압이 같을 것
 • 외부 특성이 수하특성이 있을 것
 • 용량은 같지 않아도 된다.

★★☆
03 직류 분권 발전기를 병렬 운전을 하기 위해서는 발전기 용량 P와 정격전압 V는?

① P와 V 모두 달라도 된다.
② P는 같고, V는 달라도 된다.
③ P와 V가 모두 같아야 한다.
④ P는 달라도 V는 같아야 한다.

해설 병렬운전 시 용량은 같지 않아도 되기 때문에 임의로 해도 되지만, 정격전압은 같아야 한다.

정답 | 01 ③ 02 ④ 03 ④

★★★
04 직류발전기의 병렬운전 시 균압선을 붙이는 발전기는?

① 타여자발전기
② 직권발전기와 분권발전기
③ 직권발전기와 복권발전기
④ 분권발전기과 복권발전기

해설 수하특성이 없는 직권, 복권발전기를 병렬운전하기 위해서는 균압선을 설치하여야 한다.

★★☆
05 직류 복권발전기의 병렬운전에 있어 균압선을 붙이는 목적은 무엇인가?

① 손실을 경감한다.
② 운전을 안정하게 한다.
③ 고조파의 발생을 방지한다.
④ 직권계자간의 전류증가를 방지한다.

해설 균압선의 주된 설치목적은 안정된 병렬운전을 위해서 이다.

정답 | 04 ③ 05 ②

SECTION 11 직류전동기 구조 및 원리

1. 직류전동기 구조

직류발전기의 구조와 거의 유사하다.

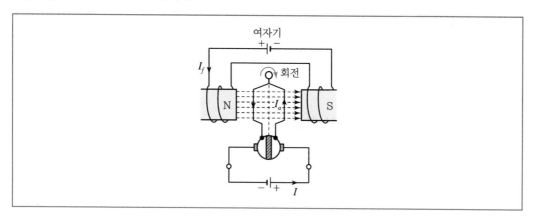

2. 직류전동기 회전원리

플레밍의 왼손 법칙에 의한 전자력 방향으로 회전한다.

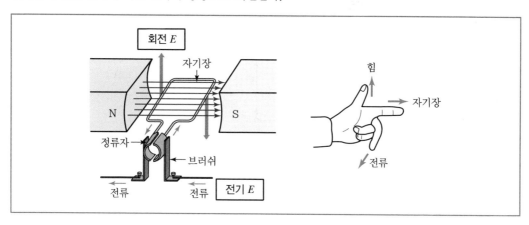

3. 직류전동기 역기전력(E)

① 발전기의 유기기전력(E)과 기호 및 계산식이 동일하다.

② 표현식

$$E = \frac{PZ\phi n}{a} = \frac{PZ\phi N}{60\,a} = K\phi N\,[\text{V}]$$

- P : 극수
- Z : 총도체수
- ϕ : 매극당 자속[Wb]
- n : [rps]
- N : [rpm]
- a : 병렬 회로수
- K : 기계적 상수

12 SECTION 직류전동기 종류와 특성

1. 분권전동기

(1) 개념

분권계자와 전기자를 병렬로 구성한 전동기이다.

(2) 회로 구성도 및 전류 · 전압 특성

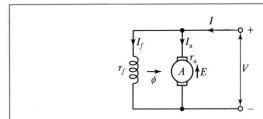

- $I_a = I - I_f$
- $V = E + I_a r_a\,[\text{V}]$
- $E = V - I_a r_a\,[\text{V}]$

(3) 입 · 출력 특성

① 입력 : $P = VI\,[\text{W}]$

② 출력 : $P_o = EI_a\,[\text{W}]$, $P_o = w\tau\,[\text{W}]$

2. 직권전동기

(1) 개념

직권계자와 전기자를 직렬로 구성한 전동기이다.

(2) 회로 구성도 및 전류 · 전압 특성

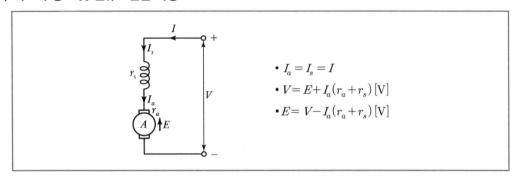

- $I_a = I_s = I$
- $V = E + I_a(r_a + r_s)\,[\text{V}]$
- $E = V - I_a(r_a + r_s)\,[\text{V}]$

⚡ 과년도 기출 및 예상문제

★☆☆
01 직류전동기의 역기전력에 대한 설명으로 틀린 것은?

① 역기전력은 속도에 비례한다.
② 역기전력은 회전방향에 따라 크기가 다르다.
③ 역기전력이 증가할수록 전기자전류는 감소한다.
④ 부하가 걸려 있을 때에는 역기전력은 공급전압보다 크기가 작다.

해설 역기전력의 크기는 회전방향과 관계가 없다.

★★☆
02 100[V], 10[A], 전기자저항 1[Ω], 회전수 1,800[rpm]인 전동기의 역기전력[V]은? (단, 계자 전류는 무시한다.)

① 120
② 110
③ 100
④ 90

해설 $E = V - I_a r_a = 100 - 10 \times 1 = 90[\text{V}]$

★☆☆
03 직류 분권전동기의 기동 시에 정격전압을 공급하면 전기자전류가 많이 흐르다가 회전속도가 점점 증가함에 따라 전기자전류가 감소하는 원인은?

① 전기자 반작용의 증가
② 전기자 권선의 저항 증가
③ 브러시의 접촉저항 증가
④ 전동기의 역기전력 상승

해설 • 역기전력 $E = \dfrac{PZ\phi n}{a} = \dfrac{PZ\phi N}{60a} = K\phi N[\text{V}]$, $E \propto N$

• 분권전동기의 역기전력 $E = V - I_a r_a[\text{V}]$의 식에서, $I_a = \dfrac{V-E}{r_a}[\text{A}]$

• 기동시에는 속도(N)가 작기 때문에 역기전력이 작아서 전기자전류가 크고, 속도가 증가하면 역기전력이 증가하게 되고, 전기자전류도 작게 흐른다.

정답 | 01 ② 02 ④ 03 ④

13 SECTION 직류전동기 속도와 속도 특성

1. 속도(n) 표현식

역기전력 $E = \dfrac{PZ\phi n}{a} = K\phi n\,[\mathrm{V}]$의 식에서, 속도 $n = \dfrac{E}{K\phi} = K\dfrac{E}{\phi} = K\dfrac{V - I_a\,r_a}{\phi}\,[\mathrm{rps}]$

2. 속도 특성

(1) 속도 특성곡선

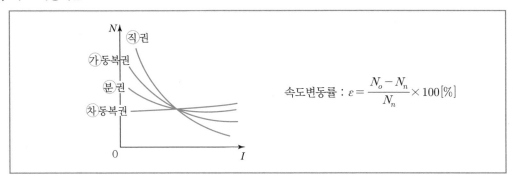

속도변동률 : $\varepsilon = \dfrac{N_o - N_n}{N_n} \times 100\,[\%]$

(2) 분권 전동기 속도 특성

① 속도 표현식

$$n = K\,\dfrac{V - I_a\,r_a}{\phi}\,[\mathrm{rps}]$$

② 운전 중 과속도가 되어 위험한 경우
- ㉠ 정격전압으로 운전 중 무여자가 되는 경우
- ㉡ 원인 : 퓨즈, 개폐기, 스위치 등의 개방 또는 계자권선의 단선
- ㉢ 대책 : 계자권선에 퓨즈, 개폐기, 스위치 설치 금지

(3) 직권 전동기 속도특성

① 속도 표현식

$$n = K\,\dfrac{V - I(r_a + r_f)}{\phi}\,[\mathrm{rps}]$$

② 운전 중 과속도가 되어 위험한 경우
- ㉠ 정격전압으로 운전 중 무부하가 되는 경우
- ㉡ 원인 : 벨트나 체인이 벗겨짐
- ㉢ 대책 : 벨트나 체인을 걸고 운전 금지(기어 사용)

⚡ 과년도 기출 및 예상문제

★★☆
01 직류 전동기에서 정속도 전동기라고 볼 수 있는 전동기는?

① 직권 전동기
② 타여자 전동기
③ 화동 복권 전동기
④ 차동 복권 전동기

해설 정속도 전동기 : 타여자, 분권 전동기

★★★
02 부하가 변하면 심하게 속도가 변하는 직류 전동기는?

① 직류 직권 전동기
② 직류 분권 전동기
③ 차동 복권 전동기
④ 가동 복권 전동기

해설 직류 직권 전동기는 속도변동률이 가장 크고, 기동토크가 매우 큰 특성을 가진다.

★★☆
03 전기철도에 가장 적합한 직류 전동기는?

① 분권 전동기
② 직권 전동기
③ 복권 전동기
④ 자여자 분권 전동기

해설 직권 전동기는 기동토크가 매우 큰 특성으로 기중기, 크레인, 전기철도 용도로 사용한다.

★★☆
04 그림은 여러 직류전동기의 속도 특성곡선을 나타낸 것이다. 1부터 4까지 차례로 옳은 것은?

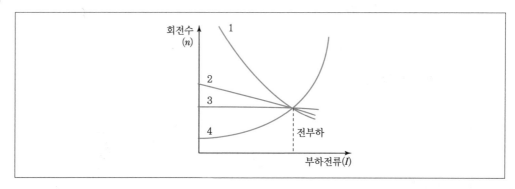

① 차동복권, 분권, 가동복권, 직권
② 직권, 가동복권, 분권, 차동복권
③ 가동복권, 차동복권, 직권, 분권
④ 분권, 직권, 가동복권, 차동복권

해설 속도 변동률이 가장 큰 직권 전동기부터 "직, 가, 분, 차"로 암기한다.

정답 | **01** ② **02** ① **03** ② **04** ②

★★☆
05
직류전동기의 공급전압을 $V[\text{V}]$, 자속을 $\varnothing[\text{wb}]$, 전기자전류를 $I_a[\text{A}]$, 전기자 저항을 $R_a[\Omega]$, 속도를 $N[\text{rpm}]$이라 할 때 속도의 관계식은 어떻게 되는가? (단, K는 상수이다.)

① $N = K\dfrac{V + I_a r_a}{\phi}$

② $N = K\dfrac{V - I_a r_a}{\phi}$

③ $N = K\dfrac{\phi}{V + I_a r_a}$

④ $N = K\dfrac{\phi}{V - I_a r_a}$

해설 역기전력 $E = \dfrac{PZ\phi n}{a} = K\phi n[\text{V}]$의 식에서, 속도 $n = \dfrac{E}{K\phi} = K\dfrac{E}{\phi} = K\dfrac{V - I_a r_a}{\phi}$ [rps]

★★★
06
직류전동기의 회전수를 1/2로 하자면 계자자속을 어떻게 해야 하는가?

① 1/4로 감소시킨다.

② 1/2로 감소시킨다.

③ 2배로 증가시킨다.

④ 4배로 증가시킨다.

해설 속도 $n = K\dfrac{V - I_a r_a}{\phi}$ [rps], $n \propto \dfrac{1}{\varnothing}$ 의 관계에서 자속($\varnothing$)을 2배로 하면 회전수(n)가 1/2로 감소한다.

★★☆
07
직류 분권 전동기를 무부하로 운전 중 계자회로에 단선이 생긴 경우 발생하는 현상으로 옳은 것은?

① 역전한다.
② 즉시 정지한다.
③ 과속도로 되어 위험하나.
④ 무부하이므로 서서히 정지한다.

해설
• 분권 전동기 : 무여자 시 위험속도 발생
• 직권 전동기 : 무부하 시 위험속도 발생

★★☆
08
직류 직권전동기의 운전상 위험속도를 방지하는 방법 중 가장 적합한 것은?

① 무부하 운전한다.

② 경부하 운전한다.

③ 무여자 운전한다.

④ 부하와 기어를 연결한다.

해설 **직권전동기 위험속도**
• 원인 : 벨트나 체인이 벗겨짐
• 대책 : 벨트나 체인걸고 운전 금지(기어 사용)

정답 | 05 ② 06 ③ 07 ③ 08 ④

14 SECTION 직류전동기 토크와 토크 특성

1. 토크의 개념

① 물체를 회전시키는 힘에 대한 물리량(힘×거리)

② 기호 : τ

③ 단위 : $[\mathrm{N \cdot m}]$ 또는 $[\mathrm{kg \cdot m}]$

2. 토크(τ) 계산식

$$\tau = \frac{PZ\varnothing I_a}{2\pi a} = K\varnothing I_a[\mathrm{N \cdot m}] \quad \text{※} \ \tau \propto \varnothing I_a$$

- P : 극수
- $\varnothing$: 매극당 자속[Wb]
- I_a : 전기자전류[A]
- Z : 총도체 수
- a : 병렬 회로수

① $\tau = 0.975 \dfrac{P_o[\mathrm{W}]}{N}[\mathrm{kg \cdot m}] \rightarrow$ 출력(P_o)이 [W] 단위일 때 적용

② $\tau = 975 \dfrac{P_o[\mathrm{kW}]}{N}[\mathrm{kg \cdot m}] \rightarrow$ 출력(P_o)이 [kW] 단위일 때 적용

3. 직류 전동기의 토크 특성

① 토크 특성곡선

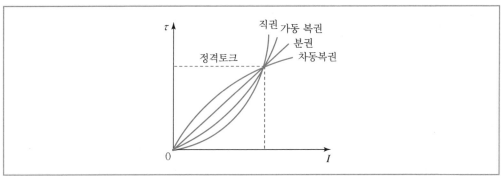

② 분권 전동기의 토크 특성 : $\tau \propto I_a$, $\tau \propto \dfrac{1}{N}$

③ 직권 전동기의 토크 특성 : $\tau \propto I^2$, $\tau \propto \dfrac{1}{N^2}$

⚡ 과년도 기출 및 예상문제

★★☆

01 출력 4[kW], 1,400[rpm]인 전동기의 토크는 얼마인가?

① 26.5[kg · m]

② 2.65[kg · m]

③ 2.79[kg · m]

④ 27.9[kg · m]

해설 $\tau = 975 \times \dfrac{4}{1,400} = 2.79[\text{kg} \cdot \text{m}]$

★★★

02 전체 도체수는 100, 단중 중권이며 자극수는 4, 자속수는 극당 0.628[Wb]인 직류 분권 전동기가 있다. 이 전동기의 부하 시 전기자에 5[A]가 흐르고 있었다면 이때의 토크[N · m]는?

① 12.5

② 25

③ 50

④ 100

해설 토크 $\tau = \dfrac{PZ\phi I_a}{2\pi a} = \dfrac{4 \times 100 \times 0.628 \times 5}{2\pi \times 4} \fallingdotseq 50[\text{N} \cdot \text{m}]$, 중권이므로 $a = p = 4$를 적용

★★☆

03 직류 분권전동기가 있다. 단자전압이 215[V], 전기자전류가 50[A], 전기자의 전저항이 0.1[Ω], 회전속도 1,500[rpm]일 때 발생토크는 약 몇 [kg · m]인가?

① 6.82

② 6.68

③ 68.2

④ 66.8

해설 $\tau = 0.975 \dfrac{P}{N} = 0.975 \times \dfrac{(215 - 50 \times 0.1) \times 50}{1,500} = 6.82[\text{kg} \cdot \text{m}]$

★★★

04 직류 분권전동기에서 단자전압 210[V], 전기자전류 20[A], 1,500[rpm]으로 운전할 때 발생 토크는 약 몇 [N · m]인가? (단, 전기자저항은 0.15[Ω]이다.)

① 13.2

② 26.4

③ 33.9

④ 66.9

해설
- 역기전력 $E = V - I_a r_a = 210 - 20 \times 0.15 = 207[\text{V}]$
- 토크 $\tau = 0.975 \times \dfrac{P_o}{N} = 0.975 \times \dfrac{EI_a}{N} = 0.975 \times \dfrac{207 \times 20}{1,500} \fallingdotseq 2.69[\text{kg} \cdot \text{m}]$
- 단위 변환 : $2.69 \times 9.8 = 26.4[\text{N} \cdot \text{m}]$

정답 | 01 ③ 02 ③ 03 ① 04 ②

★★☆
05 직류 전동기의 전기자전류가 10[A]일 때 5[kg·m]의 토크가 발생하였다. 이 전동기의 계자속이 80[%]로 감소되고, 전기자전류가 12[A]로 되면 토크는 약 몇 [kg·m]인가?

① 5.2
② 4.8
③ 4.3
④ 3.9

해설 $\tau \propto \phi I_a$의 관계에서 $\tau \propto 0.8 \times 1.2 = 0.96$
∴ $\tau = 5 \times 0.96 = 4.8 [\text{kg} \cdot \text{m}]$

★★☆
06 정격전압에서 전 부하로 운전하는 직류 직권전동기의 부하 전류가 50[A]이다. 부하 토크가 반으로 감소하면 부하전류는 약 몇 [A]인가? (단, 자기포화는 무시한다.)

① 25
② 35
③ 45
④ 50

해설 • 직권전동기의 토크특성 : $\tau \propto I^2$, $\tau \propto \dfrac{1}{N^2} \rightarrow I \propto \sqrt{\tau}$

• 변화된 전류 : $I' = \dfrac{\sqrt{0.5}}{\sqrt{1}} \times 50 = 35.35 [\text{A}]$

★★☆
07 직류직권 전동기에서 토크 τ와 회전수 N과의 관계는?

① $\tau \propto N$
② $\tau \propto N^2$
③ $\tau \propto 1/N$
④ $\tau \propto 1/N^2$

해설 • 분권 전동기의 토크 특성 : $\tau \propto I$, $\tau \propto \dfrac{1}{N}$

• 직권 전동기의 토크 특성 : $\tau \propto I^2$, $\tau \propto \dfrac{1}{N^2}$

정답 | **05** ② **06** ② **07** ④

SECTION

직류전동기 운전

1. 기동

① 기동회로 구성도

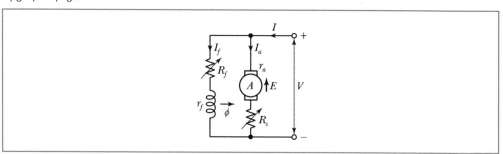

② 좋은 기동 조건 : 기동토크는 크고, 기동전류는 작아야 한다.
③ 계자 저항기(R_f) : 저항값(R_f)을 최소 $0[\Omega]$으로 기동
④ 기동저항기(R_s) : 저항값(R_s)을 큰 값으로 기동

2. 속도제어

① 속도 n 계산식

$$n = K \frac{V - I_a r_a}{\phi} [\text{rps}]$$

② 종류별 제어특성

종류	제어 특성
전압제어	• 제어방식 : 공급전압(V)의 조정으로 속도를 제어하는 방식 • 종류 　－워드레오나드 방식 : 부하변동이 적은곳에 적합, 압연기, 고속엘리베이터 제어용으로 적용 　－일그너 방식 : 부하 변동이 심한 곳에 적합 　－직 · 병렬 제어방식 : 직 · 병렬 결선을 바꿔서 전압 제어(주로 전동차에 적용) • 특징 　－정토크 제어방식 　－속도제어방식 중 가장 효율이 우수 　－광범위한 속도제어 가능 • 적용 : 타여자 전동기

종류	제어 특성
계자제어	• 제어방식 : 계자저항기의 저항값(R_f)을 조정하여 계자전류(I_f) 및 계자자속($\varnothing$)의 변화로 속도를 제어하는 방식 • 정출력 제어방식
저항제어	• 제어방식 : 기동저항기의 저항값(R_s)을 조정하여 속도를 제어하는 방식 • 가장 효율이 나쁜 방식 → I_a값이 크기 때문

3. 제동

(1) 제동 방식의 종류

① 역상제동(플러깅)

② 발전제동

③ 회생제동

(2) 제동원리

구분	제동원리 설명
역상제동 (플러깅)	• 전동기를 역회전시켜 제동 • 급제동에 적합한 방식
발전제동	• 전동기 전원 분리 → 발전기로 동작 → E 발생 → 저항기 열로 소비 • 에너지 손실이 큰 방식
회생제동	• 전동기 전원 분리 → 발전기로 동작 → E 발생 → 전원측 재사용 • 에너지 절감에 효과적인 방식

과년도 기출 및 예상문제

★★☆
01 직류 분권 전동기 기동 시 계자 저항기의 저항값은?

① 최대로 해둔다.　　　　　　② 0으로 해둔다.
③ 중간으로 해둔다.　　　　　④ 1/3로 해둔다.

> **해설** 기동토크를 크게하기 위하여 계자저항기의 저항값을 최소(0)로 한다.

★★★
02 직류 분권전동기 운전 중 계자 권선의 저항이 증가할 때 회전속도는?

① 일정하다.　　　　　　　② 감소한다.
③ 증가한다.　　　　　　　④ 관계없다.

> **해설**
> • 속도 표현식 : $n = K\dfrac{V - I_a R_a}{\varnothing}$ [rps]
> • 계자저항↑ → 계자전류↓ → 자속($\varnothing$)↓ → 속도↑

★★☆
03 직류 전동기의 속도제어 방법이 아닌 것은?

① 계자 제어법　　　　　　② 전압 제어법
③ 주파수 제어법　　　　　④ 직렬 저항 제어법

> **해설** 속도제어방식 : 전압제어, 계자제어, 저항제어

★★☆
04 직류 전동기의 속도제어 방법에서 광범위한 속도제어가 가능하며, 운전 효율이 가장 좋은 방법은?

① 계자 제어　　　　　　② 전압 제어
③ 직렬 저항 제어　　　　④ 병렬 저항 제어

> **해설** 전압 제어방식은 속도제어방식 중 가장 효율이 우수하고 광범위한 속도제어 가능하다.

정답 | 01 ② 02 ③ 03 ③ 04 ②

★★☆
05 직류전동기의 속도제어법 중 정지 워드레오나드 방식에 관한 설명으로 틀린 것은?

① 광범위한 속도제어가 가능하다.
② 정토크 가변속도의 용도에 적합하다.
③ 제철용 압연기, 엘리베이터 등에 사용된다.
④ 직권전동기의 저항제어와 조합하여 사용한다.

해설 저항제어와 조합하여 사용되는 것은 직·병렬 제어방식이다.

★★☆
06 타여자 직류전동기의 속도제어에 사용되는 워드레오나드(Ward Leonard) 방식은 다음 중 어느 제어법을 이용한 것인가?

① 저항 제어법
② 전압 제어법
③ 주파수 제어법
④ 직·병렬 제어법

해설 전압제어방식의 종류 : 워드레오나드 방식, 일그너 방식, 직·병렬 제어방식

★★★
07 직류 전동기의 속도 제어법에서 정출력 제어에 속하는 것은?

① 전압 제어법
② 계자 제어법
③ 워드 레오나드 제어법
④ 전기자 저항 제어법

해설 • 계자 제어 : 정출력 제어
　　 • 전압 제어 : 정토크 제어

★☆☆
08 직류 전동기의 제동법 중 발전제동을 옳게 설명한 것은?

① 전동기가 정지할 때까지 제동 토크가 감소하지 않는 특징을 지닌다.
② 전동기를 발전기로 동작시켜 발생하는 전력을 전원으로 반환함으로써 제동한다.
③ 전기자를 전원과 분리한 후 이를 외부 저항에 접속하여 전동기의 운동 에너지를 열에너지로 소비시켜 제동한다.
④ 운전 중인 전동기의 전기자 접속을 반대로 접속하여 제동한다.

해설 발전 제동의 제동원리 : 전동기 전원 분리 → 발전기로 동작 → E 발생 → 저항기 열로 소비

정답 ┃ 05 ④　06 ②　07 ②　08 ③

★★☆

09 직류 전동기의 발전제동 시 사용하는 저항의 주된 용도는?

① 전압강하   ② 전류의 감소
③ 전력의 소비   ④ 전류의 방향전환

해설 발전제동 원리 : 전동기 전원 분리 → 발전기로 동작 → E 발생 → 저항기 열로 소비

★★★

10 직류 분권전동기의 공급전압이 극성을 반대로 하면 회전방향은 어떻게 되는가?

① 반대로 된다.   ② 변하지 않는다.
③ 발전기로 된다.   ④ 회전하지 않는다.

해설
- 직류 전동기 역회전 방법 : 계자전류(I_f)와 전기자전류(I_a) 중 하나의 방향만 바꾸면 된다.
- 자여자 전동기 : 공급전압의 극성을 반대로 하면 계자전류, 전기자전류 둘 다 방향이 바뀌기 때문에 역회전 불가
- 타여자 전동기는 역회전 가능

정답 | 09 ③ 10 ②

16 SECTION · 직류기의 손실 및 효율

1. 손실 구분

구분			특성 설명
손실	고정손 (무부하손)	철손 (부하의 유무와 관계없이 발생)	• 히스테리시스손(P_h) $\quad$– 관련식 : $P_h \propto f \cdot B^{1.6}$ [W] $\quad$– 저감대책 : 규소 함유
			• 와류손(P_e) $\quad$– 관련식 : $P_e \propto f^2 \cdot B^2$ [W] $\quad$– 저감대책 : 얇게 성층(0.35~0.5[mm])
		• 기계손 (회전기에서만 발생)	• 마찰손 : 회전하면서 마찰에 의한 손실 • 풍손 : 회전하면서 공기(바람)에 의한 손실
	가변손 (부하손)		• 동손(P_c) = 저항손 = 구리손 = 옴손 $\quad$– 관련식 : $P_c = I^2 R$ [W] $\quad$– 부하전류(I)가 흐를 때만 발생하는 손실 $\quad$– 저감대책 : 우수한 재질의 권선 사용
			• 표유부하손 $\quad$– 동손 이외의 부하손으로 누설자속에 의해 발생 $\quad$– 측정이 대단히 곤란하고 어려움

(1) 히스테리시스손(P_h)

철심에 작용하는 교류자계로 인해 철 내부의 자기성분(자구)들이 방향을 바꾸면서 발생하는 손실이다.

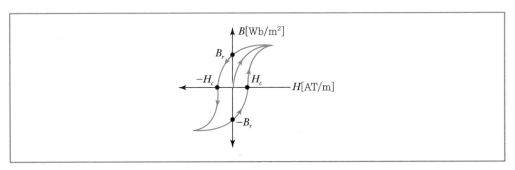

(2) 와류손(P_e)

철심 내에 자속 통과 시 자속의 변화에 의해 발생하는 와전류와 철심저항과 발생하는 저항 손실이다.

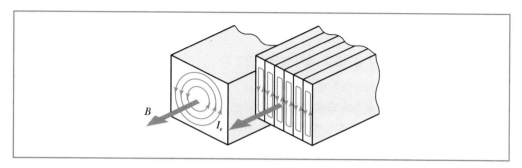

2. 효율

(1) 개념

직류기의 입력에 대한 출력의 비율이다.

(2) 효율의 종류

① 실측효율

ㄱ 입력과 출력을 실제로 측정하여 구하는 효율

ㄴ 표현식 : $\eta = \dfrac{출력}{입력} \times 100\,[\%]$

② 규약효율

ㄱ 기기의 표준이 되는 효율

ㄴ 정해진 규약조건에 의해 손실을 결정하여 계산되는 효율

ㄷ 발전기 $\eta_G = \dfrac{출력}{출력 + 손실} \times 100\,[\%]$

ㄹ 전동기 $\eta_M = \dfrac{입력 - 손실}{입력} \times 100\,[\%]$

(3) 최대효율 조건

$$고정손 = 가변손$$

(4) 최대효율 시 전류(부하율)

$$I = \sqrt{\dfrac{고정손}{동손}}$$

⚡ 과년도 기출 및 예상문제

★☆☆
01 직류기의 철손에 관한 설명으로 옳지 않은 것은?

① 철손에는 풍손과 와전류손 및 저항손이 있다.
② 전기자 철심에는 철손을 작게하기 위하여 규소강판을 사용한다.
③ 철에 규소를 넣게 되면 히스테리시스손이 감소한다.
④ 철에 규소를 넣게 되면 전기 저항이 증가하고 와전류손이 감소한다.

해설 ▶ 철손은 히스테리시스손과 와류손으로 구분된다.

★★★
02 직류기의 손실 중에서 기계손으로 옳은 것은?

① 풍손
② 와류손
③ 표류 부하손
④ 브러시의 전기손

해설 ▶ 기계손은 마찰손(베어링)과 풍손(공기저항)으로 구분된다.

★★☆
03 직류기기의 철손에 관한 설명으로 틀린 것은?

① 성층철심을 사용하면 와전류손이 감소한다.
② 철손에는 풍손과 와전류손 및 저항손이 있다.
③ 철에 규소를 넣게 되면 히스테리시스손이 감소한다.
④ 전기자 철심에는 철손을 작게하기 위해 규소강판을 사용한다.

해설 ▶ 철손은 히스테리시스손(70[%])과 와류손(30[%])으로 구분된다.

★★☆
04 전기기기에 있어 와전류손(Eddy current loss)을 감소시키기 위한 방법은?

① 냉각압연
② 보상권선 설치
③ 교류전원을 사용
④ 규소강판을 성층하여 사용

해설 ▶ • 히스테리시스손 저감 : 규소 함유
• 와류손 저감 : 철심을 얇게 성층

정답 | 01 ④ 02 ① 03 ② 04 ④

★★☆

05 직류 전동기의 규약 효율을 나타낸 식으로 옳은 것은?

① $\dfrac{출력}{입력} \times 100[\%]$

② $\dfrac{입력}{입력 + 손실} \times 100[\%]$

③ $\dfrac{출력}{출력 + 손실} \times 100[\%]$

④ $\dfrac{입력 - 손실}{입력} \times 100[\%]$

> **해설** 전동기는 입력에 관한 효율식으로 표현한다.

★★★

06 직류기의 효율이 최대가 되는 경우는 다음 중 어느 것인가?

① 와류손＝히스테리시스손

② 기계손＝전기자 동손

③ 전부하 동손＝철손

④ 고정손＝부하손

> **해설** 직류기 최대효율 조건 : 고정손＝가변손

★☆☆

07 효율 80[%], 출력 10[kW]인 직류발전기의 고정 손실이 1,300[W]라 한다. 이때 이 발전기의 가변 손실은 몇 [W]인가?

① 1,000

② 1,200

③ 1,500

④ 2,500

> **해설** • 손실＝고정손＋가변손, 가변손＝손실－고정손
>
> • 입력＝$\dfrac{출력}{\eta} = \dfrac{10}{0.8} = 12.5[\text{kW}]$, 손실＝$12.5 - 10 = 2.5[\text{kW}]$
>
> ∴ 가변손＝$2,500 - 1,300 = 1,200[\text{W}]$

CHAPTER

02 동기기

simple is the best 전기기사 이론파트는 본 내용으로 충분합니다.

SECTION 01 동기발전기 구조 및 원리

1. 동기발전기 구조

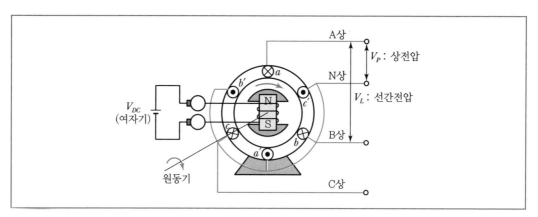

(1) 구조별 역할
① 여자기 : 계자에 직류(DC)전류 공급
② 계자(회전자) : 자속($\varnothing$) 발생
③ 전기자(고정자) : 유기기전력 $E[\mathrm{V}]$ 발생

(2) 회전계자형으로 하는 이유
① 전기자 : 3상 교류, 고전압, 대전류 → 회전 시 높은 제작비용, 저 안정성
② 계자 : 단상 직류, 저전압, 소전류 → 회전 시 낮은 제작비용, 고 안정성

2. 동기발전기 원리
① 전자유도현상 및 플레밍의 오른손 법칙 이용
② 유도 기전력

$$E = 4.44 K_w f \varnothing N [\mathrm{V}]$$

- K_w : 권선계수
- f : 주파수
- $\varnothing$: 매극당 자속
- N : 권수

3. 동기속도

(1) 개념

① 동기기나 유도기에서 만들어지는 회전 자기장의 회전속도를 말함

② 기호 : N_s, 단위 : [rpm]

(2) 표현식

$$N_s = \frac{120f}{P}\,[\text{rpm}],\ N_s \propto f,\ N_s \propto \frac{1}{P}$$

주파수를 일정하게 유지하기 위하여 회전수가 일정해야 한다(동기속도 N_s).

극수(P)	60[Hz] 동기속도(Ns)	50[Hz] 동기속도(Ns)
2극	3,600	3,000
4극	1,800	1,500
6극	1,200	1,000
8극	900	750
10극	720	600

SECTION 02 동기발전기 종류

1. 회전자에 의한 분류

구분	고정자	회전자	적용
회전 계자형	전기자	계자	동기발전기
회전 전기자형	계자	전기자	• 직류발전기 • 소용량 동기발전기
유도자형	계자, 전기자	유도자	고주파발전기 (수백~수만 [Hz])

2. 회전자 형태에 의한 분류

구분	돌극기(철극기)	비돌극기(비철극기)
회전자 형태	(그림) $D:大$	(그림) $D:小$
적용	수차발전기	터빈발전기
극 지름	큼	작음
속도	저속기	고속기
극수	많음	적음(2~4극)
축 형태	직축형(우산형) – 저속 대용량기	횡축형
공극	불균일	균일
냉각방식	공기 냉각	수소 냉각
단락비	0.9~1.2	0.6~1.0

3. 수소 냉각방식 특징(장ㆍ단점)

(1) 장점

① 공기 냉각에 비해 약 25[%] 정도의 출력 증가한다.
② 수소의 비열 : 공기의 약 14배 정도
③ 수소의 열전도율 : 공기의 약 7배 정도
④ 완전밀폐(전폐) 구조로써 소음이 작다.

(2) 단점

① 공기와 혼합 시 폭발의 위험이 있다. → 방폭설비 채용하여 방지
② 설비비 고가이다.

과년도 기출 및 예상문제

★★★
01 그림은 동기발전기의 구동 개념도이다. 그림에서 2를 발전기라 할 때 3의 명칭으로 적합한 것은?

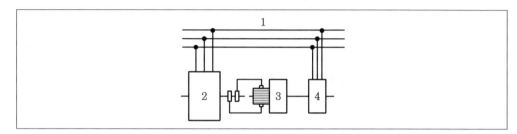

① 전동기   ② 여자기
③ 원동기   ④ 제동기

> **해설** 1 – 전원선, 2 – 발전기, 3 – 여자기, 4 – 원동기

★★★
02 60[Hz], 12극, 회전자 외경 2[m]의 동기발전기에 있어서 자극면의 주변속도[m/s]는 약 얼마인가?

① 34   ② 43
③ 59   ④ 63

> **해설** • 동기속도 $N_s = \dfrac{120f}{P} = \dfrac{120 \times 60}{12} = 600$[rpm]
>
> • 주변속도 $v = \pi D\, n_s = \pi D \dfrac{N_s}{60} = \pi \times 2 \times \dfrac{600}{60} \fallingdotseq 63$[m/s]

★★☆
03 극수 6, 회전수 1,200[rpm]의 교류발전기와 병행 운전하는 극수 8의 교류발전기의 회전수는 몇 [rpm] 이어야 하는가?

① 800   ② 900
③ 1,050   ④ 1,100

> **해설** 주파수 $f = \dfrac{1,200 \times 6}{120} = 60$[Hz]이므로, 회전수(동기속도) $N_s = \dfrac{120 \times 60}{8} = 900$[rpm]

정답 | **01** ②   **02** ④   **03** ②

★★☆
04 동기기의 회전자에 의한 분류가 아닌 것은?

① 원통형 ② 유도자형
③ 회전 계자형 ④ 회전 전기자형

> 해설 • 회전자에 의한 분류에는 회전 계자형, 회전 전기자형, 유도자형이 있다.
> • 원통형은 회전자 형태에 따른 분류이다.

★★★
05 발전기의 종류 중 회전계자형으로 하는 것은?

① 동기발전기 ② 유도 발전기
③ 직류 복권발전기 ④ 직류 타여자발전기

> 해설 • 회전 계자형 : 동기발전기
> • 회전 전기자형 : 직류발전기
> • 유도자형 : 유도 발전기

★★☆
06 동기발전기에 회전계자형을 사용하는 경우에 대한 이유로 틀린 것은?

① 기전력의 파형을 개선한다.
② 전기자가 고정자이므로 고압 대전류용에 좋고, 절연하기 쉽다.
③ 계자가 회전자지만 저압 소용량의 직류이므로 구조가 간단하다.
④ 전기자보다 계자극을 회전자로 하는 것이 기계적으로 튼튼하다.

> 해설 기전력의 파형을 개선하는 방법으로는 전기자 권선을 단절권과 분포권으로 감는 것이다.

★★★
07 유도자형 동기발전기의 설명으로 옳은 것은?

① 전기자만 고정되어 있다. ② 계자극만 고정되어 있다.
③ 회전자가 없는 특수 발전기이다. ④ 계자극과 전기자가 고정되어 있다.

> 해설 **동기발전기 회전자에 의한 분류**

구분	고정자	회전자	적용
회전 계자형	전기자	계자	동기발전기
회전 전기자형	계자	전기자	• 직류발전기 • 소용량 동기발전기
유도자형	계자, 전기자	유도자	고주파발전기 (수백~수만 [Hz])

정답 | 04 ① 05 ① 06 ① 07 ④

★★☆

08 터빈 발전기의 냉각을 수소냉각방식으로 하는 이유로 옳지 않은 것은?

① 풍손이 공기 냉각 시의 양 1/10로 줄어든다.
② 열전도율이 좋고 가스냉각기의 크기가 작아진다.
③ 절연물의 산화작용이 없으므로 절연열화가 작아서 수명이 길다.
④ 반폐형으로 하기 때문에 이물질의 침입이 없고 소음이 감소한다.

해설 수소냉각방식은 완전밀폐(전폐) 구조이다.

★☆☆

09 터빈 발전기의 특징이 잘못된 것은?

① 회전자는 지름을 작게 하고 축방향으로 길게 하여 원심력을 작게 한다.
② 회전자는 원통형 회전자로 하여 풍손을 작게 한다.
③ 기계적으로 평형이 되도록 하여 진동의 발생을 방지한다.
④ 전기자 철심은 철손을 매우 크게 한다.

해설 전기자 철심은 규소가 많이 포함된 고규소 강판(규소 함유율 2~4[%])을 사용하여 철손을 적게한다.

★☆☆

10 취급이 간단하고 기동시간이 짧아서 섬과 같이 전력계통에서 고립된 지역, 선박 등에 사용되는 소용량 전원용 발전기는?

① 수차 발전기 　　　　　　　 ② 초전도 발전기
③ 터빈 발전기 　　　　　　　 ④ 엔진 발전기

해설 수차, 초전도, 터빈 발전기는 대용량이다.

03 SECTION 전기자 권선법

1. 구분

환상권	개로권	단층권	파권	전절권	집중권	△결선
고상권	폐로권	2층권	중권	단절권	분포권	Y결선

2. 전절권과 단절권

(1) 전절권

① 개념 : 전기자코일의 간격을 극 간격과 같도록 감은 권선 형태

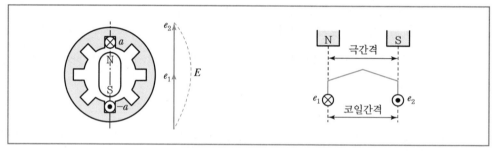

② 특징
  ㉠ 기전력이 큼
  ㉡ 고조파가 발생함

(2) 단절권

① 개념 : 전기자코일의 간격을 극 간격보다 짧게 감은 권선 형태

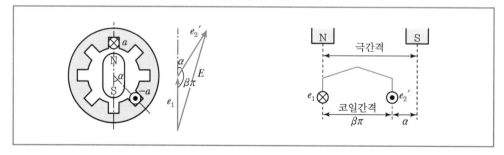

② 특징
　　㉠ 동량감소　　　　　　㉡ 부피감소
　　㉢ 고조파제거(파형 개선)　　㉣ 기전력 감소(단점)

(3) 단절계수
① 개념 : 전기자 권선을 단절권으로 감아서 기전력이 감소하는 정도
② 기본파에 대한 단절계수

㉠ $K_p = \dfrac{\text{단절권의 합성기전력}}{\text{전절권의 합성기전력}} = \sin\dfrac{\beta\pi}{2} < 1$

㉡ β : 단절비율 → $\beta = \dfrac{\text{코일 간격}}{\text{극 간격}} = \dfrac{\text{인출슬롯} - \text{인입슬롯}}{\dfrac{\text{전 슬롯수}}{\text{극수}}}$

③ n차 고조파에 대한 단절계수

㉠ $K_p = \sin\dfrac{n\beta\pi}{2}$

㉡ 제5고조파 제거를 위한 단절계수

　$K_p = \sin\dfrac{5\beta\pi}{2} = 0$ → 단절계수 $\beta = \dfrac{4}{5} = 0.8$일 때 가장 적합

㉢ 제3고조파 제거를 위한 단절계수

　$K_p = \sin\dfrac{3\beta\pi}{2} = 0$ → 단절계수 $\beta = \dfrac{2}{3} = 0.67$일 때 가장 적합

3. 집중권과 분포권

(1) 집중권
① 개념 : 매극 매상의 도체를 1개의 슬롯에 집중시켜서 감은 권선 형태

② 특징
　　㉠ 기전력이 큼
　　㉡ 고조파가 발생함
③ 매극 매상 당 슬롯 수 : $q = 1$

(2) 분포권
① 개념 : 매극 매상의 도체를 여러 개의 슬롯에 분포시켜서 감은 권선 형태

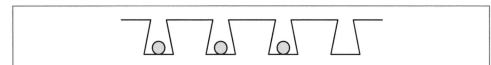

② 특징

    ㉠ 고조파 제거(파형 개선)

    ㉡ 기전력 감소(단점)

    ㉢ 누설리액턴스가 작음

    ㉣ 코일에서의 열 발산이 고르게 분포 되므로 권선의 과열을 방지

③ 매극 매상 당 슬롯 수

$$q = \frac{\text{총 슬롯수}}{P \times m}$$

- P : 극수
- m : 상수

(3) 분포계수

① 개념 : 전기자 권선을 분포권으로 감아서 기전력이 감소하는 정도

② 기본파에 대한 분포계수

$$K_d = \frac{\text{분포권의 합성기전력}}{\text{집중권의 합성기전력}} = \frac{\sin\frac{\pi}{2m}}{q\sin\frac{\pi}{2mq}} < 1$$

③ n차 고조파에 대한 분포계수

$$K_d = \frac{\sin\frac{n\pi}{2m}}{q\sin\frac{n\pi}{2mq}}$$

4. 권선계수(K_w)

(1) 개념

단절계수와 분포계수의 곱으로써, 기전력의 감소정도를 나타내는 계수이다.

(2) 표현식

$$K_w = K_P \times K_d < 1$$

(3) 적용

동기발전기 한 상의 유기기전력(상전압) : 실횻값

$$E = 4.44K_w f \varnothing N [\text{V}]$$

- K_w : 권선계수
- f : 주파수
- $\varnothing$: 매극당 자속
- N : 권수

5. △결선(환상결선)과 Y결선(스타결선, 성형결선)

(1) 구성도

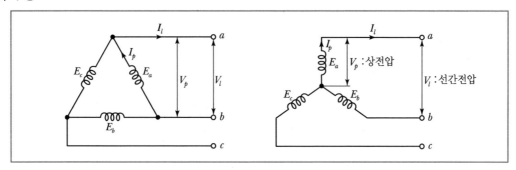

(2) Y결선으로 하는 이유

① 이상전압의 방지대책이 용이하다.

② 상전압은 선간 전압의 $\dfrac{1}{\sqrt{3}}$ 이 되어 코일의 절연이 용이하고 코로나 발생을 억제한다.

③ 중성점을 접지할 수 있으므로 권선보호 장치의 시설이 용이하다.

④ 권선의 불평형 및 제3고조파 등에 의한 순환전류가 흐르지 않는다.

과년도 기출 및 예상문제

★★☆
01 동기기의 전기자 권선법이 아닌 것은?

① 분포권   ② 전절권
③ 2층권   ④ 중권

> **해설** 동기기 전기자 권선법 : 고상권, 폐로권, 2층권, 단절권, 분포권, Y결선

★★☆
02 동기기의 기전력의 파형 개선책이 아닌 것은?

① 단절권   ② 집중권
③ 공극조정   ④ 자극모양

> **해설** 집중권은 기전력은 크지만 고조파가 발생되는 단점으로 사용되지 않는다.

★★☆
03 교류발전기의 고조파 발생을 방지하는 방법으로 틀린 것은?

① 전기자 반작용을 크게 한다.
② 선기사 권선을 난절권으로 감는나.
③ 전기자 슬롯을 스큐 슬롯으로 한다.
④ 전기자 권선의 결선을 성형으로 한다.

> **해설** 고조파 발생 방지를 위해서는 전기자 반작용을 작게 해야 한다.

★★★
04 교류기에서 유기기전력의 특정 고조파분을 제거하고 또 권선을 절약하기 위하여 자주 사용되는 권선법은?

① 전절권   ② 분포권
③ 집중권   ④ 단절권

> **해설** **단절권의 특징**
> • 고조파 제거로 파형 개선
> • 권선량(동량) 감소 및 구조 경량화
> • 유기기전력 감소

정답 | 01 ②   02 ②   03 ①   04 ④

★★☆
05 동기발전기 단절권의 특징이 아닌 것은?

① 고조파를 제거해서 기전력의 파형이 좋아진다.
② 코일 단이 짧게 되므로 재료가 절약된다.
③ 전절권에 비해 합성 유기기전력이 증가한다.
④ 코일 간격이 극 간격보다 작다.

해설 단절권은 고조파가 제거되는 특성은 있으나, 기전력은 전절권에 비해 감소된다.

★★☆
06 코일피치와 자극피치의 비를 β라 하면 기본파 기전력에 대한 단절계수는?

① $\sin\beta\pi$ ② $\cos\beta\pi$
③ $\dfrac{\sin\beta\pi}{2}$ ④ $\dfrac{\cos\beta\pi}{2}$

해설 단절계수(기본파) : $K_P = \dfrac{\sin\beta\pi}{2} < 1$

★☆☆
07 3상 동기발전기에서 권선 피치와 자극 피치의 비를 $\dfrac{13}{15}$의 단절권으로 하였을 때의 단절권 계수는?

① $\sin\dfrac{13}{15}\pi$ ② $\sin\dfrac{13}{30}\pi$
③ $\sin\dfrac{15}{26}\pi$ ④ $\sin\dfrac{15}{13}\pi$

해설 단절권 계수 $K_p = \sin\dfrac{\beta\pi}{2} = \sin\left(\dfrac{13}{15}\times\dfrac{\pi}{2}\right) = \sin\dfrac{13}{30}\pi$

★★☆
08 3상 동기발전기 각 상의 유기기전력 중 제3고조파를 제거하려면 코일간격/극간격을 어떻게 하면 되는가?

① 0.11   ② 0.33
③ 0.67   ④ 0.34

해설 • 제3고조파 제거 시 : 단절계수 $\beta = \dfrac{2}{3} = 0.67$일 때 가장 적합

 • 제5고조파 제거 시 : 단절계수 $\beta = \dfrac{4}{5} = 0.8$일 때 가장 적합

정답 | 05 ③   06 ③   07 ②   08 ③

★★★
09 동기발전기의 전기자권선을 분포권으로 하면 어떻게 되는가?

① 난조를 방지한다.
② 기전력의 파형이 좋아진다.
③ 권선의 리액턴스가 커진다.
④ 집중권에 비하여 합성 유기기전력이 증가한다.

해설 분포권을 채용하면 고조파 제거로 파형이 좋아진다.

★★☆
10 동기발전기의 전기자 권선법 중 집중권인 경우 매극 매상의 홈(slot) 수는?

① 1개
② 2개
③ 3개
④ 4개

해설
집중권은 매극 매상의 슬롯 수가 1개이다.

★★★
11 슬롯 수 36의 고정자 철심이 있다. 여기에 3상 4극의 2층권을 시행할 때, 매극 매상의 슬롯 수와 총 코일 수는?

① 3과 18
② 9와 36
③ 3과 36
④ 9와 18

해설 • 매극 매상의 슬롯 수 : $q = \dfrac{\text{총 슬롯수}}{P \times m} = \dfrac{36}{4 \times 3} = 3$

• 총 코일 수 : $\dfrac{\text{총 슬롯수} \times \text{슬롯 내 도체수}}{2} = \dfrac{36 \times 2}{2} = 36$

★★☆
12 동기발전기의 전기자 권선은 기전력의 파형을 개선하는 방법으로 분포권과 단절권을 쓴다. 분포권 계수를 나타내는 식은? (단, q는 매극 매상당의 슬롯 수, m는 상수, α는 슬롯의 간격이다.)

① $\dfrac{\sin q\alpha}{q\sin\dfrac{\alpha}{2}}$

② $\dfrac{\sin\dfrac{\pi}{2m}}{q\sin\dfrac{\pi}{2mq}}$

③ $\dfrac{\cos\dfrac{\pi}{2mq}}{q\cos\dfrac{\pi}{2mq}}$

④ $\dfrac{\cos q\alpha}{q\cos\dfrac{\alpha}{2}}$

정답 | 09 ② 10 ① 11 ③ 12 ②

분포계수(기본파) : $K_d = \dfrac{\sin\dfrac{\pi}{2m}}{q\sin\dfrac{\pi}{2mq}} < 1$

★☆☆
13 상수 m, 매극 매상당 슬롯수 q인 동기발전기에서 n차 고조파분에 대한 분포계수는?

① $\left(q\sin\dfrac{n\pi}{mq}\right) / \left(\sin\dfrac{n\pi}{m}\right)$

② $\left(\sin\dfrac{n\pi}{m}\right) / \left(q\sin\dfrac{n\pi}{mq}\right)$

③ $\left(\sin\dfrac{\pi}{2m}\right) / \left(q\sin\dfrac{n\pi}{2mq}\right)$

④ $\left(\sin\dfrac{n\pi}{2m}\right) / \left(q\sin\dfrac{n\pi}{2mq}\right)$

분포계수(n차 고조파) : $K_d{'} = \dfrac{\sin\dfrac{n\pi}{2m}}{q\sin\dfrac{n\pi}{2mq}} < 1$

★★★
14 3상 동기발전기의 매극 매상의 슬롯 수를 3이라 할 때 분포권 계수는?

① $6\sin\dfrac{\pi}{18}$

② $3\sin\dfrac{\pi}{36}$

③ $\dfrac{1}{6\sin\dfrac{\pi}{18}}$

④ $\dfrac{1}{12\sin\dfrac{\pi}{36}}$

분포계수 $K_d = \dfrac{\sin\dfrac{\pi}{2m}}{q\sin\dfrac{\pi}{2mq}}$ 의 식에서, 매극 매상 당 슬롯 수 $q = 3$, 상수 $m = 3$이므로,

$$\therefore K_d = \dfrac{\sin\dfrac{\pi}{6}}{3\sin\dfrac{\pi}{2\times3\times3}} = \dfrac{\dfrac{1}{2}}{3\sin\dfrac{\pi}{18}} = \dfrac{1}{6\sin\dfrac{\pi}{18}}$$

★★☆
15 동기기의 전기자 권선이 매극 매상당 슬롯수가 4, 상수가 3인 권선의 분포계수는 얼마인가? (단, $\sin 7.5[°] = 0.1305$, $\sin 15[°] = 0.2588$, $\sin 22.5[°] = 0.3827$, $\sin 30[°] = 0.5$이다.)

① 0.487

② 0.844

③ 0.866

④ 0.958

분포계수(기본파) : $K_d = \dfrac{\sin\dfrac{\pi}{2m}}{q\sin\dfrac{\pi}{2mq}} = \dfrac{\sin\dfrac{\pi}{2\times3}}{4\sin\dfrac{\pi}{2\times3\times4}} ≒ 0.958$

정답 | 13 ④ 14 ③ 15 ④

04 SECTION 전기자 반작용

1. 개념

① 전기자 전류에 의한 자속이 계자에 의한 주자속에 영향을 미치는 현상이다.
② 동기발전기에 접속되는 부하의 특성(역률)에 따라 전기자 반작용의 형태가 다르다.

2. 부하 종류별 전기자 반작용 형태

(1) 저항(R) 부하 : I_a와 E가 동상($\cos\theta = 1$)

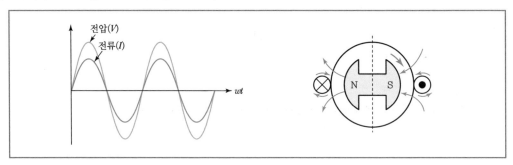

(2) 인덕턴스(L) 부하 : I_a가 E보다 90[°] 뒤짐(지상)

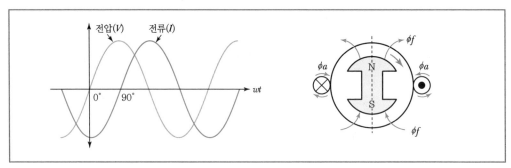

(3) 콘덴서(C) 부하 : I_a가 E보다 90[°] 앞섬(진상)

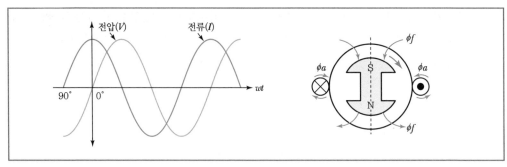

(4) 전기자 반작용 형태 비교

부하의 종류	동기발전기	동기전동기	축 형태
• 저항(R) 부하 • I_a와 $E(\text{V})$가 동상($\cos\theta = 1$)	교차자화 작용	교차자화 작용	횡축 반작용
• 인덕턴스(L) 부하 • I_a가 $E(\text{V})$보다 90[°] 뒤짐(지상)	감자 작용	증자 작용	직축 반작용
• 콘덴서(C) 부하 • I_a가 $E(\text{V})$보다 90[°] 앞섬(진상)	증자 작용	감자 작용	

과년도 기출 및 예상문제

★★☆
01 동기발전기에서 유기 기전력과 전기자 전류가 동상인 경우의 전기자 반작용은?

① 교차 자화 작용
② 증자작용
③ 감자작용
④ 직축 반작용

해설 전류가 동상인 경우는 저항(R) 부하이고, 교차 자화 작용의 형태를 가진다.

★★☆
02 동기발전기에서 전기자 전류를 I, 역률을 $\cos\theta$라 하면 횡축 반작용을 하는 성분은?

① $I\cos\theta$
② $I\cot\theta$
③ $I\sin\theta$
④ $I\tan\theta$

해설 횡축반작용 성분은 저항(R) 부하를 의미하며, 유효분으로 유효율($\cos\theta$)을 곱해준다.

★☆☆
03 동기발전기에서 전기자 전류를 I, 유기 기전력과 전기자 전류와의 위상각을 θ라 하면 직축 반작용을 하는 성분은?

① $I\cot\theta$
② $I\tan\theta$
③ $I\sin\theta$
④ $I\cos\theta$

해설 직축 반작용은 무효분으로 무효율($\sin\theta$)를 곱해준다.

★★☆
04 3상 교류발전기의 기전력에 대하여 $\pi/2$[rad] 뒤진 전기자 전류가 흐르면 전기자 반작용은?

① 증자작용을 한다.
② 감자작용을 한다.
③ 횡축 반작용을 한다.
④ 교차 자화작용을 한다.

해설 지상($\frac{\pi}{2}$ 뒤진 전류)부하의 인덕턴스 부하이므로, 감자작용의 형태를 가진다.

★★★
05 동기발전기에서 앞선 전류가 흐를 때 어떤 작용을 하는가?

① 감자작용
② 증자작용
③ 교차 자화 작용
④ 아무 작용도 하지 않음

해설 진상부하의 경우 증자작용의 형태를 가진다.

정답 | 01 ① 02 ① 03 ③ 04 ② 05 ②

05 SECTION 동기발전기 임피던스와 출력

1. 동기 임피던스

(1) 개념

동기기 전기자 권선의 저항성분과 리액턴스 성분을 합성한 값이다.

(2) 표현식

$$Z_s = r_a + jX_s = \sqrt{r_a{}^2 + X_s{}^2} = \sqrt{r_a{}^2 + (X_a + X_l)^2} \, [\Omega]$$

- r_a : 전기자 저항[Ω]
- X_s : 동기 리액턴스[Ω]

(3) 실용상 적용

$$Z_s \fallingdotseq X_s$$

2. 동기 리액턴스

(1) 표현식

$$X_s = X_a + X_l$$

- X_a : 반작용 리액턴스(자속 중 전기자 반작용을 일으키는 자속에 의한 리액턴스)
- X_l : 누설 리액턴스(자속 중 누설자속에 의한 리액턴스)

(2) 실용상 적용

$$X_s \fallingdotseq X_l$$

3. 동기발전기 출력

구분	비돌극기	돌극기
출력식	• 1상 출력 : $P = \dfrac{EV}{X_s}\sin\delta\,[\text{W}]$ • 3상 출력 : $P = \dfrac{3EV}{X_s}\sin\delta\,[\text{W}]$	$P = \dfrac{3EV}{X_s}\sin\delta + \dfrac{V^2(x_d - x_q)}{2x_d x_q}\sin 2\delta\,[\text{W}]$
최대출력	부하각(δ) 90[°]일 때	부하각(δ) 60[°]일 때
공극	공극 균일($x_d = x_q$)	공극 불균일($x_d > x_q$)

⚡ 과년도 기출 및 예상문제

★★★
01 동기기의 전기자 저항을 r, 반작용 리액턴스를 x_a, 누설 리액턴스를 x_l이라 하면 동기 임피던스는?

① $\sqrt{r^2 + \left(\dfrac{x_a}{x_l}\right)^2}$　　　　　　　② $\sqrt{r^2 + x_l^2}$

③ $\sqrt{r^2 + x_a^2}$　　　　　　　　　　④ $\sqrt{r^2 + (x_a + x_l)^2}$

> **해설** $Z_s = r_a + jX_s = \sqrt{r_a^2 + X_s^2} = \sqrt{r_a^2 + (X_a + X_l)^2}\,[\Omega]$

★★☆
02 전기자저항 $r_a = 0.2[\Omega]$, 동기리액턴스 $x_s = 20[\Omega]$인 Y결선의 3상 동기발전기가 있다. 3상 중 1상의 단자전압 $V = 4,400[V]$, 유도기전력 $E = 6,600[V]$이다. 부하각 $\delta = 30[°]$라고 하면 발전기의 출력은 약 몇 [kW]인가?

① 2,178　　　　　　　　　　② 3,251

③ 4,253　　　　　　　　　　④ 5,532

> **해설** 3상 출력 $P_3 = 3 \times \dfrac{EV}{x_s} \sin\delta = 3 \times \dfrac{6,600 \times 4,400}{20} \sin 30[°] \times 10^{-3} = 2,178[\text{kW}]$

★★☆
03 비돌극형 동기발전기 한 상의 단자전압을 V, 유기 기전력을 E, 동기 리액턴스를 X_s, 부하각이 δ이고, 전기자 저항을 무시할 때 한상의 최대출력[W]은?

① $\dfrac{EV}{X_s}$　　　　　　　　　　② $\dfrac{3EV}{X_s}$

③ $\dfrac{E^2 V}{X_s} \sin\delta$　　　　　　　　④ $\dfrac{EV^2}{X_s} \sin\delta$

> **해설** 1상의 출력 $P = \dfrac{EV}{X_s} \sin\delta[\text{W}]$의 식에서, 비돌극형 최대출력은 부하각($\delta$)=90[°]일 때이므로,
>
> $P = \dfrac{EV}{X_s}[\text{W}]$가 된다.

정답 | 01 ④　02 ①　03 ①

★★☆
04 원통형 회전자를 가진 동기발전기는 부하각 δ가 몇 도일 때 최대출력을 낼 수 있는가?

① 0[°]   ② 30[°]
③ 60[°]   ④ 90[°]

해설 • 비돌극기(원통형) 최대출력 : $\delta = 90[°]$일 때 발생
• 돌극기 최대출력 : $\delta = 60[°]$일 때 발생

★☆☆
05 돌극형 동기발전기의 특성이 아닌 것은?

① 직축 리액턴스 및 횡축 리액턴스의 값이 다르다.
② 내부 유기기전력과 관계없는 토크가 존재한다.
③ 최대출력의 출력각이 90[°]이다.
④ 리액션 토크가 존재한다.

해설 돌극형은 부하각 60[°]에서 최대출력이 발생한다.

★★☆
06 돌극형 동기발전기에서 직축 동기 리액턴스를 x_d, 횡축 동기 리액턴스를 x_q라 할 때의 관계는?

① $x_d < x_q$ ② $x_d > x_q$
③ $x_d = x_q$ ④ $x_d \leq x_q$

해설 • 돌극형 : 공극 불균일($x_d > x_q$)
• 비돌극형 : 공극 균일($x_d = x_q$)

정답 | **04** ④ **05** ③ **06** ②

06 동기발전기 단락전류와 단락비
SECTION

1. 단락전류(I_s)

(1) 계산식

$$I_s = \frac{E}{Z_s}[\text{A}]$$

(2) 특성

① 처음은 큰 전류이나 점차 감소하는 형태이다.

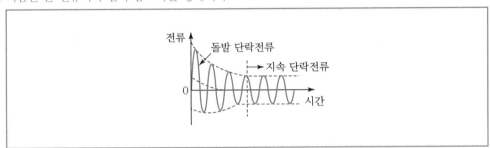

② 동기기 단락전류 제한요소 : 동기 임피던스(Z_s) → $I_s = \frac{E}{Z_s}[\text{A}]$

③ 돌발 단락전류의 제한요소 : 누설 리액턴스(x_ℓ) → $I_s = \frac{E}{x_\ell}[\text{A}]$

④ 지속 단락전류의 제한요소 : 누설 리액턴스(x_ℓ)+반작용 리액턴스(x_a)

→ $I_s = \frac{E}{x_\ell + x_a} = \frac{E}{x_s} ≒ \frac{E}{Z_s}[\text{A}]$

⑤ 단락전류는 지상의 특성을 가진다.

2. 단락비(K_s)

(1) 개념

정격속도에서 무부하 정격전압을 발생시키는 여자전류와 단락 시 정격전류를 발생시키는 여자전류와의 비를 단락비라고 한다.

(2) 단락비 산출시험

① 무부하 포화시험 : $E - I_f$ 관계 곡선

② 3상 단락시험 : $I_s - I_f$ 관계 곡선

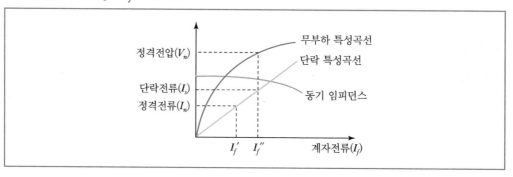

(3) 단락비(K_s) 계산식

$$K_s = \frac{I_s}{I_n} = \frac{100}{\%Z} = \frac{1}{\%Z[\mathrm{p \cdot u}]}$$

- $\%Z = \dfrac{PZ_s}{10\,V^2}\,[\%]$

- $Z_s = \dfrac{10\,V^2 \times \%Z}{P}\,[\Omega]$

(4) 단락비가 큰 기기의 장·단점

장점	단점
• 동기 임피던스가 작음 • 전압강하 및 전압변동 작음 • 전기자 반작용 작음 • 안정도 증가 • 공극이 큼 • 자기여자현상 방지	• 단락전류가 큼 • 철손이 크고, 효율이 나쁨 • 송전선 충전용량이 큼 • 발전기 구조 및 중량이 큼 • 가격이 고가

⚡ 과년도 기출 및 예상문제

★★★
01 동기발전기의 단자 부근에서 단락 사고가 발생했다. 이때 단락 전류는?

① 서서히 증가해서 일정한 전류가 됨
② 급격히 증가한 후 일정한 전류로 감소함
③ 서서히 감소해서 일정전류가 됨
④ 서서히 감소하다가 일정한 전류로 증가함

해설

★★☆
02 동기기의 단락전류를 제한하는 요소는?

① 단락비
② 정격 전류
③ 동기 임피던스
④ 자기 여자 작용

해설 동기기 단락전류 : $I_s = \dfrac{E}{Z_s}$[A] → 동기 임피던스(Z_s)에 의해 제한된다.

★★★
03 동기발전기의 돌발 단락 전류를 주로 제한하는 것은?

① 동기 리액턴스
② 누설 리액턴스
③ 권선 저항
④ 역상 리액턴스

해설 돌발 단락전류 제한요소 : 누설 리액턴스

정답 | 01 ② 02 ③ 03 ②

★★☆
04 동기발전기의 돌발 단락 시 발생되는 현상으로 틀린 것은?

① 큰 과도전류가 흘러 권선 소손
② 단락전류는 전기자 저항으로 제한
③ 코일 상호간 큰 전자력에 의한 코일 파손
④ 큰 단락전류 후 점차 감소하여 지속 단락전류 유지

해설 돌발 단락전류 : $I_s = \dfrac{E}{x_\ell}$[A] → 누설 리액턴스(x_ℓ)에 의해 제한된다.

★★☆
05 동기발전기의 단락비를 계산하는 데 필요한 시험의 종류는?

① 동기화 시험, 3상 단락시험
② 부하포화시험, 동기화 시험
③ 무부하 포화시험, 3상 단락시험
④ 전기자 반작용 시험, 3상 단락시험

해설 **단락비 산출시험**
• 무부하 포화시험 : $E - I_f$ 관계 곡선
• 3상 단락시험 : $I_s - I_f$ 관계 곡선

★☆☆
06 그림과 같은 동기발전기의 무부하 포화곡선에서 그 포화계수는?

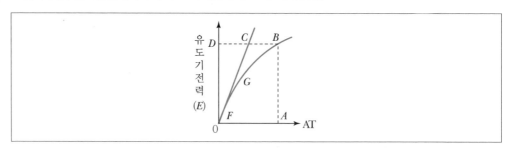

① OF/OG
② OE/DE
③ BC/CD
④ CD/CO

해설 포화계수 $\sigma = \dfrac{BC}{CD}$

★★★

07 3상 동기발전기의 단락곡선이 직선으로 되는 이유는?

① 전기자 반작용으로   ② 무부하 상태이므로
③ 자기 포화가 있으므로   ④ 누설 리액턴스가 크므로

해설

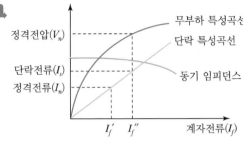

단락전류는 지상이고, 전기자 반작용(감자작용)에 의해 포화되지 않고 직선으로 된다.

★☆☆

08 교류발전기의 동기 임피던스는 철심이 포화하면?

① 감소한다.   ② 증가한다.
③ 관계없다.   ④ 증가, 감소가 분명

해설 포화구간에서 동기 임피던스는 감소한다.

★★☆

09 정격전압 6,000[V], 용량 5,000[kVA]의 Y결선 3상 동기발전기가 있다. 여자전류 200[A]에서의 무부하 단자전압 6,000[V], 단락전류 600[A]일 때, 발전기의 단락비는 약 얼마인가?

① 0.25   ② 1
③ 1.25   ④ 1.5

해설
- 정격전류 $I_n = \dfrac{P}{\sqrt{3}\ V} = \dfrac{5,000 \times 10^3}{\sqrt{3} \times 6,000} = 481.23[\text{A}]$
- 따라서, 단락비 $K_s = \dfrac{I_s}{I_n} = \dfrac{600}{481.23} = 1.247$

★★☆

10 단락비 1.2인 발전기의 퍼센트 동기임피던스[%]는 약 얼마인가?

① 100   ② 83
③ 60   ④ 45

해설 단락비 $K_s = \dfrac{1}{\%Z} \times 100$의 식에서, $\%Z = \dfrac{1}{K_s} \times 100 = \dfrac{1}{1.2} \times 100 = 83[\%]$

정답 | 07 ①   08 ①   09 ③   10 ②

★★★
11 단락비가 큰 동기기에 대한 설명으로 알맞은 것은?

① 전기자 반작용이 크다.
② 기계가 소형이다.
③ 전압 변동률이 크다.
④ 안정도가 높다.

해설 단락비가 큰 기기는 안정도가 높은 특성을 가진다.

★☆☆
12 동기발전기의 단락비 K_s 는?

① 수차발전기가 터빈발전기보다 작다.
② 수차발전기가 터빈발전기보다 크다.
③ 수차발전기와 터빈발전기 어느 것이나 차이가 없다.
④ 엔진발전기가 제일 작다.

해설 • 수차발전기 단락비 : 0.9~1.2
• 터빈발전기 단락비 : 0.6~1.0

★☆☆
13 동기발전기의 단락비는 기계의 특성을 단적으로 잘 나타내는 수치로서, 동일 정격에 대하여 단락비가 큰 기계의 특성 중에서 옳지 않은 것은?

① 동기 임피던스가 작아져 전압 변동률이 좋으며, 송전선 충전 용량이 크다.
② 기계의 형태, 중량이 커지며, 철손, 기계 철손이 증가하고 가격도 비싸다.
③ 과부하 내량이 크고, 안정도가 좋다.
④ 극수가 적고 고속기가 된다.

해설 • 수차발전기 단락비 : 0.9~1.2
• 터빈발전기 단락비 : 0.6~1.0

정답 | 11 ④ 12 ② 13 ④

07 SECTION 동기발전기 병렬운전

1. 병렬운전 조건

병렬운전 조건	조건이 다른 경우
크기가 같을 것	• 조건이 다르게 되는 이유 : 여자전류의 크기가 변할 때 • 현상 : 무효순환전류(무효횡류)가 흐름 • 무효순환전류(무효횡류) 계산식 $$I_c = \frac{E_r}{2Z_s}[\text{A}]\,(E_r : \text{두 발전기의 전압차})$$
위상이 같을 것 주파수가 같을 것	• 조건이 다르게 되는 이유 : 원동기 출력이 변할 때 • 현상 : 동기화전류(유효횡류)가 흐름 • 동기화전류(유효횡류) 계산식 $$I_s = \frac{2E_A}{2Z_s}\sin\frac{\theta}{2}[\text{A}]\,(\theta : \text{두 발전기의 위상차})$$
파형이 같을 것	고조파 무효 순환전류 흐름
상회전 방향이 같을 것	−

2. 역률조정 방법

① B발전기의 역률을 증가시키려면 → A발전기의 I_f(여자)를 증가 시킴(A발전기 역률감소)
② A발전기의 역률을 증가시키려면 → B발전기의 I_f(여자)를 증가 시킴(B발전기 역률감소)

3. 수수전력

(1) 개념

병렬운전 중 위상차 발생 시 위상차를 없애기 위해서 발전기 상호 간에 주고받는 전력이다.

(2) 계산식

$$P = \frac{E_1^2}{2Z_s} \times \sin\delta[\text{W}]$$

⚡ 과년도 기출 및 예상문제

★★★
01 3상 동기발전기를 병렬 운전시키는 경우 고려하지 않아도 되는 조건은?

① 기전력의 용량이 같을 것   ② 기전력의 주파수가 같을 것
③ 기전력의 위상이 같을 것   ④ 기전력의 크기가 같을 것

> **해설** • 동기발전기 병렬운전 조건 : 크·위·주·파·상
> • 용량은 고려하지 않아도 된다.

★★☆
02 3상 동기발전기를 병렬운전 시키는 경우 고려하지 않아도 되는 조건은?

① 기전력의 파형이 같을 것
② 기전력의 주파수가 같을 것
③ 회전수가 같을 것
④ 기전력의 크기가 같을 것

> **해설** • 동기발전기 병렬운전 조건 : 크·위·주·파·상
> • 회전수는 고려하지 않아도 된다.

★☆☆
03 동기발전기의 병렬운전에서 한 쪽의 계자전류를 증대시켜 유기기전력을 크게 하면 어떻게 되는가?

① 무효순환전류가 흐른다.
② 두 발전기의 역률이 모두 낮아진다.
③ 주파수가 변화되어 위상각이 달라진다.
④ 속도 조정률이 변한다.

> **해설** 기전력의 크기가 다르면 무효순환전류가 흐른다.

★★☆
04 병렬 운전하고 있는 2대의 3상 동기발전기 사이에 무효순환전류가 흐르는 경우는?

① 부하의 증가   ② 부하의 감소
③ 여자전류의 변화   ④ 원동기의 출력 변화

> **해설** • 위상차 발생 시 : 동기화전류(유효횡류) 흐름(원인 : 원동기 출력 변화)
> • 기전력 크기가 다를 때 : 무효순환전류 흐름(원인 : 여자전류 변화)

| 정답 | 01 ① | 02 ③ | 03 ① | 04 ③ |

★☆☆
05 2대의 동기발전기가 병렬운전하고 있을 때 동기화 전류가 흐르는 경우는?

① 기전력의 크기에 차가 있을 때
② 기전력의 위상에 차가 있을 때
③ 부하분담에 차가 있을 때
④ 기전력의 파형에 차가 있을 때

해설 ▶ 두 발전기의 위상차가 발생하면 동기화전류(유효횡류)가 흐른다.

★★★
06 동기발전기의 병렬운전 중 위상차가 생기면 어떤 현상이 발생하는가?

① 무효 횡류가 흐른다.
② 무효 전력이 생긴다.
③ 유효 횡류가 흐른다.
④ 출력이 요동하고 권선이 가열된다.

해설 ▶ • 위상차 발생 시 : 동기화전류(유효 횡류) 흐름(원인 : 원동기 출력 변화)
　　　 • 기전력 크기가 다를 때 : 무효순환전류 흐름(원인 : 여자전류 변화)

★★☆
07 3상 동기발전기를 병렬 운전하는 도중 여자전류를 증가시킨 발전기에서 일어나는 현상은?

① 무효 전류가 증가한다.
② 역률이 좋아진다.
③ 전압이 높아진다.
④ 출력이 커진다.

해설 ▶ 여자전류를 증가시키면 90[°] 지상 전류가 증가하여 역률이 저하된다.

★★☆
08 병렬운전 중인 A, B 동기발전기 중 A발전기의 여자를 B발전기보다 증가시키면 A발전기는?

① 동기화 전류가 흐른다.
② 부하 전류가 증가한다.
③ 90[°] 진상 전류가 흐른다.
④ 90[°] 지상 전류가 흐른다.

해설 ▶ A 발전기의 여자 전류를 증가시키면 90[°] 지상 전류가 증가하여 역률이 저하되고, B발전기의 역률은 좋아진다.

★★☆
09 정전압 계통에 접속된 동기발전기의 여자를 약하게 하면?

① 출력이 감소
② 전압이 감소
③ 앞선 무효전류 증가
④ 뒤진 무효전류 증가

해설 ▶ 여자를 약하게 하면 90[°] 지상전류가 감소하고 진상(앞선) 전류가 증가하여 역률이 좋아진다.

정답 ┃ 05 ② 06 ③ 07 ① 08 ④ 09 ③

08 SECTION 동기전동기 구조 및 원리, 장·단점

1. 구조

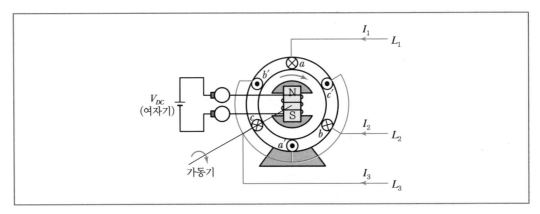

2. 동기전동기 원리

① 원리 : 회전자계에 의한 인력 및 척력이용
② 회전자기장(회전자계) : 3상 교류전류 인가 시 회전자계 발생
③ 회전자기장의 회전속도 : 동기속도(N_s)

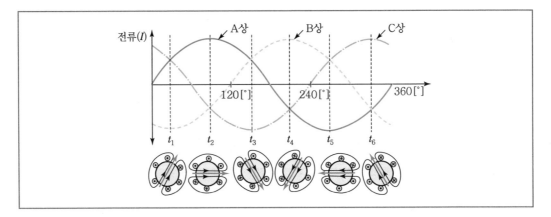

3. 특성

(1) 장점
① 역률 1로 운전 가능(역률 우수)
② 역률 조정 가능(동기조상기, 역률개선, 전압조정)
③ 일정속도(N_s)로 운전 가능
④ 효율이 우수함

(2) 단점
① 기동토크가 없어 기동장치 필요
② 속도제어가 어려움
③ 난조, 탈조 발생

(3) 적용
① 전력계통의 동기조상기
② 시멘트 공장의 분쇄기, 송풍기, 압축기 등에 사용

4. 동기전동기 기동법

(1) 자기동법
① 계자극에 제동권선을 설치하여 기동
② 제동권선 설치 시 계자권선 단락(이유 : 고전압유기 방지)

(2) 타기동법(기동전동기법)
① 유도전동기를 이용하여 기동
② 유도전동기의 극수는 동기전동기(회전자기장)의 극수보다 2극 적게 할 것
※ 유도전동기의 속도가 동기속도보다 슬립만큼($s \cdot N_s$) 늦기 때문

(3) 저주파 기동법
기동 시 낮은 주파수 입력으로 회전자기장의 속도를 느리게 하여 기동시키는 방식이다.

과년도 기출 및 예상문제

★☆☆
01 다음에서 동기전동기와 구조가 동일한 것은?

① 직류전동기 　　　　　　　　② 유도전동기
③ 정류자전동기 　　　　　　　④ 교류발전기

> **해설** 동기전동기는 동기발전기(교류발전기)와 구조가 동일하다.

★★☆
02 역률이 가장 좋은 전동기는?

① 농형 유도전동기 　　　　　　② 반발 기동전동기
③ 동기전동기 　　　　　　　　④ 교류 정류자전동기

> **해설** 동기전동기는 역률 1로 운전이 가능하다.

★☆☆
03 동기전동기는 유도 전동기에 비하여 어떤 장점이 있는가?

① 기동 특성이 양호하다. 　　　② 전부하 효율이 양호하다.
③ 속도를 자유롭게 제어할 수 있다. 　④ 구조가 간단하다.

> **해설** 동기전동기는 역률 1로 운전 가능하며, 전부하 효율이 우수하다.

★★★
04 동기전동기에 관한 설명 중 틀린 것은?

① 기동 토크가 작다. 　　　　　② 유도 전동기에 비해 효율이 양호하다.
③ 여자기가 필요하다. 　　　　　④ 역률을 조정할 수 없다.

> **해설** 동기전동기는 무부하인 동기조상기로 역률을 조정할 수 있다.

★☆☆
05 동기전동기의 용도가 아닌 것은?

① 크레인 　　　　　　　　　　② 분쇄기
③ 압축기 　　　　　　　　　　④ 송풍기

> **해설** 크레인은 기동토크가 큰 직권전동기의 용도이다.

정답 | 01 ④ 02 ③ 03 ② 04 ④ 05 ①

★☆☆
06 동기전동기의 기동법으로 옳은 것은?

① 직류 초퍼법, 기동전동기법   ② 자기동법, 기동전동기법
③ 자기동법, 직류 초퍼법   ④ 계자제어법, 저항제어법

해설   동기전동기 기동법 : 자기동법, 타기동법(기동전동기법), 저주파 기동법

★★★
07 유도전동기로 동기전동기를 기동하는 경우, 유도전동기의 극수는 동기전동기의 극수보다 2극 적은 것을 사용하는 이유로 옳은 것은? (단, s는 슬립이며 N_s는 동기속도이다.)

① 유도전동기는 동기속도보다 sN_s만큼 늦으므로
② 유도전동기는 동기속도보다 sN_s만큼 빠르므로
③ 유도전동기는 동기속도보다 $(1-s)N_s$만큼 늦으므로
④ 유도전동기는 동기속도보다 $(1-s)N_s$만큼 빠르므로

해설   유도전동기 속도는 $N=(1-s)N_s=N_s-sN_s$이므로 동기전동기 속도 N_s보다 sN_s만큼 늦다.

★★☆
08 동기전동기가 무부하 운전 중에 부하가 걸리면 동기전동기의 속도는?

① 정지한다.   ② 동기속도와 같다.
③ 동기속도보다 빨라진다.   ④ 동기속도 이하로 떨어진다.

해설   동기전동기는 부하의 급변 시에는 난조가 발생될 수 있으나, 일반적인 부하변동에는 일정한 동기속도로 회전한다.

★★★
09 동기전동기의 자기동법에서 계자권선을 단락하는 이유는?

① 기동이 쉽다.
② 기동권선으로 이용한다.
③ 고전압의 유도를 방지한다.
④ 전기자 반작용을 방지한다.

해설   기동기에 계자회로를 연 채로 고정자에 전압을 가하면 권수가 많은 계자권선이 고정자 회전자계를 끊으므로 계자회로에 매우 높은 전압이 유기될 우려가 있기 때문이다.

정답 | 06 ②   07 ①   08 ②   09 ③

09 SECTION 동기전동기 특성

1. 동기전동기 토크

(1) 표현식

$$\tau = 0.975 \times \frac{P_o[\text{W}]}{N_s} \, [\text{kg·m}]$$

$$\tau = 975 \times \frac{P_o[\text{kW}]}{N_s} \, [\text{kg·m}]$$

(2) 토크와 전압과의 관계

① 동기전동기 : $\tau \propto V$

② 유도전동기 : $\tau \propto V^2$

2. 역률 제어(동기조상기)

(1) 위상특성 곡선

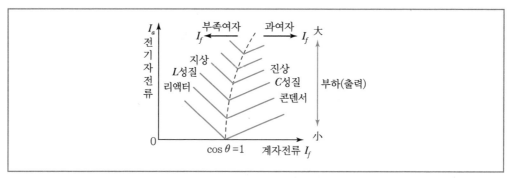

(2) 역률제어 방법

① 출력(단자전압과 부하전류)이 일정한 상태에서 계자전류(I_f)를 제어

② 계자전류(I_f) 제어 → 전기자전류(I_a) 변화 → 역률제어

③ 전기자전류(I_a)의 최소점에서 최고 역률($\cos\theta = 1$)

3. 전기자 반작용

부하의 종류	동기발전기	동기전동기	축 형태
• 저항(R) 부하 • I_a와 $E(V)$가 동상($\cos\theta = 1$)	교차자화 작용	교차자화 작용	횡축 반작용
• 인덕턴스(L) 부하 • I_a가 $E(V)$보다 90[°] 뒤짐(지상)	감자 작용	증자 작용	직축 반작용
• 콘덴서(C) 부하 • I_a가 $E(V)$보다 90[°] 앞섬(진상)	증자 작용	감자 작용	

⚡ 과년도 기출 및 예상문제

★★☆

01 동기전동기의 토크는 공급 전압의 변화에 대하여 어떠한가?

① 무관계   ② 정비례

③ 평방근에 비례   ④ 2승에 비례

> **해설**
> • 동기전동기 : $\tau \propto V$
> • 유도전동기 : $\tau \propto V^2$

★☆☆

02 동기전동기의 V곡선(위상 특성 곡선)에서 무부하 곡선은?

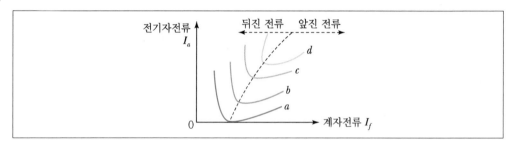

① a   ② b

③ c   ④ d

> **해설** 전기자 전류가 0[A](무부하)인 곡선은 a곡선이다.

★☆☆

03 동기전동기의 위상특성곡선에서 공급전압, 주파수 및 부하가 일정하게 유지하면서 여자전류(계자전류)를 변화시키면 어떤 현상이 생기는가?

① 속도가 변한다.

② 토크가 변한다.

③ 전기자 전류가 변하고 역률이 변한다.

④ 별다른 변화가 없다.

> **해설** 동기조상기는 계자전류를 변화시키면 전기자 전류 및 역률이 변화한다.

정답 | 01 ②   02 ①   03 ③

★★☆
04 동기전동기의 위상특성곡선(V곡선)에 대한 설명으로 옳은 것은?

① 출력을 일정하게 유지할 때 부하전류와 전기자전류의 관계를 나타낸 곡선
② 역률을 일정하게 유지할 때 계자전류와 전기자전류의 관계를 나타낸 곡선
③ 계자전류를 일정하게 유지할 때 전기자전류와 출력사이의 관계를 나타낸 곡선
④ 공급전압 V와 부하가 일정할 때 계자전류의 변화에 대한 전기자전류의 변화를 나타낸 곡선

> 해설 **역률제어 방법**
> • 출력(단자전압과 부하전류)이 일정한 상태에서 계자전류(I_f)를 제어
> • 계자전류(I_f) 제어 → 전기자전류(I_a) 변화 → 역률제어

★★☆
05 동기전동기의 V곡선(위상특성)에 대한 설명으로 틀린 것은?

① 횡축에 여자전류를 나타낸다.
② 종축에 전기자전류를 나타낸다.
③ V곡선의 최저점에는 역률이 0[%]이다.
④ 동일출력에 대해서 여자가 약한 경우가 뒤진 역률이다.

> 해설
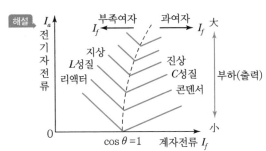
> V곡선의 최저점은 역률이 100[%]이다.

★★☆
06 동기전동기에서 출력이 100[%]일 때 역률이 1이 되도록 계자전류를 조정한 다음에 공급 전압 V 및 계자전류 I_f를 일정하게 하고, 전부하 이하에서 운전하면 동기전동기의 역률은?

① 뒤진 역률이 되고, 부하가 감소할수록 역률은 낮아진다.
② 뒤진 역률이 되고, 부하가 감소할수록 역률을 좋아진다.
③ 앞선 역률이 되고, 부하가 감소할수록 역률은 낮아진다.
④ 앞선 역률이 되고, 부하가 감소할수록 역률을 좋아진다.

> 해설 전부하 이하이면 L성분이 감소된 상태이고, 상대적으로 C성분이 증가되며 이로인해 앞선 역률이 되고, 부하가 감소할수록 역률은 낮아진다.

정답 | 04 ④ 05 ③ 06 ③

★★★
07 전압이 일정한 모선에 접속되어 역률 100[%]로 운전하고 있는 동기전동기의 여자전류를 증가시키면 역률과 전기자전류는 어떻게 되는가?

① 뒤진 역률이 되고, 전기자 전류는 증가한다.
② 뒤진 역률이 되고, 전기자 전류는 감소한다.
③ 앞선 역률이 되고, 전기자 전류는 증가한다.
④ 앞선 역률이 되고, 전기자 전류는 감소한다.

해설
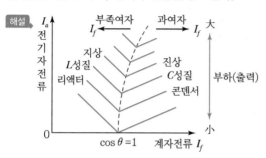

여자(계자)전류를 증가시키면 진상전류를 공급하기 때문에 앞선 역률이 되고, 전기자전류는 증가한다.

★★★
08 동기조상기의 여자전류를 줄이면?

① 콘덴서로 작용
② 리액터로 작용
③ 진상전류로 됨
④ 저항손의 보상

해설 여자전류를 줄이면 부족여자로서 지상, L성질, 리액터로 작용한다.

★★☆
09 출력과 속도가 일정하게 유지되는 동기전동기에서 여자를 증가시키면 어떻게 되는가?

① 토크가 증가한다.
② 난조가 발생하기 쉽다.
③ 유기기전력이 감소한다.
④ 전기자전류의 위상이 앞선다.

해설 여자전류를 증가시키면 과여자로서 진상, C성질, 콘덴서로 작용하여 전기자전류의 위상이 앞선다.

정답 | 07 ③ 08 ② 09 ④

★★★
10 동기전동기에서 전기자 반작용을 설명한 것 중 옳은 것은?

① 공급전압보다 앞선 전류는 감자 작용을 한다.
② 공급전압보다 뒤진 전류는 감자 작용을 한다.
③ 공급전압보다 앞선 전류는 교차자화 작용을 한다.
④ 공급전압보다 뒤진 전류는 교차자화 작용을 한다.

해설 **동기기의 전기자 반작용**

부하의 종류	동기발전기	동기전동기	축 형태
• 저항(R) 부하 • I_a와 $E(V)$가 동상($\cos\theta = 1$)	교차자화 작용	교차자화 작용	횡축 반작용
• 인덕턴스(L) 부하 • I_a가 $E(V)$보다 90[°] 뒤짐(지상)	감자 작용	증자 작용	직축 반작용
• 콘덴서(C) 부하 • I_a가 $E(V)$보다 90[°] 앞섬(진상)	증자 작용	감자 작용	

★★★
11 동기전동기의 전기자반작용에서 전기자전류가 앞서는 경우 어떤 작용이 일어나는가?

① 증자 작용
② 감자 작용
③ 횡축 반작용
④ 교차자화 작용

해설 전기자전류가 앞서는 경우는 C부하가 연결된 상태로써 자속이 감소하는 감자 작용의 영향이 발생한다.

정답 | 10 ① 11 ②

10 SECTION 동기기 난조 및 안정도

1. 난조 원인과 대책

원인	대책
• 부하 맥동 • 조속기 감도 민감 • 고조파 • 전기자 저항이 큰 경우	• 제동권선 설치(주 대책) • 조속기 감도를 낮춤 • 고조파 제거 • 전기자 저항을 작게 함 • 회전부에 플라이휠 설치

2. 제동권선 설치 목적

① 난조방지
② 기동토크 발생(동기전동기)
③ 송전선 불평형 단락 시 이상전압 방지
④ 불평형 부하 시 전압, 전류파형 개선

3. 동기기 안정도 향상 대책

① 동기 임피던스를 작게 함
② 단락비를 크게 함
③ 속응 여자방식 채용(AVR 속응도 크게 함)
④ 플라이휠 설치(회전자 관성 모멘트 크게 함)
⑤ 동기 탈조계전기 사용

⚡ 과년도 기출 및 예상문제

★★☆
01 부하 급변 시 부하각과 부하 속도가 진동하는 난조 현상을 일으키는 원인이 아닌 것은?

① 전기자 회로의 저항이 너무 큰 경우
② 원동기의 토크에 고조파가 포함된 경우
③ 원동기의 조속기 감도가 너무 예민한 경우
④ 자속의 분포가 기울어져 자속의 크기가 감소한 경우

> **해설** **난조 원인**
> • 부하 맥동
> • 조속기 감도 민감
> • 고조파
> • 전기자 저항이 큰 경우

★★☆
02 다음 중 일반적인 동기전동기 난조 방지에 가장 유효한 방법은?

① 자극수를 적게 한다.
② 회전자의 관성을 크게 한다.
③ 자극면에 제동권선을 설치한다.
④ 동기 리액턴스 X_s를 작게 하고 동기화력을 크게 한다.

> **해설** 난조 방지 주 대책 : 제동권선 설치

★★☆
03 3상 동기기에서 제동권선의 주(主) 목적은?

① 출력 개선　　　　　　② 효율 개선
③ 역률 개선　　　　　　④ 난조 방지

> **해설** 난조 방지 주 대책 : 제동권선 설치

★★☆
04 동기전동기의 제동권선은 다음 어느 것과 같은가?

① 직류기의 전기자　　　　② 유도기의 농형 회전자
③ 동기기의 원통형 회전자　④ 동기기의 유도자형 회전자

> **해설** 제동권선의 형태는 유도기의 농형 회전자와 같은 형태로 되어있다.

정답 | 01 ④　02 ③　03 ④　04 ②

★★☆
05 동기기의 안정도 증진법은 다음 중 어느 것인가?

① 동기화 리액턴스를 작게 할 것
② 회전자의 플라이휠 효과를 작게 할 것
③ 역상, 영상 임피던스를 작게 할 것
④ 단락비를 작게 할 것

해설 **안정도 향상 대책**
• 동기 임피던스를 작게 함
• 단락비를 크게 함
• 속응 여자방식 채용(AVR 속응도를 크게 함)
• 플라이휠 설치(회전자 관성 모멘트를 크게 함)
• 동기 탈조계전기 사용

★★★
06 동기기의 과도 안정도를 증가시키는 방법이 아닌 것은?

① 단락비를 크게 한다.
② 속응 여자방식을 채용한다.
③ 회전부의 관성을 작게 한다.
④ 역상 및 영상 임피던스를 크게 한다.

해설 안정도 증진을 위해서는 플라이휠을 설치하고, 회전자 관성 모멘트를 크게 해야 한다.

정답 | 05 ① 06 ③

simple is the best 전기기사 이론파트는 본 내용으로 충분합니다.

01 SECTION 변압기의 원리 및 구조

1. 변압기의 원리

① 전자유도 작용의 원리를 이용($e = N\dfrac{d\varnothing}{dt}\,[\text{V}]$)

② 변압기 유기기전력(E) 표현식(실횻값)
   ㉠ 1차측 : $E_1 = 4.44f\varnothing_m N_1\,[\text{V}]$
   ㉡ 2차측 : $E_2 = 4.44f\varnothing_m N_2\,[\text{V}]$

2. 변압기의 구조 및 구성물질

(1) 변압기의 구조

철심, 권선(코일), 절연유, 부싱 등으로 구성

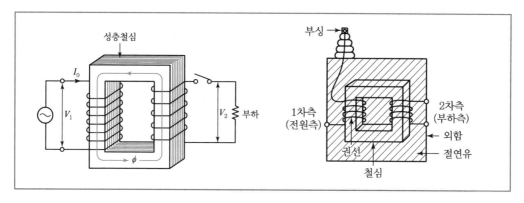

(2) 변압기의 구성물질

① 철심

　㉠ 규소강판 성층철심 사용(철손 저감)

　㉡ 철심 사양

- 규소(Si) 함유 : 약 4~4.5[%]
- 철(Fe) 함유량 : 96~97[%]
- 철심 두께 : 약 0.35~0.5[mm]

② 권선(코일) : 연동선 사용

③ 절연유

　㉠ 절연유 적용목적 : 절연작용, 냉각작용

　㉡ 절연유 구비조건

- 절연내력이 높을 것
- 점도가 낮을 것
- 응고점이 낮을 것
- 인화점이 높을 것
- 쉽게 변질(산화)되지 않을 것

㉢ 절연유 열화 원인 : 수분이나 공기, 이물질 침투

㉣ 절연유 열화 측정 방법

- 유중가스 분석법
- 구상 전극법
- 절연저항 측정법
- 유전정접법($\tan\delta$법)

㉤ 절연유 열화대책

- 밀폐식(주상변압기)
- 브리더
- 콘서베이터(질소봉입)

3. 변압기 권수비

(1) 표현식

$$① \ a = \frac{N_1}{N_2} = \frac{V_1}{V_2} = \frac{I_2}{I_1} = \sqrt{\frac{Z_1}{Z_2}} = \sqrt{\frac{R_1}{R_2}} = \sqrt{\frac{X_1}{X_2}}$$

$$② \ a^2 = \frac{Z_1}{Z_2} = \frac{R_1}{R_2} = \frac{X_1}{X_2}$$

(2) 전압(V), 전류(I), 임피던스(Z) 변환

① $V_1' = a V_2$

② $I_1' = \dfrac{I_2}{a}$

③ $Z_1' = a^2 Z_2$

(3) 변압기 2차측 전압조정 방법

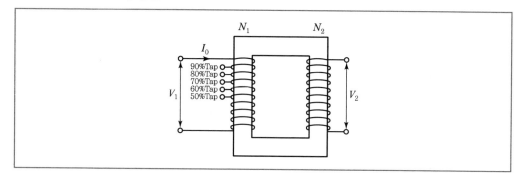

① 변압기 Tap 설치목적 : 2차측(부하측) 전압조정
② 전압조정 방법
    ㉠ 2차측 전압을 높이려면 → 1차측 Tap을 낮춤
    ㉡ 2차측 전압을 낮추려면 → 1차측 Tap을 높임

⚡ 과년도 기출 및 예상문제

★☆☆
01 변압기의 원리는?

① 전자 유도 작용을 이용
② 정전 유도 작용을 이용
③ 자기 유도 작용을 이용
④ 플레밍의 오른손 법칙을 이용

해설 ▶ 변압기는 전자 유도 작용을 이용하여 교류 전압과 전류의 크기를 변성하는 장치

★★☆
02 변압기에서 권수가 2배가 되면 유기기전력은 몇 배가 되는가?

① 1
② 2
③ 4
④ 8

해설 ▶ 유도기전력 $E = 4.44f\phi N[\text{V}]$, $E \propto N$, 권수가 2배가 되면 기전력도 2배가 된다.

★★★
03 1차 전압 6,600[V], 2차 전압 220[V], 주파수 60[Hz], 1차 권수 1,200회인 경우 변압기의 최대 자속[Wb]은?

① 0.36
② 0.63
③ 0.012
④ 0.021

해설 ▶ 기전력 $E = 4.44f\phi N[\text{V}]$의 식에서, $\phi = \dfrac{E}{4.44fN} = \dfrac{6,600}{4.44 \times 60 \times 1,200} = 0.021[\text{Wb}]$

★★★
04 변압기에서 사용되는 변압기유의 구비조건으로 틀린 것은?

① 점도가 높을 것
② 응고점이 낮을 것
③ 인화점이 높을 것
④ 절연내력이 클 것

해설 ▶ 절연유의 점도(끈적거림)는 작아야 한다.

정답 | 01 ① 02 ② 03 ④ 04 ①

★☆☆
05 변압기 기름의 열화 영향에 속하지 않는 것은?

① 냉각 효과의 감소   ② 침식 작용
③ 공기 중 수분의 흡수   ④ 절연내력의 저하

> **해설** 공기 중 수분의 흡수는 변압기 기름의 열화 원인에 해당된다.

★★★
06 변압기유 열화 방지 방법 중 옳지 않은 것은?

① 밀봉방식   ② 흡착제방식
③ 수소 봉입방식   ④ 개방형 콘서베이터

> **해설** **절연유 열화 방지대책**
> - 밀폐(밀봉)식
> - 브리더(흡습제, 흡착제, 여과지) 설치
> - 콘서베이터(질소 봉입)

★★★
07 변압기에 콘서베이터(conservator)를 설치하는 목적은?

① 열화 방지   ② 통풍 장치
③ 코로나 방지   ④ 강제 순환

> **해설** 절연유 열화 방지대책 : 밀폐식, 브리더, 콘서베이터

★★☆
08 그림과 같은 변압기 회로에서 부하 R_2에 공급되는 전력이 최대로 되는 변압기의 권수비 a는?

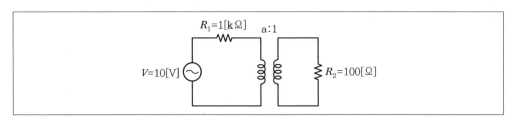

① $\sqrt{5}$ ② $\sqrt{10}$
③ 5   ④ 10

> **해설** 권수비 $a = \sqrt{\dfrac{R_1}{R_2}} = \sqrt{\dfrac{1,000}{100}} = \sqrt{10}$

★★★
09
1차 측 권수가 1,500인 변압기의 2차 측에 접속한 저항 16[Ω]을 1차 측으로 환산했을 때 8[kΩ]으로 되어있다면 2차 측 권수는 약 얼마인가?

① 75　　　　　　　　　　　　　　　② 70
③ 67　　　　　　　　　　　　　　　④ 64

해설
- 권수비 $a = \sqrt{\dfrac{R_1}{R_2}} = \sqrt{\dfrac{8,000}{16}} = 22.36$
- 2차측 권수 $N_2 = \dfrac{N_1}{a} = \dfrac{1,500}{22.36} = 67$

★★☆
10
3,000/200[V] 변압기의 1차 임피던스가 225[Ω]이면, 2차 환산 임피던스는 약 몇 [Ω]인가?

① 1.0　　　　　　　　　　　　　　② 1.5
③ 2.1　　　　　　　　　　　　　　④ 2.8

해설
- 권수비 $a = \dfrac{V_1}{V_2} = \dfrac{3,000}{200} = 15$
- 2차 환산 임피던스 $Z_2 = \dfrac{225}{15^2} = 1[\Omega]$

★☆☆
11
어떤 변압기의 1차 환산 임피던스 $Z_{12} = 484[\Omega]$이고 이것을 2차로 환산하면 $Z_{21} = 1[\Omega]$이다. 2차 전압이 400[V]이면 1차 전압은?

① 8,800　　　　　　　　　　　　② 6,000
③ 3,000　　　　　　　　　　　　④ 1,500

해설
권수비 $a = \sqrt{\dfrac{Z_{12}}{Z_{21}}} = \sqrt{\dfrac{484}{1}} = 22$, $\therefore V_1 = aV_2 = 22 \times 400 = 8,800[\text{V}]$

★☆☆
12
권수비 30인 단상변압기의 1차에 6,600[V]를 공급하고, 2차에 40[kW], 뒤진 역률 80[%]의 부하를 걸 때 2차 전류 I_2 및 1차 전류 I_1은 약 몇 [A]인가? (단, 변압기의 손실은 무시한다.)

① $I_2 = 145.5$, $I_1 = 4.85$
② $I_2 = 181.8$, $I_1 = 6.06$
③ $I_2 = 227.3$, $I_1 = 7.58$
④ $I_2 = 321.3$, $I_1 = 10.28$

정답 | 09 ③　10 ①　11 ①　12 ③

해설 • 2차 전압 $V_2 = \dfrac{V_1}{a} = \dfrac{6600}{30} = 220[\mathrm{V}]$

• 2차 전류 $I_2 = \dfrac{P_2}{V_2\cos\theta} = \dfrac{40\times 10^3}{220\times 0.8} = 227.27[\mathrm{A}]$

• 1차 전류 $I_1 = \dfrac{I_2}{a} = \dfrac{227.27}{30} = 7.58[\mathrm{A}]$

★★★
13 1차 전압 6,600[V], 권수비 30인 단상 변압기로 전등부하에 30[A]를 공급할 때의 입력[kW]은? (단, 변압기의 손실은 무시한다.)

① 4.4   ② 5.5

③ 6.6   ④ 7.7

해설 1차전류 $I_1 = \dfrac{I_2}{a} = \dfrac{30}{30} = 1[A]$, 전등 부하에서 역률 $\cos\theta = 1$이므로, 입력 $P_1 = V_1 I_1 \cos\theta = 6,600\times 1 = 6,600[\mathrm{W}]$
$= 6.6[kW]$

★★☆
14 탭전환 변압기 1차 측에 몇 개의 탭이 있는 이유는?

① 예비용 단자

② 부하전류를 조정하기 위하여

③ 수전점의 전압을 조정하기 위하여

④ 변압기의 여자전류를 조정하기 위하여

해설 수전점(2차측) 전압 조정이 필요한 경우 탭전환 변압기 1차측에 설치되어 있는 탭값을 조정한다.

02 SECTION 변랍기 등가회로

1. 등가회로 설명

① 개념 : 복잡한 전기회로를 등가 임피던스를 사용하여 간단히 변화시킨 회로

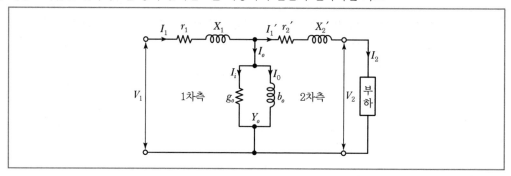

② 등가회로 작성 전 시험
  ㉠ 무부하 시험
  ㉡ 단락 시험
  ㉢ 저항측정 시험

③ 무부하 시험을 통해 알수 있는 특성 : P_i(철손), I_o(여자전류), Y_o(여자 어드미턴스)

④ 단락시험을 통해 알수 있는 특성 : P_c(동손, 임피던스 와트), Z(임피던스), V_s(임피던스 전압), ε(전압변동률)

2. 여자전류 특성

① 무부하 시 흐르는 전류

② 여자전류(I_o) = 철손전류(I_i) + 자화전류($I_\varnothing$)

$$I_0 = I_i + jI_\varnothing = \sqrt{I_i^2 + I_\phi^2} \, [\text{A}]$$

③ 제3고조파를 포함
  ㉠ 이유 : 자기포화와 히스테리시스 현상 때문
  ㉡ 일그러진파형, 왜형파, 첨두파

④ 여자 어드미턴스(Y_o) : 여자전류의 크기를 결정하는 요소

$$Y_o = g + jb = \sqrt{g^2 + b^2} \, [\text{℧}]$$

• g : 컨덕턴스
• b : 서셉턴스

3. 임피던스 전압(V_s)

① 정의 : 변압기 2차측을 단락한 후 1차측에 정격전류가 흐를때까지 인가한 전압 또는 그때의 변압기 내부 전압강하

② 계산식

$$V_s = I_n \times Z[\text{V}]$$

③ 임피던스 와트(동손) : 임피던스 전압일 때의 전력값

과년도 기출 및 예상문제

★★☆
01 변압기의 등가회로를 작성하기 위하여 필요한 시험은?

① 권선저항측정 시험, 무부하 시험, 단락 시험
② 상회전 시험, 절연내력 시험, 권선저항측정 시험
③ 온도상승 시험, 절연내력 시험, 무부하 시험
④ 온도상승 시험, 절연내력 시험, 권선저항측정 시험

해설 등가회로 작성 전 시험 : 무부하 시험, 단락 시험, 권선저항측정 시험

★★☆
02 변압기의 무부하 시험, 단락 시험에서 구할 수 없는 것은?

① 철손   ② 동손
③ 절연 내력   ④ 전압변동률

해설 • 무부하 시험 : P_i(철손), I_o(여자전류), Y_o(여자 어드미턴스)
         • 단락 시험 : P_c(동손, 임피던스 와트), Z(임피던스), V_s(임피던스 전압), ε(전압변동률)

★★★
03 전력용 변압기에서 1차에 정현파 전압을 인가하였을 때, 2차에 정현파 전압이 유기되기 위해서는 1차에 흘러 들어가는 여자 전류는 기본파 전류 외에 주로 몇 고조파 전류가 포함 되는가?

① 제2고조파   ② 제3고조파
③ 제4고조파   ④ 제5고조파

해설 여자전류는 자기포화와 히스테리시스 현상에 의해 제3고조파가 포함된다.

★★★
04 변압기에서 부하와 관계없이 자속만을 만드는 전류는?

① 철손전류   ② 자화전류
③ 여자전류   ④ 교차전류

해설 • $\dot{I}_\phi$(자화전류) : 자속을 만드는 전류
         • $\dot{I}_i$(철손전류) : 철손을 발생하는 전류

정답 | 01 ①   02 ③   03 ②   04 ②

★★☆
05 변압기에서 철손을 구할 수 있는 시험은?

① 유도 시험   ② 단락 시험

③ 부하 시험   ④ 무부하 시험

해설 • 무부하 시험 : P_i(철손), I_o(여자전류), Y_o(여자어드미턴스)
       • 단락 시험 : P_c(동손, 임피던스 와트), Z(임피던스), V_s(임피던스 전압), ε(전압변동률)

★★☆
06 변압기 여자회로의 어드미턴스 $Y_0[\mho]$를 구하면? (단, I_0는 여자전류, I_i는 철손전류, I_ϕ는 자화전류, g_0는 콘덕턴스, V_1는 인가전압이다.)

① $\dfrac{I_0}{V_1}$ ② $\dfrac{I_i}{V_1}$

③ $\dfrac{I_\phi}{V_1}$ ④ $\dfrac{g_0}{V_1}$

해설 • 여자 임피던스와 여자 어드미턴스는 역수 관계
       • 여자 임피던스 $Z_o = \dfrac{V_1}{I_o}\,[\Omega]$이므로, 여자어드미턴스 $Y_0 = \dfrac{I_0}{V_1}\,[\mho]$이다.

★★★
07 1차 전압이 2,200[V], 무부하전류 0.088[A]인 변압기의 철손이 110[W]이었다. 자화전류는 약 몇 [A]인가?

① 0.055[A]   ② 0.038[A]

③ 0.072[A]   ④ 0.088[A]

해설 • 철손전류 $I_i = \dfrac{P_i}{V_1} = \dfrac{110}{2,200} = 0.05[A]$
       • 자화전류 $I_\phi = \sqrt{I_0^2 - I_i^2} = \sqrt{0.088^2 - 0.05^2} \fallingdotseq 0.0724[A]$

★★☆
08 변압기의 단락시험과 관계없는 것은?

① 전압 변동률   ② 임피던스 와트

③ 임피던스 전압   ④ 여자 어드미턴스

해설 여자 어드미턴스는 무부하 시험으로 구할 수 있다.

정답 | 05 ④   06 ①   07 ③   08 ④

★★★
09 변압기 단락시험에서 변압기의 임피던스 전압이란?

① 여자 전류가 흐를 때의 2차 측 단자전압
② 정격 전류가 흐를 때의 2차 측 단자전압
③ 2차 단락 전류가 흐를 때의 변압기 내의 전압 강하
④ 정격 전류가 흐를 때의 변압기 내의 전압 강하

해설 ▶ 임피던스 전압이란 변압기 2차측을 단락한 후 1차측에 정격전류가 흐를때까지 인가한 전압 또는 그때의 변압기 내부 전압강하를 말한다.

★☆☆
10 임피던스 전압을 걸 때의 입력은?

① 정격 용량
② 철손
③ 임피던스 와트
④ 전부하시의 전손실

해설 ▶ 임피던스 전압일 때의 전력값을 동손(임피던스 와트)이라고 한다.

03 SECTION 변압기 정격 및 주파수 특성

1. 변압기 정격

(1) 개념

성능을 보증할 수 있는 최고의 한도이다.

(2) 정격 특성

① 변압기 정격은 2차측을 기준으로 한다.
② 변압기의 정격출력 단위는 [kVA](피상전력)로 표현된다.
③ 변압기 정격은 용량, 전류, 전압, 주파수 등으로 결정된다(정격저항은 없음).

2. 주파수 특성

(1) 자속밀도(B)

주파수와 반비례 관계$\left(B \propto \dfrac{1}{f}\right)$

(2) 철손(P_i)

① 철손 $P_i \propto \dfrac{1}{f}$

② 히스테리시스손 $P_h = f \cdot B^{1.6}\,[W]$, $P_h \propto \dfrac{1}{f}$

③ 와류손 $P_e = f^2 \cdot B^2\,[\mathrm{W}]$

   → 주파수와 관계없이 일정, 전압의 2승에 비례($P_e \propto E^2$)

⚡ 과년도 기출 및 예상문제

★★☆
01 변압기의 정격을 정의한 것 중 옳은 것은?

① 전부하의 경우 1차 단자전압을 정격 1차 전압이라 한다.
② 정격 2차 전압은 명판에 기재되어 있는 2차 권선의 단자전압이다.
③ 정격 2차 전압을 2차 권선의 저항으로 나눈 것이 정격 2차 전류이다.
④ 2차 단자 간에서 얻을 수 있는 유효전력을 [kW]로 표시한 것이 정격출력이다.

해설 변압기의 정격은 2차측을 기준으로 하고, 정격출력 단위는 [kVA]이다.

★★☆
02 60[Hz]의 변압기에 50[Hz]의 동일전압을 가했을 때의 자속밀도는 60[Hz] 때와 비교하였을 경우 어떻게 되는가?

① $\frac{5}{6}$ 로 감소

② $\frac{6}{5}$ 으로 증가

③ $\left(\frac{5}{6}\right)^{1.6}$ 로 감소

④ $\left(\frac{6}{5}\right)^{2}$ 으로 증가

해설 자속밀도(B) : 주파수와 반비례 관계$\left(B \propto \frac{1}{f}\right)$

★★☆
03 정격 주파수 50[Hz]의 변압기를 일정 전압 60[Hz]의 전원에 접속하여 사용했을 때 여자전류, 철손 및 리액턴스 강하는?

① 여자전류와 철손은 5/6 감소, 리액턴스 강하 6/5 증가
② 여자전류와 철손은 5/6 감소, 리액턴스 강하 5/6 감소
③ 여자전류와 철손은 6/5 증가, 리액턴스 강하 6/5 증가
④ 여자전류와 철손은 6/5 증가, 리액턴스 강하 5/6 감소

해설 • 여자전류와 철손은 주파수와 반비례$\left(I_o \propto \frac{1}{f}, \ P_i \propto \frac{1}{f}\right)$
　　　 • 리액턴스는 주파수에 비례$(X = 2\pi f L)$

정답 | **01** ② **02** ② **03** ①

★★☆

04 변압기의 부하전류 및 전압은 일정하고, 주파수가 낮아졌을 때 현상으로 옳은 것은?

① 철손 감소   ② 철손 증가

③ 동손 감소   ④ 동손 증가

해설 철손 $P_i \propto \dfrac{1}{f}$ 의 관계이므로, 주파수가 낮아지면 철손은 증가한다.

★☆☆

05 유도 전동기에서 인가 전압이 일정하고 주파수가 정격값에서 일정 [%] 감소할 때 발생하는 현상 중 해당되지 않는 것은?

① 동기 속도가 감소한다.   ② 철손이 증가한다.

③ 누설 리액턴스가 증가한다.   ④ 효율이 나빠진다.

해설 누설 리액턴스는 주파수에 비례($X = 2\pi f L$)하므로 주파수가 감소하면 누설 리액턴스는 감소한다.

★★★

06 와류손이 200[W]인 3,300/210[V], 60[Hz]용 단상 변압기를 50[Hz], 3,000[V]의 전원에 사용하면 이 변압기의 와류손은 약 몇 [W]로 되는가?

① 85.4   ② 124.2

③ 165.3   ④ 248.5

해설 • 와류손은 주파수와 무관, 전압의 2승에 비례

• $P_e{}' = \left(\dfrac{V'}{V}\right)^2 \times P_e = \left(\dfrac{3,000}{3,300}\right)^2 \times 200 = 165.3[W]$

04 SECTION 변압기 손실

1. 손실의 구분

구분			특성 설명
손실	고정손 (무부하손)	철손 (부하의 유무에 관계없이 발생)	히스테리시스손(P_h) • 관련식 : $P_h \propto f \cdot B^{1.6}$ [W] • 저감대책 : 규소 함유
			와류손(P_e) • 관련식 : $P_e \propto f^2 \cdot B^2$ [W] • 저감대책 : 얇게 성층(0.35~0.5[mm])
		기계손 (회전기에서만 발생)	마찰손 : 회전하면서 마찰에 의한 손실
			풍손 : 회전하면서 공기(바람)에 의한 손실
	가변손 (부하손)		동손(P_c)=저항손=구리손=옴손 • 관련식 : $P_c = I^2 R$ [W] • 부하전류(I)가 흐를 때만 발생하는 손실 • 저감대책 : 우수한 재질의 권선 사용
			표유부하손 • 동손 이외의 부하손으로 누설자속에 의해 발생 • 측정이 대단히 곤란, 어려움

2. 전체손실 표현

① 전부하 시 : $P_l = P_i + P_c$ [W]

② $\dfrac{1}{m}$ 부하 시 : $P_l' = P_i + \left(\dfrac{1}{m}\right)^2 P_c$ [W]

⚡ 과년도 기출 및 예상문제

★★☆
01 다음 중 변압기의 무부하손에 해당하지 않는 것은?

① 히스테리시스손　　　　　② 와류손
③ 유전체손　　　　　　　　④ 표류부하손

> 해설 표류부하손은 동손과 함께 가변손(부하손)에 해당한다.

★☆☆
02 변압기에서 발생하는 손실중 1차측 전원에 접속되어 있으면 부하의 유무와 관계없이 발생하는 손실은?

① 동손　　　　　　　　　　② 표유부하손
③ 철손　　　　　　　　　　④ 부하손

> 해설 철손은 부하의 유무와 관계없이 1차전압만 인가되면 발생되는 손실이다.

★☆☆
03 변압기의 부하가 증가할 때의 현상으로서 옳지 않은 것은?

① 동손이 증가한다.　　　　② 여자 전류는 변함이 없다.
③ 온도가 상승한다.　　　　④ 철손이 증가한다.

> 해설 철손은 부하의 유무와 관계없이 1차전압만 인가되면 일정하게 발생된다.

★☆☆
04 변압기의 효율이 회전 기기의 효율보다 좋은 이유는?

① 철손이 적다.　　　　　　② 동손이 적다.
③ 동손과 철손이 적다.　　　④ 기계손이 없고 여자 전류가 적다.

> 해설 기계손은 회전기에서 발생하는 손실로서 변압기는 정지기이기 때문에 기계손이 없다.

★★☆
05 일반적인 변압기의 무부하손 중 효율에 가장 큰 영향을 미치는 것은?

① 와전류손　　　　　　　　② 유전체손
③ 히스테리시스손　　　　　④ 여자전류 저항손

> 해설 무부하손의 대부분은 철손이며, 철손의 약 70[%]를 차지하는 것이 히스테리시스손이다(와류손은 약 30[%]).

정답 | 01 ④　02 ③　03 ④　04 ④　05 ③

★☆☆

06 변압기 철심에서 자속변화에 의하여 발생하는 손실은?

① 와전류 손실 ② 표류 부하 손실
③ 히스테리시스 손실 ④ 누설 리액턴스 손실

해설 철심을 통과하는 자속의 변화에 의해 와전류가 발생하고, 철심저항과의 관계에서 발생하는 손실이 와전류 손실이다.

★★☆

07 변압기의 철심이 갖추어야 할 조건으로 틀린 것은?

① 투자율이 클 것 ② 전기 저항이 작을 것
③ 성층 철심으로 할 것 ④ 히스테리시스손 계수가 작을 것

해설 규소강판 철심을 얇게 성층하고, 전기저항을 크게 하면 와전류(맴돌이 전류)가 감소하여 와류손을 줄일 수 있다.

★★☆

08 부하전류가 2배로 증가하면 변압기의 2차 측 동손은 어떻게 되는가?

① 1/4로 감소한다. ② 1/2로 감소한다.
③ 2배로 증가한다. ④ 4배로 증가한다.

해설 동손 $P_c = I^2 R \,[\mathrm{W}]$, $P_c \propto I^2$ 의 관계에서, 부하전류(I)가 2배로 증가하면 동손(P_c)은 4배로 증가하게 된다.

★☆☆

09 변압기의 표류부하손이란?

① 동손, 철손
② 부하전류 중 누전에 의한 손실
③ 권선 이외 부분의 누설 자속에 의한 손실
④ 무부하 시 여자 전류에 의한 동손

해설 표유부하손은 권선 이외 부분의 누설 자속에 의해서 발생하는 손실이다.

★★☆

10 일반적인 변압기의 손실 중에서 온도상승에 관계가 가장 적은 요소는?

① 철손 ② 동손
③ 와류손 ④ 유전체손

해설 유전체손은 절연체에서 발생하는 손실로서 온도상승과 관련이 적다.

정답	06 ① 07 ② 08 ④ 09 ③ 10 ④

05 변압기 효율

1. 규약효율

(1) 개념
① 정해진 규약에 의한 값들을 근거로 산출되는 효율
② 기기의 표준이 되는 효율

(2) 표현식

$$\eta = \frac{출력}{출력 + 손실} \times 100 [\%]$$

(3) 효율 계산방법
① 전(정격)부하 시 효율계산

$$\eta = \frac{P[\text{W}]}{P[\text{W}] + P_i[\text{W}] + P_c[\text{W}]} \times 100 [\%]$$

- P : 전부하출력
- P_i : 철손
- P_c : 전부하동손

② 정격의 $\dfrac{1}{m}$ 부하에서의 효율

$$\eta_{\frac{1}{m}} = \frac{\dfrac{1}{m} P[\text{W}]}{\dfrac{1}{m} P[\text{W}] + P_i[\text{W}] + \left(\dfrac{1}{\text{m}}\right)^2 P_c[\text{W}]} \times 100 [\%]$$

(4) 규약조건
① 파형은 정현파 기준이다.
② 별도 지정이 없는 경우 역률은 100[%] 기준이다.
③ 부하손은 75[℃]를 기준으로 보정한 값 사용한다.
④ 손실은 각 권선에 대한 부하손의 합과 무부하손의 합으로 한다.

2. 전일효율

(1) 개념

1일(24시간) 동안의 종합효율

(2) 표현식

$$\eta = \frac{\Sigma h \cdot P}{\Sigma h \cdot P + 24P_i + \Sigma h \cdot P_c} \times 100\,[\%]$$

(3) 전일효율이 최대가 되는 조건

하루 중의 무부하손의 합＝하루 중의 부하손의 합$(24P_i = \Sigma h \cdot P_c)$

3. 최대효율 계산

① 최대효율 조건 : 철손과 동손이 같을 때 최대효율 발생$\left(P_i = \left(\frac{1}{m}\right)^2 P_c\right)$

② 최대효율일 때의 부하율 : $\dfrac{1}{m} = \sqrt{\dfrac{P_i}{P_c}}$

③ 최대효율 계산식

$$\eta_{\max} = \frac{\dfrac{1}{m}P\,[\mathrm{W}]}{\dfrac{1}{m}P\,[\mathrm{W}] + 2P_i\,[\mathrm{W}]} \times 100\,[\%]$$

- $\dfrac{1}{m}P$: 최대효율 시 출력

⚡ 과년도 기출 및 예상문제

★☆☆
01 변압기의 전부하 효율은?

① $\dfrac{출력}{입력+동손+철손}$

② $\dfrac{입력}{출력+동손+철손}$

③ $\dfrac{출력}{출력+동손+철손}$

④ $\dfrac{입력}{입력+동손+철손}$

해설 ▶ 변압기 규약효율 $\eta = \dfrac{출력}{출력+손실} \times 100 = \dfrac{출력}{출력+철손+동손} \times 100\,[\%]$

★★☆
02 변압기의 규약효율 산출에 필요한 기본요건으로 옳지 않은 것은?

① 파형은 정현파를 기준으로 한다.
② 별도의 지정이 없는 경우 역률은 100[%] 기준이다.
③ 부하손은 40[℃]를 기준으로 보정한 값을 사용한다.
④ 손실은 각 권선에 대한 부하손의 합과 무부하손의 합이다.

해설 ▶ **변압기 규약효율 산출조건**
- 파형은 정현파 기준
- 별도 지정이 없는 경우 역률은 100[%] 기준
- 부하손은 75[℃]를 기준으로 보정한 값 사용
- 손실은 각 권선에 대한 부하손의 합과 무부하손의 합으로 계산

★★☆
03 변압기의 효율이 가장 좋을 때의 조건은?

① 철손 $= \dfrac{1}{2}$ 동손

② $\dfrac{1}{2}$ 철손 $=$ 동손

③ 철손 $=$ 동손

④ 철손 $= \dfrac{2}{3}$ 동손

해설 ▶ 최대효율 조건 : $P_i = \left(\dfrac{1}{m}\right)^2 P_c$ (철손과 동손이 같을 때이다.)

정답 ┃ 01 ③ 02 ③ 03 ③

★☆☆
04 변압기의 전일 효율이 최대가 되는 조건은?

① 하루 중의 무부하손의 합＝하루 중의 부하손의 합
② 하루 중의 무부하손의 합＜하루 중의 부하손의 합
③ 하루 중의 무부하손의 합＞하루 중의 부하손의 합
④ 하루 중의 무부하손의 합＝2×하루 중의 부하손의 합

> **해설** 전일효율은 1일간의 종합효율을 말하며, 1일간의 무부하손의 합과 1일간의 부하손의 합이 같을 때 효율이 최대가 된다.

★☆☆
05 200[kVA]의 단상 변압기가 있다. 철손 1.6[kW], 전 부하 동손 3.2[kW]이다. 이 변압기의 최대효율은 어느 정도의 전부하에서 생기는가?

① 1/2
② 1/4
③ $1/\sqrt{2}$
④ 1

> **해설** 최대효율일 때의 부하율 : $\dfrac{1}{m} = \sqrt{\dfrac{P_i}{P_c}} = \sqrt{\dfrac{1.6}{3.2}} = \sqrt{\dfrac{1}{2}} = \dfrac{1}{\sqrt{2}}$

★★☆
06 철손 1.6[kW], 전부하동손 2.4[kW]인 변압기에는 약 몇 [%] 부하에서 효율이 최대로 되는가?

① 82
② 95
③ 97
④ 100

> **해설** 최대효율 시 부하율 $\dfrac{1}{m} = \sqrt{\dfrac{P_i}{P_c}} = \sqrt{\dfrac{1.6}{2.4}} \fallingdotseq 0.82$

★★☆
07 용량이 50[kVA] 변압기의 철손이 1[kW]이고 전부하동손이 2[kW]이다. 이 변압기를 최대효율에서 사용하려면 부하를 약 몇 [kVA] 인가하여야 하는가?

① 2
② 35
③ 50
④ 71

> **해설** 최대효율 시 부하율 $\dfrac{1}{m} = \sqrt{\dfrac{P_i}{P_c}} = \sqrt{\dfrac{1}{2}} \fallingdotseq 0.707$ 이므로, 최대효율 시 출력은 $0.707 \times 50 \fallingdotseq 35$[kVA]가 된다.

정답 | 04 ① 05 ③ 06 ① 07 ②

★★★
08 3/4 부하에서 효율이 최대인 주상변압기의 전부하 시 철손과 동손의 비는?

① 8:4   ② 4:4
③ 9:16   ④ 16:9

해설 최대효율 시 부하율 $\dfrac{1}{m} = \sqrt{\dfrac{P_i}{P_c}} = \dfrac{3}{4}$ 이므로, 철손은 9, 동손은 16이 된다.

따라서, 철손과 동손의 비는 9:16이 된다.

★★☆
09 정격 150[kVA], 철손 1[kW], 전부하 동손이 4[kW]인 단상 변압기의 최대효율[%]과 최대효율 시의 부하[kVA]는? (단, 부하 역률은 1이다.)

① 96.8[%], 125[kVA]   ② 97[%], 50[kVA]
③ 97.2[%], 100[kVA]   ④ 97.4[%], 75[kVA]

해설 • $\dfrac{1}{m} = \sqrt{\dfrac{P_i}{P_c}} = \sqrt{\dfrac{1}{4}} = \dfrac{1}{2}$ 이므로, $150 \times \dfrac{1}{2} = 75$[kVA] 부하에서 최대효율 발생

• 최대효율 $\eta_{\max} = \dfrac{\dfrac{1}{m}P[\mathrm{W}]}{\dfrac{1}{m}P[\mathrm{W}] + 2P_i[\mathrm{W}]} \times 100 = \dfrac{75}{75 + 2 \times 1} \times 100 = 97.4$[%]

★★☆
10 200[kVA]의 단상변압기가 있다. 철손이 1.6[kW]이고, 전부하 동손이 2.5[kW]이다. 이 변압기의 역률이 0.8일 때 전부하 시의 효율은 약 몇[%]인가?

① 96.5   ② 97.0
③ 97.5   ④ 98.0

해설 전부하 효율 $\eta = \dfrac{P[\mathrm{kW}]}{P[\mathrm{kW}] + P_i[\mathrm{kW}] + P_c[\mathrm{kW}]} \times 100[\%]$

$= \dfrac{200 \times 0.8[\mathrm{kW}]}{200 \times 0.8[\mathrm{kW}] + 1.6[\mathrm{kW}] + 2.5[\mathrm{kW}]} \times 100 = 97.5[\%]$

정답 | 08 ③ 09 ④ 10 ③

06 전압변동률
SECTION

1. 개념

변압기 2차측의 정격전압에 대한 무부하 전압과 정격전압의 차이와의 비율이다.

2. 표현식

① $$\varepsilon = \frac{V_{20} - V_{2n}}{V_{2n}} \times 100 \, [\%], \; \frac{V_{2o}}{V_{2n}} = \left(\frac{\varepsilon}{100} + 1 \right) [\mathrm{V}]$$

② $$\varepsilon = p \cos\theta \pm q \sin\theta \, [\%]$$

• p : 퍼센트 저항강하[%]

$$p = \frac{I_n \times r}{V_n} \times 100 = \frac{I_n^2 \times r}{V_n \times I_n} \times 100 = \frac{\text{동손(임피던스 와트)}}{\text{변압기 용량}} \times 100 \, [\%]$$

• q : 퍼센트 리액턴스강하[%]

$$q = \frac{I_n \times x}{V_n} \times 100 \, [\%]$$

③ 역률이 $1(\cos\theta = 1)$일 때의 전압변동률 : $\varepsilon = p$

④ 최대 전압변동율 : $\varepsilon_{\max} = \sqrt{p^2 + q^2}$

⑤ 최대 전압변동률($\varepsilon_{\max}$)일 때의 역률 : $\cos\theta = \dfrac{p}{\sqrt{p^2 + q^2}}$

3. 단락전류 계산

(1) 표현식

$$I_s = \frac{100}{\%Z} \times I_n = \frac{100}{\%Z} \times \frac{P_a}{\sqrt{3} \, V} \, [\mathrm{A}]$$

(2) 백분율 임피던스(%Z) 계산

$$\%Z = \frac{I_n \times Z}{V_n} \times 100 \, [\%], \; \%Z = \frac{PZ}{10 \, V^2} \, [\%]$$

⚡ 과년도 기출 및 예상문제

★★★
01 변압기의 전압 변동률에 대한 설명 중 잘못된 것은?

① 일반적으로 부하변동에 대하여 2차 단자전압의 변동이 작을수록 좋다.
② 전부하시와 무부하시의 2차 단자전압의 차이를 나타내는 것이다.
③ 전압 변동률은 전등의 광도, 수명, 전동기의 출력 등에 영향을 주는 중요한 특성이다.
④ 인가 전압이 일정한 상태에서 무부하 2차 단자전압에 반비례한다.

해설 전압변동률 $\varepsilon = \dfrac{V_{2o} - V_{2n}}{V_{2n}} \times 100$의 식에서, 전압변동률과 무부하 2차 단자전압은 비례한다.

★★★
02 어떤 단상 변압기의 2차 무부하전압이 240[V]이고 정격 부하 시의 2차 단자전압이 230[V]이다. 전압변동률은 약 몇 [%]인가?

① 2.35   ② 3.35
③ 4.35   ④ 5.35

해설 전압변동률 $\varepsilon = \dfrac{V_{20} - V_{2n}}{V_{2n}} \times 100 = \dfrac{240 - 230}{230} \times 100 = 4.35\,[\%]$

★★★
03 변압기의 백분율 저항강하가 3[%], 백분율 리액턴스 강하가 4[%]일 때 뒤진 역률 80[%]인 경우의 전압 변동률[%]은?

① 2.5   ② 3.4
③ 4.8   ④ −3.6

해설 $\varepsilon = p \cdot \cos\theta \pm q \cdot \sin\theta$ [%]의 식에서, 뒤진(지상) 역률이므로, $\varepsilon = 3 \times 0.8 + 4 \times 0.6 = 4.8\,[\%]$

★★★
04 어느 변압기의 백분율 저항 강하가 3[%], 백분율 리액턴스 강하가 4[%]일 때 역률(지역률) 60[%]인 경우의 전압 변동률[%]은?

① 4.8   ② 4
③ 5   ④ 1.4

해설 $\varepsilon = p\cos\theta + q\sin\theta = 3 \times 0.6 + 4 \times 0.8 = 5\,[\%]$

정답 | 01 ④   02 ③   03 ③   04 ③

★☆☆
05 어떤 변압기의 단락 시험에서 %저항 강하 1.5[%]와 %리액턴스 강하 3[%]를 얻었다. 부하 역률이 80[%] 앞선 경우의 전압 변동률[%]은?

① −0.6   ② 0.6

③ −3.0   ④ 3.0

해설 $\varepsilon = p\cos\theta - q\sin\theta = 1.5\times0.8 - 3\times0.6 = -0.6[\%]$

★★★
06 15[kVA], 3,000/200[V] 변압기의 1차 측 환산 등가 임피던스가 $5.4 + j6[\Omega]$일 때, %저항 강하 p와 %리액턴스 강하 q는 각각 약 몇 [%]인가?

① p=0.9, q=1   ② p=0.7, q=1.2

③ p=1.2, q=1   ④ p=1.3, q=0.9

해설 • 정격전류 : $P_n = V_{1n} I_{1n}[\text{kVA}]$의 식에서, $I_{1n} = \dfrac{P_n}{V_{1n}} = \dfrac{15\times10^3}{3,000} = 5[\text{A}]$

• %저항 강하 : $p = \dfrac{I_{1n} \times r}{V_{1n}} \times 100[\%] = \dfrac{5\times5.4}{3,000} \times 100 = 0.9[\%]$

• %리액턴스 강하 : $q = \dfrac{I_{1n} \times x}{V_{1n}} \times 100[\%] = \dfrac{5\times6}{3,000} \times 100 = 1[\%]$

★★★
07 10[kVA], 2,000/100[V] 변압기의 1차 환산 등가 임피던스가 $6 + j8[\Omega]$일 때 %리액턴스 강하는?

① 1.5   ② 2

③ 5   ④ 10

해설 • 정격전류 $I_{1n} = \dfrac{10\times10^3}{2,000} = 5[\text{A}]$

• %리액턴스 강하 $q = \dfrac{I_{1n}x}{V_{1n}} \times 100 = \dfrac{5\times8}{2,000} \times 100 = 2[\%]$

정답 | 05 ①   06 ①   07 ②

★★★
08 5[kVA], 3,000/200[V]의 변압기의 단락시험에서 임피던스 전압 120[V], 동손 150[W]라 하면 %저항 강하는 약 몇 [%]인가?

① 2 ② 3

③ 4 ④ 5

> **해설** %저항강하 : $p = \dfrac{I_n \times r}{V_n} \times 100 = \dfrac{I_n^2 r}{V_n I_n} = \dfrac{\text{동손(임피던스 와트)}}{\text{변압기 용량}} \times 100[\%]$
>
> $= \dfrac{150}{5 \times 10^3} \times 100\% = 3[\%]$

★★☆
09 3,300/210[V], 5[kVA] 단상변압기의 퍼센트 저항강하 2.4[%], 퍼센트 리액턴스 강하 1.8[%]이다. 임피던스 와트[W]는?

① 320 ② 240

③ 120 ④ 90

> **해설** %저항강하 $\%R = \dfrac{I_n \times r}{V_n} \times 100 = \dfrac{I_n^2 r}{V_n I_n} = \dfrac{\text{동손(임피던스 와트)}}{\text{변압기 용량}} \times 100[\%]$의 식에서,
>
> 임피던스 와트(동손) $P_c = \dfrac{\text{변압기 용량}}{100} \times \%R = \dfrac{5 \times 10^3}{100} \times 2.4 = 120[\text{W}]$

★★☆
10 역률 100[%]일 때의 전압 변동률은 어떻게 표시되는가?

① %저항 강하 ② %리액턴스 강하

③ %서셉턴스 강하 ④ %임피던스 강하

> **해설** $\varepsilon = p\cos\theta + q\sin\theta$에서 역률 100[%]일 경우 $\cos\theta = 1$, $\sin\theta = 0$이므로 $\varepsilon = p$이다.

★★★
11 임피던스 강하가 4[%]인 변압기가 운전 중 단락되었을 때 그 단락전류는 정격전류의 몇 배인가?

① 15 ② 20

③ 25 ④ 30

> **해설** 단락전류 $I_s = \dfrac{100}{\%Z} \times I_n = \dfrac{100}{4} \times I_n = 25 I_n[\text{A}]$

정답 | 08 ② 09 ③ 10 ① 11 ③

★★☆
12 100[kVA], 6,000/200[V], 60[Hz]이고 %임피던스 강하 3[%]인 3상 변압기의 저압측에 3상 단락이 생겼을 경우의 단락전류는 약 몇 [A]인가?

① 5,650

② 9,623

③ 17,000

④ 75,000

해설 단락전류 $I_s = \dfrac{100}{\%Z} \times I_n = \dfrac{100}{\%Z} \times \dfrac{P_a}{\sqrt{3} \times V_n} = \dfrac{100}{3} \times \dfrac{100 \times 10^3}{\sqrt{3} \times 200} \fallingdotseq 9,623[A]$

★★☆
13 고압 단상변압기의 %임피던스 강하 4[%], 2차 정격전류를 300[A]라 하면 정격전압의 2차 단락 전류 [A]는? (단, 변압기에서 전원 측의 임피던스는 무시한다.)

① 0.75

② 75

③ 1,200

④ 7,500

해설 단락전류 $I_s = \dfrac{100}{\%Z} \times I_n = \dfrac{100}{4} \times 300 = 7,500[A]$

07 SECTION 변압기 3상 결선법

1. △결선(환상결선)과 Y결선(스타결선, 성형결선)의 비교

구분	△결선(환상)	Y결선(스타, 성형)
형태		
범례	• V_ℓ : 선간전압 • V_p : 상전압 • I_ℓ : 선전류 • I_p : 상전류	
전압관계	$V_\ell = V_p$	$V_\ell = \sqrt{3}\,V_p$
전류관계	$I_\ell = \sqrt{3}\,I_p$	$I_\ell = I_p$
중성점 접지	불가능	가능
지락전류	작음	큼
보호계전기 동작	불확실	확실
통신선 유도장해	작음	큼
1선지락 시 건전상 전위상승	높음($\sqrt{3}$ 배 이상)	낮음(1.3배 이하)
절연레벨 (절연비용)	높음(절연비용 높음)	낮음(절연비용 적음)
제3고조파	억제 가능(순환전류 열 발생)	억제 불가능
V 결선	가능	불가능

2. △ - △ 결선

(1) 결선도

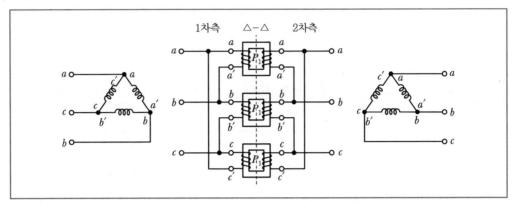

(2) 특징

① 제3고조파 억제 가능
② 통신선 유도장해 없음
③ 변압기 1대 고장 시 2대로 V결선 가능
④ 30[kV] 이하의 배전계통에 주로 적용

3. Y - Y결선

① 제3고조파의 영향으로 통신선 유도장해 발생
② 거의 적용하지 않는 방식

4. △ - Y 또는 Y - △ 결선

(1) 결선도

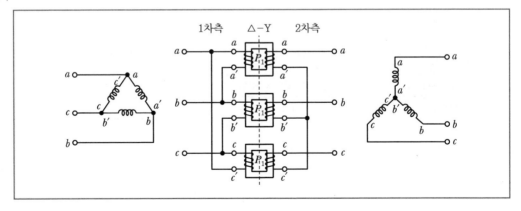

(2) 특징

    ① 1, 2차 간에 30[°]의 위상차 발생

    ② △결선과 Y결선의 장점이 있음

5. V−V 결선

(1) V결선의 출력

$$P_V = \sqrt{3} \times P_1\,[\text{kVA}]$$

- P_1 : 변압기 1대 용량[kVA]

(2) V결선의 출력비

$$\text{출력비} = \frac{\text{고장 후}}{\text{고장 전}} = \frac{\sqrt{3}\,P_1}{3P_1} = \frac{\sqrt{3}}{3} = 0.577,\ 57.7[\%]$$

(3) V결선의 이용률

$$\text{이용률} = \frac{\sqrt{3}\,P_1}{2P_1} = \frac{\sqrt{3}}{2} = 0.866,\ 86.6[\%]$$

⚡ 과년도 기출 및 예상문제

★☆☆
01 변압기에서 제3고조파의 영향으로 통신장해를 일으키는 3상 결선법은?

① $\triangle-\triangle$ 결선 　　　　　　　　② $Y-Y$ 결선

③ $Y-\triangle$ 결선 　　　　　　　　④ $\triangle-Y$ 결선

> **해설** $Y-Y$ 결선은 제3고조파 여자전류에 의한 제3고조파가 기전력에 포함되며 중성점 접지 시 유도 장해를 일으키므로 $Y-Y-\triangle$의 3권선 변압기로 하여 송전용으로 사용된다.

★☆☆
02 변압기의 결선방식에 대한 설명으로 틀린 것은?

① $\triangle-\triangle$ 결선에서 1상분의 고장이 나면 나머지 2대로 V결선 운전이 가능하다.

② $Y-Y$ 결선에서 1차, 2차 모두 중성점을 접지할 수 있으며, 고압의 경우 이상전압을 감소시킬 수 있다.

③ $Y-Y$ 결선에서 중성점을 접지하면 제5고조파 전류가 흘러 통신선의 유도장해를 일으킨다.

④ $Y-\triangle$ 결선에서 1상분의 고장이 생기면 전원공급이 불가능해진다.

> **해설** $Y-Y$ 결선은 중성점 접지 시 제3고조파 전류가 흘러 통신선 유도장해를 발생시킨다.

★★☆
03 단상변압기 3대를 이용하여 $\triangle-\triangle$ 결선하는 경우에 대한 설명으로 틀린 것은?

① 중성점을 접지할 수 없다.

② $Y-Y$ 결선에 비해 상전압이 선간전압의 $1/\sqrt{3}$ 배이므로 절연이 용이하다.

③ 3대 중 1대에서 고장이 발생하여도 나머지 2대로 V결선하여 운전을 계속할 수 있다.

④ 결선 내에 순환전류가 흐르나 외부에는 나타나지 않으므로 통신장애에 대한 염려가 없다.

> **해설** $\triangle-\triangle$ 결선은 상전압과 선간전압이 같고, 절연이 어렵다.

★★☆
04 변압기의 1차측을 Y결선, 2차측을 $\varDelta$ 결선으로 한 경우 1차와 2차 간의 전압의 위상차는?

① $0[°]$ 　　　　　　　　　　② $30[°]$

③ $45[°]$ 　　　　　　　　　　④ $60[°]$

> **해설** $\triangle-Y$ 또는 $Y-\triangle$ 결선의 1, 2차 간에는 $30[°]$의 위상차가 발생한다.

정답	01 ② 　 02 ③ 　 03 ② 　 04 ②

05 3상 변압기를 1차 Y, 2차 Δ로 결선하고 1차에 선간전압 3,300[V]를 가했을 때의 무부하 2차 선간전압은 약 몇 [V]인가? (단, 전압비는 30:1이다.)

① 63.4

② 110

③ 173

④ 190.5

> **해설** • 1차 상전압 : $\dfrac{3,300}{\sqrt{3}} \fallingdotseq 1,905[V]$
>
> • 2차 상전압 : $V_{2p} = \dfrac{V_1}{a} = \dfrac{1,905}{30} = 63.4[V]$
>
> • 2차 선간전압 : △결선은 상전압과 선간전압이 같으므로 $V_{2p} = V_{2\ell} = 63.4[V]$

06 정격용량 100[kVA]인 단상 변압기 3대를 △ − △ 결선하여 300[kVA]의 3상 출력을 얻고 있다. 한 상에 고장이 발생하여 결선을 V결선으로 하는 경우 ㉠ 뱅크 용량[kVA], ㉡ 각 변압기의 출력[kVA]은?

① ㉠ 253, ㉡ 126.5

② ㉠ 200, ㉡ 100

③ ㉠ 173, ㉡ 86.6

④ ㉠ 152, ㉡ 75.6

> **해설** • V결선의 뱅크용량 : $P_V = \sqrt{3} \times P_1 = \sqrt{3} \times 100 = 173[kVA]$
>
> • 각 변압기 출력 : $P_{V1} = \dfrac{173}{2} = 86.6[kVA]$

07 △결선 변압기의 한 대가 고장으로 제거되어 V결선으로 공급할 때 공급할 수 있는 전력은 고장 전 전력에 대하여 약 몇 [%]인가?

① 57.7

② 66.7

③ 75.0

④ 86.6

> **해설** 출력비$= \dfrac{V \, 결선의 \, 출력}{△결선의 \, 출력} = \dfrac{\sqrt{3} \, P_1}{3 P_1} = \dfrac{\sqrt{3}}{3} = 0.577, \; 57.7[\%]$

08 2대의 변압기로 V결선하여 3상 변압하는 경우 변압기 이용률[%]은 약 얼마인가?

① 57.8

② 66.6

③ 86.6

④ 100

> **해설** V결선의 이용률$= \dfrac{\sqrt{3} \, VI}{2 \, VI} = \dfrac{\sqrt{3}}{2} = 0.866, \; 86.6[\%]$

정답 | 05 ① 06 ③ 07 ① 08 ③

★★☆

09 3상 배전선에 접속된 V 결선의 변압기에서 전부하시의 출력을 $P[\text{kVA}]$라 하면, 같은 변압기 한 대를 증설하여 △결선하였을 때의 정격출력 [kVA]는?

① $\dfrac{3}{2}\,P$

② $\dfrac{2}{\sqrt{3}}\,P$

③ $\sqrt{3}\,P$

④ $2P$

해설 △결선 시 출력은 V결선의 출력보다 $\sqrt{3}$ 배 크다.

★☆☆

10 용량 P[kVA]인 동일 정격의 단상변압기 4대로 낼 수 있는 3상 최대출력용량은?

① $3P$

② $\sqrt{3}\,P$

③ $4P$

④ $2\sqrt{3}\,P$

해설 $P = 2P_V = 2 \times \sqrt{3}\,P_1 = 2\sqrt{3}\,P_1\,[\text{kVA}]$

08 변압기 병렬운전
SECTION

1. 병렬운전 조건

① 극성이 같을 것
② 정격전압(V_n)이 같을 것
③ 권수비(a)가 같을 것
④ R/X비, p(%저항강하), q(%리액턴스강하), %Z(%임피던스)가 같을 것
⑤ 상회전방향이 같을 것
⑥ 각변위가 같을 것

2. 병렬운전 가능 결선과 불가능 결선

병렬운전 가능		병렬운전 불가능
$\triangle-\triangle$와 $\triangle-\triangle$	$Y-Y$와 $Y-Y$	
$Y-\triangle$와 $Y-\triangle$	$\triangle-Y$와 $Y-\triangle$	$\triangle-\triangle$와 $Y-\triangle$
$\triangle-\triangle$와 $Y-Y$	$\triangle-Y$와 $Y-\triangle$	$Y-Y$와 $\triangle-Y$

3. 병렬운전 시 부하분담

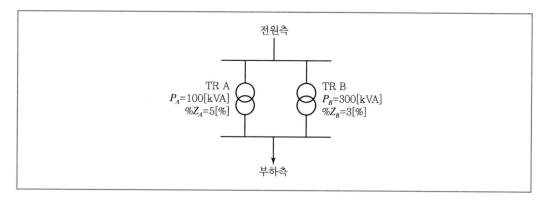

(1) 변압기 용량과 %Z가 다른 경우

① 최대 부하용량($P_{\max}$)

$$P_{\max} \leq 최소\ \%Z \times \left(\frac{P_A}{\%Z_A} + \frac{P_B}{\%Z_B}\right)[\text{kVA}]$$

$$P_{\max} \leq 3 \times \left(\frac{100}{5} + \frac{300}{3}\right) = 360\,[\text{kVA}]$$

② A변압기의 부하분담(P_a) : $P_a = $ 최소%$Z \times \left(\dfrac{P_A}{\%Z_A} \right) = 3 \times \left(\dfrac{100}{5} \right) = 60 [\text{kVA}]$

③ B변압기의 부하분담(P_b) : $P_b = $ 최소%$Z \times \left(\dfrac{P_B}{\%Z_B} \right) = 3 \times \left(\dfrac{300}{3} \right) = 300 [\text{kVA}]$

(2) 부하분담 비

$$\frac{I_b}{I_a} = \frac{P_B}{P_A} \times \frac{\%Z_A}{\%Z_B} \ (\text{용량에는 비례하고, } \%Z \text{에는 반비례})$$

4. 변압기 극성

① 국내 표준 : 감극성
② 극성시험법 : 교류전압계법, 직류전압계법, 표준전압계법
③ 감극성과 가극성 비교

구분	감극성	가극성
개념도	고, 저압 혼촉	고, 저압 혼촉
특징	• 전압계 지시값 : $V = V_1 - V_2$ • E_1과 E_2방향이 동일함 • 혼촉사고 시 파급이 적음	• 전압계 지시값 : $V = V_1 + V_2$ • E_1과 E_2방향이 반대 • 혼촉사고 시 파급이 큼

⚡ 과년도 기출 및 예상문제

★☆☆

01 3상 변압기의 병렬운전 조건으로 틀린 것은?

① 각 군의 임피던스가 용량에 비례할 것
② 각 변압기의 백분율 임피던스 강하가 같을 것
③ 각 변압기의 권수비가 같고 1차 및 2차의 정격전압이 같을 것
④ 각 변압기의 상회전 방향과 1차 및 2차의 선간전압의 위상 변위가 같을 것

해설 각 변압기의 임피던스가 정격용량에 반비례할 것. 즉, %Z가 작을수록 부하분담이 클 것

★★★

02 단상 변압기의 병렬운전 시 요구사항으로 틀린 것은?

① 극성이 같을 것
② 정격출력이 같을 것
③ 정격전압과 권수비가 같을 것
④ 저항과 리액턴스의 비가 같을 것

해설 병렬운전 시 출력은 같지 않아도 된다.

★★☆

03 3상 변압기를 병렬운전하는 경우 불가능한 조합은?

① $\triangle - Y$와 $Y - \triangle$
② $\triangle - \triangle$와 $Y - Y$
③ $\triangle - Y$와 $\triangle - Y$
④ $\triangle - Y$와 $\triangle - \triangle$

해설 결선 조합이 홀수가 되면 병렬운전이 불가능하다.

★☆☆

04 정격전압이 같은 A, B 두 대의 단상변압기를 병렬로 접속하여 360[kVA]의 부하를 접속하였다. A변압기는 용량 100[kVA], 퍼센트 임피던스 5[%], B변압기는 300[kVA], 퍼센트 임피던스 3[%]이다. B변압기의 분담부하는 몇 [kVA]인가? (단, 변압기의 저항과 리액턴스의 비는 모두 같다.)

① 260
② 280
③ 290
④ 300

해설 B변압기의 부하분담 $P_b = 최소 \%Z \times \dfrac{P_B}{\%Z_B} = 3 \times \dfrac{300}{3} = 300 [kVA]$

정답 | 01 ① 02 ② 03 ④ 04 ④

★☆☆
05 3,300/220[V] 변압기 A, B의 정격용량이 각각 400[kVA], 300[kVA]이고, %임피던스는 각각 2.4[%]와 3.6[%] 이다. 이것을 병렬로 하면 몇 [kVA]의 부하를 걸 수가 있는가?

① 550

② 600

③ 650

④ 700

해설 $P_{\max} \leq$ 최소 $\%Z \times \left(\dfrac{P_A}{\%Z_A} + \dfrac{P_B}{\%Z_B} \right) = 2.4 \times \left(\dfrac{400}{2.4} + \dfrac{300}{3.6} \right) = 600 \, [\text{kVA}]$

★☆☆
06 정격이 같은 2대의 단상변압기 1,000[kVA]의 임피던스 전압은 각각 8[%]와 7[%]이다. 이것을 병렬로 하면 몇 [kVA]의 부하를 걸 수가 있는가?

① 1,865

② 1,870

③ 1,875

④ 1,880

해설 $P_{\max} \leq$ 최소 $\%Z \times \left(\dfrac{P_A}{\%Z_A} + \dfrac{P_B}{\%Z_B} \right) = 7 \times \left(\dfrac{1,000}{8} + \dfrac{1,000}{7} \right) = 1,875 \, [\text{kVA}]$

★☆☆
07 단상 변압기 2대를 병렬 운전할 경우 각 변압기의 부하전류를 I_a, I_b, 1차측으로 환산한 임피던스를 Z_a, Z_b, 백분율 임피던스 강하를 z_a, z_b, 정격용량을 P_{an}, P_{bn}이라 한다. 이때 부하분담에 대한 관계로 옳은 것은?

① $\dfrac{I_a}{I_b} = \dfrac{Z_a}{Z_b}$

② $\dfrac{I_a}{I_b} = \dfrac{P_{bn}}{P_{an}}$

③ $\dfrac{I_a}{I_b} = \dfrac{z_b}{z_a} \times \dfrac{P_{an}}{P_{bn}}$

④ $\dfrac{I_a}{I_b} = \dfrac{Z_a}{Z_b} \times \dfrac{P_{an}}{P_{bn}}$

해설 전류의 분담은 용량에 비례하고 임피던스에는 반비례한다.

★☆☆
08 단상 변압기를 병렬 운전하는 경우, 부하전류의 분담은 어떻게 되는가?

① 변압기 용량에 비례하고 누설 임피던스에 비례한다.

② 변압기 용량에 비례하고 누설 임피던스에 역비례한다.

③ 변압기 용량에 역비례하고 누설 임피던스에 비례한다.

④ 변압기 용량에 역비례하고 누설 임피던스에 역비례한다.

해설 • 부하분담 비 $= \dfrac{I_b}{I_a} = \dfrac{P_B}{P_A} \times \dfrac{\%Z_A}{\%Z_B}$

• 전류의 분담은 용량에 비례하고 임피던스에는 반비례한다.

정답 | 05 ② 06 ③ 07 ③ 08 ②

★★★
09 단상 변압기를 병렬 운전하는 경우 각 변압기의 부하분담이 변압기의 용량에 비례하려면 각각의 변압기의 %임피던스는 어느 것에 해당되는가?

① 어떠한 값이라도 좋다.
② 변압기 용량에 비례하여야 한다.
③ 변압기 용량에 반비례하여야 한다.
④ 변압기 용량과 관계없이 같아야 한다.

해설 병렬운전 시 부하분담은 용량에는 비례하고 임피던스(%Z)에는 반비례한다.

★☆☆
10 1차 및 2차 정격전압이 같은 2대의 변압기가 있다. 그 용량 및 임피던스 강하가 A는 5[kVA], 3[%], B는 20[kVA], 2[%]일 때 이것을 병렬 운전하는 경우 부하를 분담하는 비는?

① 1:4
② 2:3
③ 3:2
④ 1:6

해설 부하분담 비 $= \dfrac{I_b}{I_a} = \dfrac{P_B}{P_A} \times \dfrac{\%Z_A}{\%Z_B} = \dfrac{5}{20} \times \dfrac{2}{3} = \dfrac{10}{60} = \dfrac{1}{6}$, ∴ $I_A : I_B = 1 : 6$

★☆☆
11 3,150/210[V]의 단상변압기 고압측에 100[V]의 전압을 가하면 가극성 및 감극성일 때에 전압계 지시는 각각 몇 [V]인가?

① 가극성 : 106.7, 감극성 : 93.3
② 가극성 : 93.3, 감극성 : 106.7
③ 가극성 : 126.7, 감극성 : 96.3
④ 가극성 : 96.3, 감극성 : 126.7

해설
• 권수비 : $a = \dfrac{V_1}{V_2} = \dfrac{3,150}{210} = 15$

• 저압측 전압 : $V_2 = \dfrac{V_1}{a} = \dfrac{100}{15} = 6.7[\text{V}]$

• 가극성 : $V_가 = V_1 + V_2 = 100 + 6.7 = 106.7[\text{V}]$

• 감극성 : $V_감 = V_1 - V_2 = 100 - 6.7 = 93.3[\text{V}]$

정답 | 09 ③   10 ④   11 ①

09 SECTION 특수변압기

1. 특수변압기 종류

① 3상 변압기
② 단권 변압기
③ 상수 변환
    ㉠ 3상을 2상으로 변환(우, 스, 메)
- 우드브릿지 결선
- 스코트 결선(T결선)
- 메이어 결선

    ㉡ 3상을 6상으로 변환
- 포크 결선
- 환상 결선
- 대각 결선
- 2차 2중 Y결선
- 2차 2중 △결선

④ 계기용 변성기(PT, CT)

2. 단권 변압기

(1) 개념

변압기 1, 2차 회로가 절연되지 않고, 권선의 일부를 공통으로 사용하는 변압기

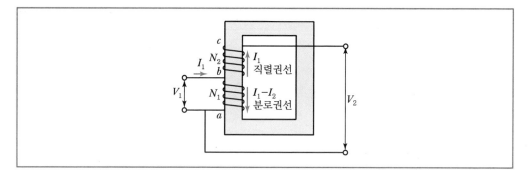

(2) 특징(장 · 단점)

장점	단점
• 코일(동량)을 줄일수 있음 • 소형 · 경량화 가능 • 소용량으로 큰 부하의 운전 가능 • 임피던스가 작음 • 누설리액턴스가 작음 • 전압변동률이 작음 • 동손이 적고, 효율이 우수함	• 단락전류가 큼 • 1, 2차측 절연 불가 • 1차측 고장이 2차측으로 파급 용이 • 1차측 Surge가 2차측으로 이행 용이

(3) 용도

승압기, 강압기, 기동보상기, 전기철도 등

(4) 자기용량과 부하용량

구분	단권변압기 1대 (승압 · 강압용)	단권변압기 2대 (V결선 · 승압 · 강압)	단권변압기 3대 (Y결선 · 승압 · 강압)	단권변압기 3대 (△결선 · 승 · 강)
자기용량 부하용량	$\dfrac{V_H - V_L}{V_H}$	$\dfrac{2}{\sqrt{3}} \cdot \dfrac{V_H - V_L}{V_H}$	$\dfrac{V_H - V_L}{V_H}$	$\dfrac{V_H^2 - V_L^2}{\sqrt{3}\,V_H V_L}$

3. 스코트 결선(T결선)

(1) 개념

단상변압기 2대를 사용하여 3상 전력을 2상 전력으로 변환하는 결선 방식

(2) 결선도

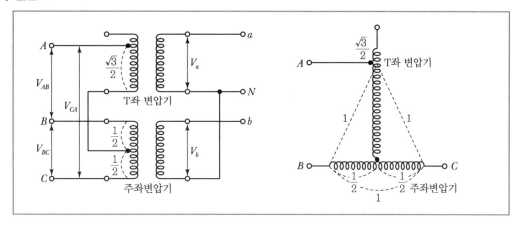

(3) 권수비 및 이용률

① 주좌 변압기 권수비 : $a_M = \dfrac{V_1}{V_2}$

② T좌 변압기 권수비 : $a_T = \dfrac{\sqrt{3}}{2} a_M = \dfrac{\sqrt{3}}{2} \cdot \dfrac{V_1}{V_2}$

③ T좌 변압기 이용률 : 86.6[%]

4. 계기용 변성기(PT, CT)

구분	계기용 변압기(PT)	변류기(CT)
개념도		
적용목적	• 고전압 → 저전압 변성 • 변성 후 전압계나 보호계전기에 공급	• 대전류 → 소전류로 변성 • 변성 후 전류계나 보호계전기에 공급
2차측 변성 값	2차측 전압 : 110[V]	2차측 전류 : 5[A]
2차측 계기 점검 시	• 2차측 개방 후 계기점검 및 교체 실시 • 이유 : 2차측 과전류 보호	• 2차측 단락 후 계기점검 및 교체 실시 • 이유 : 2차측 과전압, 절연보호 • 개방 시 2차측에 고전압 유기로 기기 소손

과년도 기출 및 예상문제

★★★
01 단권변압기(Auto transformer)에 대한 말이다. 옳지 않은 것은?

① 1차 권선과 2차 권선의 일부가 공통으로 되어 있다.
② 동일 출력에 대하여 사용 재료 및 손실이 적고 효율이 높다.
③ 3상에는 사용할 수 없고 단상으로만 사용한다.
④ 단권 변압기는 권선비가 1에 가까울수록 보통 변압기에 비하여 유리하다.

해설 단권변압기는 단상 및 3상에서 사용이 가능하며, 대용량 변압기로 적합하다.

★☆☆
02 다음은 단권변압기를 설명한 것이다. 틀린 것은?

① 소형에 적합하다.
② 누설 자속이 적다.
③ 손실이 적고 효율이 좋다.
④ 재료가 절약되어 경제적이다.

해설 단권변압기는 단상 및 3상에서 사용이 가능하며, 대용량 변압기로 적합하다.

★☆☆
03 단권변압기에서 1차 전압이 100[V], 2차 전압 110[V]인 단권변압기의 자기용량과 부하용량의 비는?

① $\dfrac{1}{10}$

② $\dfrac{1}{11}$

③ 10

④ 11

해설 $\dfrac{\text{자기용량}}{\text{부하용량}} = \dfrac{V_H - V_L}{V_H} = \dfrac{110 - 100}{110} = \dfrac{1}{11}$

★★☆
04 3,000[V]의 단상 배전선 전압을 3,300[V]로 승압하는 단권 변압기의 자기 용량은 약 몇 [kVA]인가? (단, 여기서 부하 용량은 100[kVA]이다.)

① 2.1

② 5.3

③ 7.4

④ 9.1

해설
- 단권변압기 단상 결선 시 : $\dfrac{\text{자기용량}}{\text{부하용량}} = \dfrac{V_H - V_L}{V_H}$

- 자기용량 $= \dfrac{V_H - V_L}{V_H} \times \text{부하용량} = \dfrac{3,300 - 3,000}{3,300} \times 100 = 9.09\,[kVA]$

정답 | 01 ③ 02 ① 03 ② 04 ④

★★☆
05 200[V]의 배전선 전압을 220[V]로 승압하여 30[kVA]의 부하에 전력을 공급하는 단권변압기가 있다. 이 단권변압기의 자기용량은 약 몇 [kVA]인가?

① 2.73

② 3.55

③ 4.26

④ 5.25

해설 자기용량$=\dfrac{V_H - V_L}{V_H}\times$부하용량$=\dfrac{220-200}{220}\times 30 = 2.73\,[\text{kVA}]$

★★☆
06 자기용량 3[kVA], 3,000/100[V]의 단상변압기를 승압기로 연결하고 1차 측에 3,000[V]를 가했을 때 그 부하용량[kVA]은?

① 76

② 85

③ 93

④ 94

해설 부하용량$=\dfrac{\text{자기용량}}{\dfrac{V_H - V_L}{V_H}}=\dfrac{3}{\dfrac{3,100-3,000}{3,100}}=93\,[\text{kVA}]$

★★☆
07 1차 전압 V_1, 2차 전압 V_2인 단권변압기를 Y결선했을 때, 등가용량과 부하용량의 비는? (단, $V_1 > V_2$ 이다.)

① $\dfrac{V_1 - V_2}{\sqrt{3}\,V_1}$

② $\dfrac{V_1 - V_2}{V_1}$

③ $\dfrac{V_1^2 - V_2^2}{\sqrt{3}\,V_1 V_2}$

④ $\dfrac{\sqrt{3}\,(V_1 - V_2)}{2\,V_1}$

해설 **단권변압기 Y결선 시 등가용량과 부하용량의 비**

$\dfrac{\text{자기(등가)용량}}{\text{부하용량}}=\dfrac{V_H - V_L}{V_H}=\dfrac{V_1 - V_2}{V_1}\ (\because V_1 > V_2)$

★★★
08 3상 전원을 이용하여 2상 전압을 얻고자 할 때 사용하는 결선 방법은?

① Scott 결선   ② Fork 결선
③ 환상 결선   ④ 2중 3각 결선

> **해설** **3상을 2상으로 변환하는 결선법**
> • 우드브릿지 결선
> • 스코트 결선(T결선)
> • 메이어 결선

★★★
09 T-결선에 의하여 3,300[V]의 3상으로부터 200[V], 40[kVA]의 전력을 얻는 경우 T좌 변압기의 권수비는 약 얼마인가?

① 10.2   ② 11.7
③ 14.3   ④ 16.5

> **해설** T좌 변압기 권수비 $a_T = \dfrac{\sqrt{3}}{2} \times \dfrac{V_1}{V_2} = \dfrac{\sqrt{3}}{2} \times \dfrac{3,300}{200} = 14.3$

★★☆
10 변압기 결선방식 중 3상에서 6상으로 변환할 수 없는 것은?

① 2중 성형   ② 환상 결선
③ 대각 결선   ④ 2중 6각 결선

> **해설** **3상을 6상으로 변환하는 결선법**
> • 포크 결선   • 환상 결선
> • 대각 결선   • 2차 2중 Y결선
> • 2차 2중 △ 결선

★★☆
11 누설 변압기에 필요한 특성은 무엇인가?

① 수하 특성   ② 정전압 특성
③ 고저항 특성   ④ 고임피던스 특성

> **해설** 누설 변압기에는 정전류 특성이 필요하며, 전류가 증가하면 전압이 저하하는 수하 특성이 필요하다.

정답 | 08 ① 09 ③ 10 ④ 11 ①

★★☆

12 전기설비 운전 중 계기용 변류기(CT)의 고장 발생으로 변류기를 개방할 때 2차측을 단락해야 하는 이유는?

① 2차측의 절연 보호　　　　　　　　② 1차측의 과전류 방지

③ 2차측의 과전류 보호　　　　　　　④ 계기의 측정 오차 방지

> **해설** 변류기 2차측을 개방하면 1차측의 부하전류가 전부 여자전류로 사용되어 2차측에 고전압이 유기되어 절연이 파괴될 우려가 있다.

★★☆

13 평형 3상 회로의 전류를 측정하기 위해서 변류비 200 : 5의 변류기를 그림과 같이 접속하였더니 전류계의 지시가 1.5[A]이었다. 1차 전류는 몇 [A]인가?

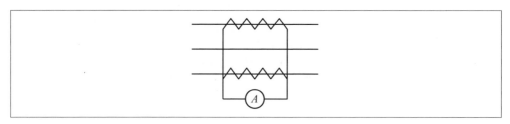

① 60　　　　　　　　　　　　　　② $60\sqrt{3}$

③ 30　　　　　　　　　　　　　　④ $30\sqrt{3}$

> **해설** CT의 접속이 가동결선이므로 $I_1 = \dfrac{1}{a} \times I_2 = \dfrac{200}{5} \times 1.5 = 60[\text{A}]$

10 SECTION 변압기 시험법

1. 시험법 구분

(1) 온도상승 시험법
① 개념 : 변압기를 전부하에서 연속으로 운전했을 때 절연유의 온도 및 권선의 온도상승이 허용범위에 있는지를 시험
② 구분
  ㉠ 실부하법
  ㉡ 반환부하법 : 가장 좋은 방식, 가장 많이 사용
  ㉢ 등가부하법(단락시험법)

(2) 건조법
① 개념 : 변압기 권선과 철심에 남아있는 습기를 제거하고, 건조하게 하여 절연을 향상시키는 방법
② 구분
  ㉠ 열풍법
  ㉡ 진공법
  ㉢ 단락법

(3) 절연내력 시험법
① 개념 : 변압기의 절연이 시험전압에 견디는지를 판단하는 시험
② 구분
  ㉠ 가압법
  ㉡ 유도시험(권선의 층간절연내력시험)
  ㉢ 충격전압시험

2. 절연물의 절연등급

절연등급	Y종	A종	E종	B종	F종	H종	C종
최고허용온도[℃]	90	105	120	130	155	180	180 초과
기준온도[℃]	40						

⚡ 과년도 기출 및 예상문제

★★☆
01 변압기 온도시험을 하는데 가장 좋은 방법은?

① 실 부하법 　　　　　　　② 반환 부하법
③ 단락 시험법 　　　　　　④ 내전압 시험법

해설 · 온도상승 시험법 종류 : 실 부하법, 반환 부하법, 단락 시험법
· 반환 부하법이 가장 좋은 방식으로 가장 많이 사용된다.

★☆☆
02 변압기 권선과 철심의 건조법이 아닌 것은?

① 열풍법 　　　　　　　　② 단락법
③ 반환 부하법 　　　　　　④ 진공법

해설 · 건조법 종류 : 열풍법, 진공법, 단락법
· 반환 부하법은 온도상승 시험법이다.

★★☆
03 변압기의 절연내력시험 방법이 아닌 것은?

① 가압시험 　　　　　　　② 유도시험
③ 무부하 시험 　　　　　　④ 충격 전압 시험

해설 무부하 시험은 변압기 등가회로 작성 전 시험이다.

★☆☆
04 전기기기에서 절연의 종류 중 B종 절연물의 최고 허용 온도는 몇 [℃]인가?

① 90 　　　　　　　　　　② 105
③ 120 　　　　　　　　　　④ 130

해설

절연등급	Y종	A종	E종	B종	F종	H종	C종
최고허용온도[℃]	90	105	120	130	155	180	180 초과
기준온도[℃]	40						

정답　01 ②　02 ③　03 ③　04 ④

11 SECTION 보호계전기

1. 보호계전 시스템의 구성

검출부, 판정부, 동작부로 시스템 구성

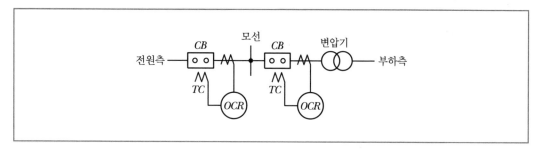

2. 보호계전기 분류

① 유도형 : 전자력에 의한 회전원판의 회전력 이용
② 정지형 : 반도체 소자 이용
③ 디지털형 : CPU의 연산 이용

3. 변압기 내부고장 보호장치

① 차동 계전기 : 내부고장 시 고 · 저압측에 설치한 CT 2차전류의 차에 의하여 계전기 동작

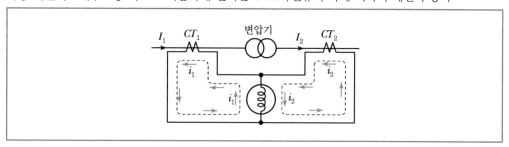

② 비율차동 계전기 : 내부고장 시 고 · 저압측에 설치한 CT 2차측 억제코일에 흐르는 전류차가 일정비율 이상 시 동작

③ 부흐홀쯔 계전기
   ㉠ 변압기 내부고장 시 절연유에서 발생하는 가스 변화를 검출하여 보호
   ㉡ 설치 위치 : 변압기 본체와 콘서베이트 사이

⚡ 과년도 기출 및 예상문제

★★★
01 변압기의 내부고장에 대한 보호용으로 사용되는 계전기는 어느 것이 적당한가?

① 방향 계전기   ② 온도 계전기

③ 접지 계전기   ④ 비율 차동 계전기

> **해설** **변압기 내부고장 보호장치**
> - 차동 계전기
> - 비율 차동 계전기
> - 부흐홀쯔 계전기

★★★
02 발전기 또는 변압기의 내부고장 보호에 쓰이는 계전기로서 가장 적당한 것은?

① 과전류 계전기   ② 비율 차동 계전기

③ 접지 계전기   ④ 역상 계전기

> **해설** 발전기 또는 변압기의 내부고장 보호로 비율 차동 계전기가 효과적이다.

★★☆
03 발전기 권선의 층간 단락 보호에 가장 적합한 계선기는?

① 과부하 계전기   ② 온도 계전기

③ 접지 계전기   ④ 차동 계전기

> **해설** 발전기 또는 변압기의 내부고장 보호에 비율 차동 계전기, 차동 계전기가 효과적이다.

★☆☆
04 수은 접점 2개를 사용하여 아크 방전 등의 사고를 검출하는 계전기는?

① 과전류 계전기   ② 가스 검출 계전기

③ 부흐홀쯔 계전기   ④ 차동 계전기

> **해설** 부흐홀쯔 계전기 : 수은접점 2개를 이용하여 변압기 내부고장을 보호한다.

정답 | 01 ④   02 ②   03 ④   04 ③

★★☆
05 부흐홀쯔 계전기로 보호되는 기기는?

① 변압기   ② 발전기
③ 동기 전동기   ④ 회전 변류기

해설 부흐홀쯔 계전기 : 변압기 내부고장 시 절연유에서 발생하는 가스 변화를 검출하여 동작하는 기계적 보호장치

★☆☆
06 부흐홀쯔 계전기에 대한 설명으로 틀린 것은?

① 오동작의 가능성이 크다.
② 전기적 신호로 동작한다.
③ 변압기의 보호에 사용된다.
④ 변압기 주탱크와 콘서베이터의 연결 관중에 설치한다.

해설 부흐홀쯔 계전기 : 변압기 내부고장 시 절연유에서 발생하는 가스 변화를 검출하여 동작하는 기계적 보호장치

★★☆
07 변압기의 보호에 사용되지 않는 것은?

① 온도 계전기   ② 과전류 계전기
③ 임피던스 계전기   ④ 비율 차동 계전기

해설 임피던스 계전기(거리 계전기)는 계전기 설치점과 고장점 간의 임피던스에 따라 동작하는 계전기로서 주로 송전선로 보호에 사용된다.

★★☆
08 변압기 보호장치의 주된 목적이 아닌 것은?

① 전압 불평형 개선   ② 절연내력 저하 방지
③ 변압기 자체 사고의 최소화 ④ 다른 부분으로의 사고 확산 방지

해설 변압기 보호장치는 전압 불평형 개선과는 관계가 없다.

★★☆
09 온도 측정 장치 중 변압기의 권선온도 측정에 가장 적당한 것은?

① 탐지코일   ② dial온도계
③ 권선온도계   ④ 봉상온도계

해설 권선온도계는 권선온도 측정을 위한 장치이다.

정답 | 05 ① 06 ② 07 ③ 08 ① 09 ③

1. 회전원리

(1) 아라고원판(동판)의 회전원리 이용

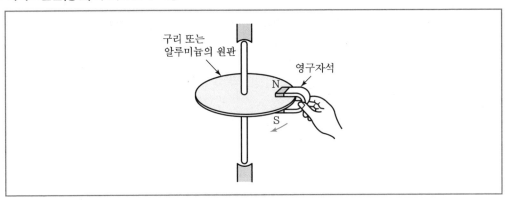

(2) 회전 메커니즘

회전자계 발생 → 자속의 변화로 전자유도작용에 의한 기전력 발생 → 회전자에 전류흐름 → 플레밍 왼손 법칙에 의한 힘(회전력) 발생 → 회전자 회전

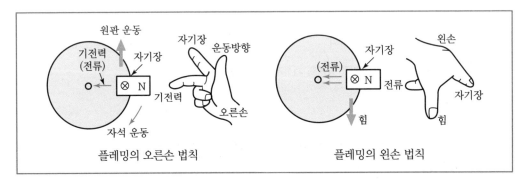

(3) 회전자기장(회전자계)

자석의 회전 = 회전자기장

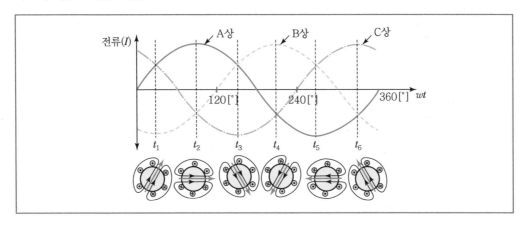

2. 유도기의 구조

(1) 고정자와 회전자 구성

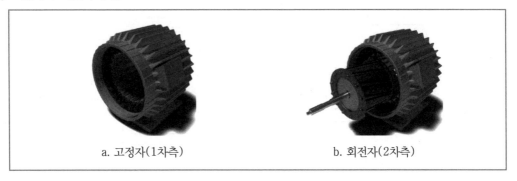

a. 고정자(1차측)　　　　　　　b. 회전자(2차측)

① 고정자(1차측)
　㉠ 회전자기장 발생
　㉡ 회전자기장은 동기속도(N_s)로 회전

② 회전자(2차측)
　㉠ 회전자기장의 속도(N_s)보다 느린 속도로 회전(N)
　㉡ 종류 : 농형 회전자, 권선형 회전자

(2) 농형 회전자

① 구성도

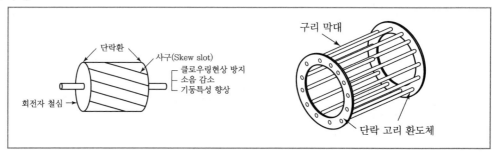

② 특징

　㉠ 구조간단, 조작용이

　㉡ 저가격, 효율 우수

　㉢ 속도제어 어려움, 전원공급 용이

(3) 권선형 회전자

① 구성도

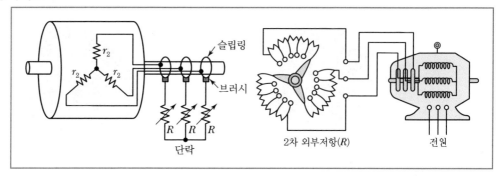

② 2차 외부저항(R) 설치목적

　㉠ 기동특성 향상

　㉡ 속도제어 용이

③ 특징

　㉠ 기동특성이 우수함(2차저항 기동)

　㉡ 속도제어가 용이함(2차저항 제어)

⚡ 과년도 기출 및 예상문제

★☆☆
01 유도전동기의 동작원리로 옳은 것은?

① 전자유도와 플레밍의 왼손 법칙
② 전자유도와 플레밍의 오른손 법칙
③ 정전유도와 플레밍의 왼손 법칙
④ 정전유도와 플레밍의 오른손 법칙

해설 ▶ 유도전동기는 전자유도 작용과 플레밍의 왼손 법칙의 원리를 이용한다.

★☆☆
02 3상 유도전동기의 회전 방향은 이 전동기에서 발생되는 회전자계의 회전 방향과 어떤 관계에 있는가?

① 아무 관계도 아니다.
② 회전자계의 회전 방향으로 회전한다.
③ 회전자계의 반대 방향으로 회전한다.
④ 부하 조건에 따라 정해진다.

해설 ▶ 회전자는 회전자기장(회전자계)의 방향과 동일한 방향으로 회전하게 된다.

★★☆
03 일반적인 농형 유도전동기에 비하여 2중 농형 유도전동기의 특징으로 옳은 것은?

① 손실이 적다.　　　　　　　② 슬립이 크다.
③ 최대 토크가 크다.　　　　　④ 기동 토크가 크다.

해설 ▶ 2중 농형 : 기동특성 향상(기동 토크↑, 기동 전류↓)

★★☆
04 권선형 유도전동기 기동 시 2차측에 저항을 넣는 이유는?

① 회전수 감소　　　　　　　② 기동전류 증대
③ 기동 토크 감소　　　　　　④ 기동전류 감소와 기동 토크 증대

해설 ▶ 2차 외부저항 설치목적 : 기동특성 향상, 속도제어 용이

정답 | 01 ① 02 ② 03 ④ 04 ④

02 SECTION 슬립(slip) 및 속도

1. 슬립

(1) 개념

회전자계 속도(N_s)와 회전자 속도(N)의 차이

(2) 표현식

$$s = \frac{N_s - N}{N_s} \times 100[\%]$$

(3) 유도전동기, 발전기, 제동기의 슬립 범위

① 전동기 속도−토크 곡선

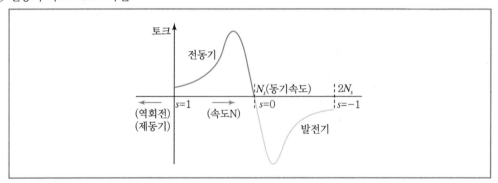

② 슬립 범위

유도(역상) 제동기	유도전동기	유도 발전기
$1 < s < 2$	$0 < s < 1$	$-1 < s < 0$

※ 역회전 슬립 : $s' = 2 - s$

(4) 유도전동기 특성

① 범위 : $0 < s < 1$

② $s = 0$일 때 : $N = N_s$(무부하 시)

③ $s = 1$일 때 : $N = 0$(정지 시, 기동 시)

2. 유도전동기 속도(회전수) 표현식

$$N = (1 - s) N_s = (1 - s) \frac{120f}{P} [\text{rpm}]$$

⚡ 과년도 기출 및 예상문제

★★★
01 유도전동기 슬립 s의 범위는?

① $1 < s$

② $s < -1$

③ $-1 < s < 0$

④ $0 < s < 1$

해설	유도(역상)제동기	유도전동기	유도발전기
	$1 < s < 2$	$0 < s < 1$	$-1 < s < 0$

★★☆
02 유도전동기의 회전속도를 N[rpm], 동기속도를 N_s[rpm]이라 하고, 순방향 회전자계의 슬립을 s라고 하면, 역방향 회전자계에 대한 회전자 슬립은?

① $s - 1$

② $1 - s$

③ $s - 2$

④ $2 - s$

해설 역회전 슬립 : $s' = 2 - s$

★☆☆
03 단상 유도전동기를 2전동기설로 설명하는 경우 정방향 회전자계의 슬립이 0.2이면, 역방향 회전자계의 슬립은 얼마인가?

① 0.2

② 0.8

③ 1.8

④ 2.0

해설 역방향 슬립 : $s' = 2 - s = 2 - 0.2 = 1.8$

★★☆
04 60[Hz], 4극 유도전동기의 슬립이 4[%]일 때의 회전수[rpm]는?

① 1,728

② 1,738

③ 1,748

④ 1,758

해설
- 동기속도 : $N_s = \dfrac{120f}{P} = \dfrac{120 \times 60}{4} = 1,800$[rpm]
- 회전수 : $N = (1-s)N_s = (1-0.04) \times 1,800 = 1,728$[rpm]

정답   01 ④   02 ④   03 ③   04 ①

03 SECTION 유도전동기 회전자(2차) 특성

1. 유도전동기 회전자(2차)

(1) 개념

전동기가 회전하면 회전자(2차)에 나타나는 기전력, 주파수, 동손, 출력, 효율 등의 특성이 변화하게
된다.

(2) 관련식

① 회전 시 2차 주파수(f_2')

$$E_2' = s\,E_2\,[\mathrm{V}]$$

- E_2 : 정지 시 2차 유기기전력[V]

② 회전 시 2차 기전력(E_2')

$$f_2' = s\,f_1\,[\mathrm{Hz}]$$

- f_1 : 1차 주파수[Hz]
- s : 슬립

③ 2차 동손(P_{c2})

$$P_{c2} = s\,P_2\,[\mathrm{W}],\ P_2 = \frac{P_{c2}}{s}\,[\mathrm{W}]$$

- P_2 : 2차 입력[W]

④ 2차 출력(P_o) → 전동기 출력

$$P_0 = (1-s)\,P_2\,[\mathrm{W}]$$

⑤ 2차 효율(η_2)

$$\eta_2 = \frac{P_o}{P_2} = (1-s) = \frac{N}{N_s}$$

⚡ 과년도 기출 및 예상문제

★★☆
01 3상 유도전동기에서 회전자가 슬립 s로 회전하고 있을 때 2차 유기전압 E_{2s} 및 2차 주파수 f_{2s} 와 s 의 관계는? (단, E_2 는 회전자가 정지하고 있을 때 1차 유기기전력이며 f_1은 1차 주파수이다.)

① $E_{2s} = s\,E_2,\ f_{2s} = sf_1$ ② $E_{2s} = s\,E_2,\ f_{2s} = \dfrac{f_1}{s}$

③ $E_{2s} = \dfrac{E_2}{s},\ f_{2s} = \dfrac{f_1}{s}$ ④ $E_{2s} = (1-s)\,E_2,\ f_{2s} = (1-s)f_1$

해설 2차 유기전압 $E_2' = s\,E_2$[V], 2차 주파수 $f_2' = sf_1$[Hz]

★★☆
02 권선형 유도전동기의 전부하 운전 시 슬립이 4[%]이고, 2차 정격전압이 150[V]이면 2차 유도기전력은 몇 [V]인가?

① 9 ② 8
③ 7 ④ 6

해설 2차 유도기전력 $E_2' = s\,E_2 = 0.04 \times 150 = 6$[V]

★★☆
03 권선형 유도전동기가 기동하면서 동기속도 이하까지 회전속도가 증가하면 회전자의 전압은?

① 증가한다. ② 감소한다.
③ 변함없다. ④ 0이 된다.

해설 회전속도가 증가하면 슬립(s)은 감소하고, 슬립이 감소하면 회전자 전압($E_2' = sE_2$[V])은 감소한다.

★★☆
04 3상 60[Hz] 전원에 의해 여자되는 6극 권선형 유도전동기가 있다. 이 전동기가 1,150[rpm]으로 회전할 때 회전자 전류의 주파수는 몇 [Hz]인가?

① 1 ② 1.5
③ 2 ④ 2.5

해설 • 슬립 : $s = \dfrac{N_s - N}{N_s} = \dfrac{1,200 - 1,150}{1,200} = 0.0416$

• 회전자 주파수 : $f_2' = sf_1 = 0.0416 \times 60 = 2.5$

정답 | 01 ① 02 ④ 03 ② 04 ④

★☆☆
05 그림에서 고정자가 매초 50회전하고, 회전자가 45회전하고 있을 때 회전자의 도체가 유기되는 기전력의 주파수[Hz]는?

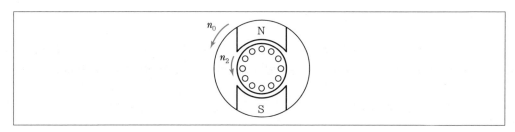

① $f = 5$ ② $f = 10$

③ $f = 15$ ④ $f = 20$

해설 슬립 $s = \dfrac{n_0 - n_2}{n_0} = \dfrac{50 - 45}{50} = 0.1$ 이므로, $f_2' = sf_1 = 0.1 \times 50 = 5$

★★☆
06 3상 유도전동기의 2차 입력 P_2, 슬립이 s일 때의 2차 동손 P_{c2}은?

① $P_{c2} = \dfrac{P_2}{s}$ ② $P_{c2} = s\,P_2$

③ $P_{c2} = s^2 P_2$ ④ $P_{c2} = (1 - s)\,P_2$

해설 2차동손 $P_{c2} = sP_2[\text{W}]$

★★☆
07 유도전동기의 2차 동손을 P_c, 2차 입력을 P_2, 슬립을 s라 할 때, 이들 사이의 관계는?

① $s = \dfrac{P_c}{P_2}$ ② $s = \dfrac{P_2}{P_c}$

③ $s = P_2 \cdot P_c$ ④ $s = P_2 + P_c$

해설 차 동손 $P_{c2} = sP_2$ 의 식에서, 슬립 $s = \dfrac{P_{c2}}{P_2}$ 가 된다.

정답 | 05 ①   06 ②   07 ①

★★☆
08 정격출력이 7.5[kW]의 3상 유도전동기가 전부하 운전에서 2차 저항손이 300[W]이다. 이때 슬립은 약 몇 [%]인가?

① 3.85

② 4.61

③ 7.51

④ 9.42

해설 슬립 $s = \dfrac{P_{c2}}{P_2} = \dfrac{P_{c2}}{P_o + P_{c2}} = \dfrac{300}{7.5 \times 10^3 + 300} = 0.0385$, 3.85[%]

★★☆
09 정격출력 50[kW], 4극 220[V], 60[Hz]인 3상 유도전동기가 전부하 슬립 0.04, 효율 90[%]로 운전되고 있을 때 다음 중 틀린 것은?

① 2차 효율＝96[%]

② 1차 입력＝55.56[kW]

③ 회전자입력＝47.9[kW]

④ 회전자동손＝2.08[kW]

해설 회전자 입력 $P_2 = \dfrac{P_o}{(1-s)} = \dfrac{50}{(1-0.04)} = 52.08$[kW]

★★☆
10 3상 유도전동기의 출력이 10[kW], 전부하일 때의 슬립이 5[%]라 하면 2차 동손은 약 몇 [kW]인가?

① 0.426

② 0.526

③ 0.626

④ 0.726

해설 2차동손 $P_{c2} = sP_2 = s \times \dfrac{P_o}{(1-s)} = 0.05 \times \dfrac{10}{(1-0.05)} = 0.526$[kW]

★★☆
11 220[V], 60[Hz], 8극, 15[kW]의 3상 유도전동기에서 전부하 회전수가 864[rpm]이면 이 전동기의 2차 동손은 몇 [W]인가?

① 435

② 537

③ 625

④ 723

해설
- 슬립 $s = \dfrac{N_s - N}{N_s} = \dfrac{900 - 864}{900} = 0.04$

- 2차동손 $P_{c2} = sP_2 = s\dfrac{P_o}{(1-s)} = 0.04 \times \dfrac{15 \times 10^3}{(1-0.04)} = 625$[W]

12 3상 유도기에서 출력의 변환 식으로 옳은 것은?

① $P_o = P_2 + P_{c2} = \dfrac{N}{N_s} P_2 = (2-s) P_2$

② $(1-s) P_2 = \dfrac{N}{N_s} P_2 = P_o - P_{c2} = P_o - s P_2$

③ $P_o = P_2 - P_{c2} = P_2 - s P_2 = \dfrac{N}{N_s} P_2 = (1-s) P_2$

④ $P_o = P_2 + P_{c2} = P_2 + s P_2 = \dfrac{N}{N_s} P_2 = (1+s) P_2$

해설 전동기 출력 : $P_o = P_2 - P_{c2} = P_2 - s P_2 = \dfrac{N}{N_s} P_2 = (1-s) P_2$

13 3상 유도전동기의 슬립이 s일 때 2차 효율[%]은?

① $(1-s) \times 100$　　　　　　　② $(2-s) \times 100$

③ $(3-s) \times 100$　　　　　　　④ $(4-s) \times 100$

해설 2차효율 $\eta_2 = \dfrac{P_o}{P_2} = (1-s) = \dfrac{N}{N_s}$

04 SECTION 유도전동기 토크와 동기와트

1. 토크

(1) 계산식

$$\tau = 0.975 \frac{P_0[\text{W}]}{N} \, [\text{kg} \cdot \text{m}], \ \tau = 975 \frac{P_0[\text{kW}]}{N} \, [\text{kg} \cdot \text{m}]$$

- P_o : 2차 출력(전동기 출력)
- N : 전부하 속도

(2) 토크 – 전압 특성

① 유도전동기 : $\tau \propto V^2$
② 동기전동기 : $\tau \propto V$

2. 동기와트

(1) 개념

전동기 속도가 동기속도일 때 2차입력(P_2)을 토크(τ)로 나타낸 것

(2) 표현식

$$\tau = 0.975 \times \frac{P_o}{N} = 0.975 \times \frac{(1-s)P_2}{(1-s)N_s} = 0.975 \times \frac{P_2}{N_s} \, [\text{kg} \cdot \text{m}]$$

과년도 기출 및 예상문제

★☆☆
01 3상 유도전동기의 기계적 출력 P[kW], 회전수 N[rpm]인 전동기의 토크[N·m]는?

① $0.46\dfrac{P}{N}$ ② $0.855\dfrac{P}{N}$

③ $975\dfrac{P}{N}$ ④ $9,550\dfrac{P}{N}$

해설
- $\tau = 0.975\dfrac{P_0[\text{W}]}{N}[\text{kg}\cdot\text{m}] \rightarrow \tau = 9.55\dfrac{P_0[\text{W}]}{N}[\text{N}\cdot\text{m}]$
- $\tau = 975\dfrac{P_0[\text{kW}]}{N}[\text{kg}\cdot\text{m}] \rightarrow \tau = 9,550\dfrac{P_0[\text{kW}]}{N}[\text{N}\cdot\text{m}]$

★★☆
02 20[HP], 4극 60[Hz]인 3상 전동기가 있다. 전부하 슬립이 4[%]이다. 전부하 시의 토크 [kg·m]는? (단, 1[HP]은 746[W]이다.)

① 8.41   ② 9.41
③ 10.41   ④ 11.41

해설
- 회전자 속도 $N = (1-s)N_s = (1-0.04)\times\dfrac{120\times60}{4} = 1,728[\text{rpm}]$
- 토크 $\tau = 0.975\times\dfrac{P}{N} = 0.975\times\dfrac{20\times746}{1,728} = 8.41[\text{kg}\cdot\text{m}]$

★★☆
03 4극, 60[Hz] 유도전동기 슬립 5[%], 전부하 운전 시 2차 권선손실이 94.25[W] 이면 토크는 약 몇 [N·m]인가?

① 1.02   ② 2.04
③ 10.0   ④ 20.0

해설
- 동기속도 : $N_s = \dfrac{120f}{P} = \dfrac{120\times60}{4} = 1,800[\text{rpm}]$
- 2차입력 : $P_2 = \dfrac{P_{c2}}{s} = \dfrac{94.25}{0.05} = 1,885[\text{W}]$
- 토크 $\tau = 0.975\times\dfrac{P_2}{N_s} = 0.975\times\dfrac{1,885}{1,800}\times9.8 = 10[\text{N}\cdot\text{m}]$

정답 | 01 ④   02 ①   03 ③

★★★
04 유도전동기의 회전력은?

① 단자전압에 무관
② 단자전압에 비례
③ 단자전압의 2승에 비례
④ 단자전압의 2승에 반비례

해설 • 유도전동기 : 회전력(토크)은 단자전압의 2승에 비례한다($\tau \propto V^2$).
  • 동기전동기 : 회전력(토크)은 단자전압에 비례한다($\tau \propto V$).

★★☆
05 3상 유도전동기의 특성에 관한 설명으로 옳은 것은?

① 최대토크는 슬립과 반비례한다.
② 기동토크는 전압의 2승에 비례한다.
③ 최대토크는 2차 저항과 반비례한다.
④ 기동토크는 전압의 2승에 반비례한다.

해설 **토크－전압 특성**
  • 유도전동기의 기동토크는 전압의 2승에 비례한다($\tau \propto V^2$).
  • 유도전동기의 최대토크는 2차저항과 슬립에 관계없이 일정하다.

★★★
06 주파수가 일정한 3상 유도전동기의 전원전압이 80[%]로 감소하였다면, 토크는? (단, 회전수는 일정하다고 가정한다.)

① 64[%]로 감소
② 80[%]로 감소
③ 89[%]로 감소
④ 변화 없음

해설 $\tau \propto V^2 = (0.8)^2 = 0.64 \rightarrow 64$[%]로 감소

★★☆
07 3상 유도전동기의 토크와 출력에 대한 설명으로 옳은 것은?

① 속도에 관계가 없다.
② 동일 속도에서 발생한다.
③ 최대 출력은 최대 토크보다 고속도에서 발생한다.
④ 최대 토크가 최대 출력보다 고속도에서 발생한다.

해설 최대출력은 최대토크보다 고속도에서 발생하고, 최대토크슬립(s_t)이 최대출력슬립(s_p)보다 크다.

정답 | 04 ③ 05 ② 06 ① 07 ③

★★☆
08 유도전동기의 최대 토크를 발생하는 슬립을 S_t, 최대 출력을 발생하는 슬립을 S_p라 하면 대소 관계는?

① $s_p = s_t$ ② $s_p > s_t$

③ $s_p < s_t$ ④ 일정치 않다

해설 최대출력은 최대토크보다 고속도에서 발생하고, 최대토크슬립(s_t)이 최대출력슬립(s_p)보다 크다.

★★☆
09 유도전동기의 동기와트에 대한 설명으로 옳은 것은?

① 동기속도에서 1차 입력   ② 동기속도에서 2차 입력

③ 동기속도에서 2차 출력   ④ 동기속도에서 2차 동손

해설 동기와트 $\tau = 0.975 \times \dfrac{P_2}{N_s}$ [kg · m] → 동기속도에서의 2차 입력

★★☆
10 3상 유도전동기에서 동기 와트로 표시되는 것은?

① 토크   ② 동기 각속도

③ 1차 입력   ④ 2차 출력

해설 동기 와트 : 전동기 속도가 동기속도일 때 2차 입력(P_2)을 토크(τ)로 나타낸 것

★★☆
11 유도전동기의 특성에서 토크와 2차 입력 및 동기속도의 관계는?

① 토크는 2차 입력과 동기속도의 곱에 비례한다.

② 토크는 2차 입력에 반비례하고, 동기속도에 비례한다.

③ 토크는 2차 입력에 비례하고, 동기속도에 반비례한다.

④ 토크는 2차 입력의 자승에 비례하고, 동기속도의 자승에 반비례한다.

해설 동기와트 $\tau = 0.975 \times \dfrac{P_o}{N} = 0.975 \times \dfrac{(1-s)P_2}{(1-s)N_s} = 0.975 \times \dfrac{P_2}{N_s}$ [kg/m]의 식에서, 토크는 2차 입력(P_2)에 비례

하고, 동기속도(N_s)에 반비례한다.

정답 | 08 ③   09 ②   10 ①   11 ③

05 SECTION 비례추이 및 외부저항(R) 계산

1. 비례추이

(1) 개념

2차저항(r_2)을 변화시키면 비례해서 슬립(s)이 변하는 현상

※ r_2를 m배하면 s 또한 m배가 됨

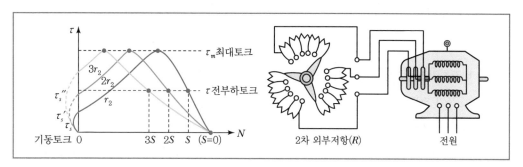

(2) 적용목적 : 기동특성 향상 및 속도제어

① 기동 시 : 2차저항을 크게 하여 기동 → 기동토크를 크게 하기 위함

② 속도제어 시 : 저항이 크면 속도저하, 저항이 작으면 속도상승

③ 최대토크 : 불변

(3) 비례추이 할 수 없는 것

① 효율

② 부하

③ 출력

④ 2차 동손

⚡ 과년도 기출 및 예상문제

★★★

01 3상 권선형 유도전동기의 토크 – 속도 곡선이 비례추이 한다는 것은 그 곡선이 무엇에 비례해서 이동하는 것을 말하는가?

① 슬립   ② 회전수

③ 2차 저항   ④ 공급 전압의 크기

해설 비례추이 : 2차저항(r_2)을 변화시키면 비례해서 슬립(s)이 변하는 현상

★★★

02 비례추이와 관계있는 전동기로 옳은 것은?

① 동기 전동기   ② 농형 유도전동기

③ 단상 정류자전동기   ④ 권선형 유도전동기

해설 권선형 유도전동기 : 2차 외부저항을 가지고 있으며, 그 저항값의 변화로 비례추이 원리를 이용하여 기동 및 속도제어 특성을 좋게 한다.

★★☆

03 전부하로 운전하고 있는 60[Hz], 4극 권선형 유도전동기의 전부하 속도는 1,728[rpm], 2차 1상의 저항은 0.02[Ω]이다. 2차 회로의 저항을 3배로 할 때의 회전수[rpm]는?

① 1,264   ② 1,356

③ 1,584   ④ 1,765

해설
- 2차저항 변화 전 슬립 : $s = \dfrac{N_s - N}{N_s} = \dfrac{1,800 - 1,728}{1,800} = 0.04$
- 2차저항 변화 후 슬립 : $s' = 3s = 3 \times 0.04 = 0.12$
- 2차저항 변화 후 속도 : $N = (1 - s') N_s = (1 - 0.12) \times 1,800 = 1,584$[rpm]

★☆☆

04 〈보기〉의 설명에서 ㉠~㉢에 알맞은 말은?

> **보기**
>
> 권선형 유도전동기에서 2차 저항을 증가시키면 기동전류는 (㉠)하고, 기동토크는 (㉡)하며, 2차 회로의 역률이 (㉢)되고, 최대토크는 일정하다.

① ㉠ 감소, ㉡ 증가, ㉢ 좋아지게,   ② ㉠ 감소, ㉡ 감소, ㉢ 좋아지게

③ ㉠ 감소, ㉡ 증가, ㉢ 나빠지게,   ④ ㉠ 증가, ㉡ 감소, ㉢ 나빠지게

해설 권선형 유도전동기는 기동 시에 좋은 기동특성을 갖게 하기위해 기동저항기를 높은 값으로 선정한다.

정답 | 01 ③   02 ④   03 ③   04 ①

★☆☆
05 3상 권선형 유도전동기의 2차 회로에 저항을 삽입하는 목적이 아닌 것은?

① 속도는 줄어들지만, 최대 토크를 크게 하기 위하여
② 속도 제어를 하기 위하여
③ 기동 토크를 크게 하기 위하여
④ 기동 전류를 줄이기 위하여

해설 ▶ 비례추이는 최대 토크는 변하지 않으며, 2차저항을 가변시켜 기동특성 향상 및 속도제어를 용이하게 한다.

★★★
06 3상 권선형 유도전동기에서 2차측 저항을 2배로 하면 그 최대토크는 어떻게 되는가?

① 불변이다.   ② 2배 증가한다.
③ 1/2로 감소한다.   ④ $\sqrt{2}$ 배 증가한다.

해설 ▶ 비례추이는 최대 토크는 변하지 않으며, 2차저항을 가변시켜 기동특성 향상 및 속도제어를 용이하게 한다.

★★☆
07 권선형 유도전동기에서 비례추이를 할 수 없는 것은?

① 토크   ② 출력
③ 1차 전류   ④ 2차 전류

해설 ▶ 비례추이 할 수 없는 것 : 출력, 효율, 2차동손, 부하

정답 | 05 ① 06 ① 07 ②

06 유도전동기 원선도 및 이상현상
SECTION

1. 원선도

(1) 개념

유도전동기의 여러 가지 특성을 시험을 통해 반원의 궤적과 선으로 나타낸 것이다.

(2) 특성

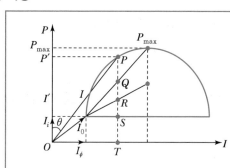

$\overline{PQ}$: 2차출력(P_0) $\overline{QR}$: 2차동손(P_{c2})

$\overline{PR}$: 2차입력(P_2) $\overline{RS}$: 1차동손(P_{c1})

$\overline{QS}$: 전부하동손(P_c) $\overline{ST}$: 철손(P_i)

$\overline{PT}$: 전입력(P_1)

① 원선도 작성 전 시험

  ㉠ 무부하(개방) 시험

  ㉡ 구속 시험

  ㉢ 저항측정 시험

② 역률, 슬립, 2차효율 표현

역률	슬립	2차효율
$\cos\theta = \dfrac{\overline{OP'}}{\overline{OP}}$	$s = \dfrac{P_{c2}}{P_2} = \dfrac{\overline{QR}}{\overline{PR}}$	$\eta_2 = \dfrac{P_o}{P_2} = \dfrac{\overline{PQ}}{\overline{PR}}$

③ 원의 지름 : $\dfrac{E}{x}$에 비례

④ 기계적출력은 구할 수 없음

2. 유도전동기 이상현상

(1) 크로우닝현상(농형)

① 원인

  ㉠ 고조파 포함(공극, 슬롯, 권선 등의 제작 결함)

  ㉡ 공극 자속, 극 간격, 자극 주변 자기저항 불균일

② 영향 : 속도 감소

고조파 차수(h)		회전자계 방향	속도
$h = 2nm + 1$	7, 13, 19 …	기본파와 동일 방향	1/h
$h = 3k$	3, 9, 15, 21 …	회전자계 발생 없음	–
$h = 2nm - 1$	5, 11, 17, 23 …	기본파와 반대 방향	1/h

③ 대책 : 사구슬롯(Skew slot) 채용

(2) 게르게스현상(권선형)

① 원인 : 권선형 유도전동기 2차회로 중 1상 단선

② 영향

 ㉠ 선전류가 $\sqrt{3}$ 배 증가

 ㉡ 입력 증가, 출력 감소(토크 감소)

 ㉢ 속도 : 정격속도의 $\dfrac{1}{2}$(슬립 0.5)로 감소

⚡ 과년도 기출 및 예상문제

★★★
01 3상 유도전동기의 원선도를 그리는데 옳지 않은 시험은?

① 저항 측정   ② 무부하 시험

③ 구속 시험   ④ 슬립 측정

> **해설** 원선도 작성 전 시험 : 무부하 시험, 구속 시험, 저항측정 시험

★★☆
02 3상 유도전동기 원선도에서 역률[%]을 표시하는 것은?

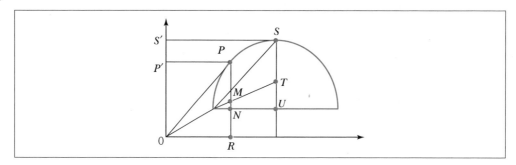

① $\dfrac{\overline{OS'}}{OS}\times 100$

② $\dfrac{\overline{SS'}}{OS}\times 100$

③ $\dfrac{\overline{OP'}}{OP}\times 100$

④ $\dfrac{OS}{OP}\times 100$

> **해설** 그림에서 역률($\cos\theta$)은 $\dfrac{\overline{OP'}}{OP}\times 100$으로 표현된다.

정답 | 01 ④ 02 ③

03 그림과 같은 3상 유도전동기의 원선도에서 P점과 같은 부하 상태로 운전할 때 2차 효율은?

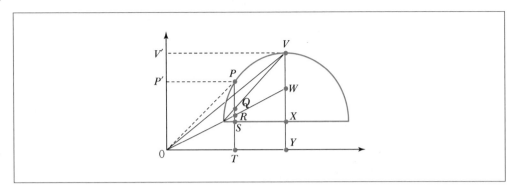

① $\dfrac{PQ}{PR}$

② $\dfrac{PQ}{PT}$

③ $\dfrac{PR}{PT}$

④ $\dfrac{PR}{PS}$

해설 2차효율 $\eta_2 = \dfrac{P_o}{P_2} = \dfrac{\overline{PQ}}{\overline{PR}}$

★★★
04 유도전동기 원선도에서 원의 지름은? (단, E를 1차 전압, r는 1차로 환산한 저항, x를 1차로 환산한 누설 리액턴스라 한다.)

① rE에 비례

② xE에 비례

③ $\dfrac{E}{r}$에 비례

④ $\dfrac{E}{x}$에 비례

해설 원의 지름 : $\dfrac{E}{x}$에 비례

★☆☆
05 소형 유도전동기의 슬롯이나 권선의 잘못된 제작으로 전동기를 기동할 때 발생되는 현상은?

① 토크 증가 현상

② 게르게스 현상

③ 크로우닝 현상

④ 제동 토크의 증가 현상

해설 크로우닝 현상은 제작결함에 의한 고조파로 인하여 발생하는 유동전동기 이상현상이다.

★★☆

06 유도전동기에서 크로우링(crawling) 현상으로 맞는 것은?

① 기동 시 회전자의 슬롯 수 및 권선법이 적당하지 않을 경우 정격 속도보다 낮은 속도에서 안정 운전이 되는 현상

② 기동 시 회전자의 슬롯 수 및 권선법이 적당하지 않을 경우 정격 속도보다 높은 속도에서 안정 운전이 되는 현상

③ 회전자 3상 중 1상이 단선된 경우 정격속도의 50[%] 속도에서 안정 운전이 되는 현상

④ 회전자 3상 중 1상이 단락된 경우 정격속도 보다 높은 속도에서 안정 운전이 되는 현상

> **해설** **크로우닝 현상(농형)**
> 제작결함에 의한 고조파에 의해 발생되며 속도가 저하되는 영향을 미친다.

★☆☆

07 제9차 고조파에 의한 기자력의 회전 방향 및 속도는 기본파 회전자계와 비교할 때 다음 중 적당한 것은?

① 기본파의 역방향이고 9배의 속도

② 기본파의 역방향이고 1/9배의 속도

③ 기본파의 동방향이고 9배의 속도

④ 회전자계를 발생하지 않는다.

> **해설** 제9차 고조파는 3배수 고조파로써 회전자계를 발생하지 않는다.

고조파 차수(h)		회전자계 방향	속도
$h=2nm+1$	7, 13, 19 …	기본파와 동일 방향	1/h
$h=3k$	3, 9, 15, 21 …	회전자계 발생 없음	−
$h=2nm-1$	5, 11, 17, 23 …	기본파와 반대 방향	1/h

★☆☆

08 제13차 고조파에 의한 기자력의 회전자계의 회전방향과 속도를 기본파 회전자계와 비교할 때 다음 중 적당한 것은?

① 기본파와 반대방향이고, 1/13배의 속도

② 기본파와 동일방향이고, 1/13배의 속도

③ 기본파와 동일방향이고, 13배의 속도

④ 기본파와 반대방향이고, 13배의 속도

> **해설** 제13차 고조파는 기본파와 동일한 회전자계를 발생하고, 속도는 1/13배가 된다.

고조파 차수(h)		회전자계 방향	속도
$h=2nm+1$	7, 13, 19 …	기본파와 동일 방향	1/h
$h=3k$	3, 9, 15, 21 …	회전자계 발생 없음	−
$h=2nm-1$	5, 11, 17, 23 …	기본파와 반대 방향	1/h

> **정답** | **06** ① **07** ④ **08** ②

09 3상 권선형 유도전동기의 2차 회로의 한상이 단선된 경우에 부하가 약간 커지면 슬립이 50[%]인 곳에서 운전이 되는 것을 무엇이라 하는가?

① 차동기 운전   ② 자기여자

③ 게르게스 현상   ④ 난조

해설 게르게스 현상은 1상이 단선된 경우에 발생되며 속도가 1/2로 감소된다.

★★☆
10 3상 유도전동기가 경부하로 운전 중 1선의 퓨즈가 끊어지면 어떻게 되는가?

① 전류가 증가하고 회전은 계속한다.
② 슬립은 감소하고 회전수는 증가한다.
③ 슬립은 증가하고 회전수는 증가한다.
④ 계속 운전하여도 열손실이 발생하지 않는다.

해설 1선의 퓨즈가 끊어지면, 건전상의 전류는 $\sqrt{3}$ 배 증가하고, 슬립이 0.5 정도로 회전은 계속한다.

07 SECTION 유도전동기 기동

1. 권선형 유도전동기의 기동법

① 2차 저항기동법 : 2차 저항(기동저항기)을 증가 → 기동토크 증가, 기동전류 감소
② 게르게스법

2. 농형 유도전동기 기동법

(1) 전전압 기동(직입기동)

① 개념 : 전체 전압을 전동기에 인가하여 기동하는 방식
② 특징
　　㉠ 기동전류가 큼
　　㉡ 기동시간이 짧음
③ 적용 : 5[kW] 이하 소용량 전동기

(2) 감전압 기동

① 개념 : 감소시킨 전압을 전동기에 인가하여 기동하는 방식
② 적용목적 : 기동전류 감소
③ 종류
　　㉠ Y−△ 기동
　　　• 5~15[kW] 중용량 전동기에 적용
　　　• 전압 : $\dfrac{1}{\sqrt{3}}$, 기동전류 : $\dfrac{1}{3}$, 기동토크 : $\dfrac{1}{3}$
　　㉡ 기동보상기법
　　　• 15[kW] 이상 중·대용량 전동기에 적용
　　　• 단권변압기의 Tap을 조정(Tap : 50[%], 65[%], 80[%])
　　㉢ 리액터기동 : 리액터에서의 전압강하를 이용하여 기동

과년도 기출 및 예상문제

★☆☆
01 3상 유도전동기의 기동법이 아닌 것은?

① Y−△기동
② 기동 보상기법
③ 2차저항에 의한 기동법
④ 극수변환 기동법

> **해설** 극수변환 기동법은 유도전동기 기동법에 해당되지 않는다.

★★★
02 다음 중 권선형 유도전동기의 기동법은 어느 것인가?

① 분상 기동법
② 반발 기동법
③ 콘덴서 기동법
④ 2차 저항 기동법

> **해설** 2차 저항 기동법 : 권선형 유도전동기에서 적용되며, 비례추이 원리를 이용한다.

★★☆
03 3상 농형 유도전동기의 기동방법으로 틀린 것은?

① Y−△ 기동
② 전전압 기동
③ 리액터 기동
④ 2차 저항에 의한 기동

> **해설** 2차 저항에 의한 기동은 권선형 유도전동기의 기동법이다.

★★☆
04 3상 유도전동기의 기동법 중 전전압 기동에 대한 설명으로 틀린 것은?

① 기동 시에 역률이 좋지 않다.
② 소용량으로 기동시간이 길다.
③ 소용량 농형 전동기의 기동법이다.
④ 전동기 단자에 직접 정격전압을 가한다.

> **해설** 전전압 기동은 별도의 기동장치를 두지 않고 전전압을 인가하여 기동하기 때문에 기동시간이 짧은 특성을 가진다.

정답	01 ④ 02 ④ 03 ④ 04 ②

★☆☆
05 유도전동기의 1차 접속을 △에서 Y로 바꾸면 기동 시의 1차 전류는?

① $\dfrac{1}{3}$로 감소

② $\dfrac{1}{\sqrt{3}}$로 감소

③ $\sqrt{3}$ 배로 증가

④ 3 배로 증가

해설 ▸ • 전압 : $\dfrac{1}{\sqrt{3}}$

　　 • 기동전류 : $\dfrac{1}{3}$

　　 • 기동토크 : $\dfrac{1}{3}$

★☆☆
06 유도전동기를 기동하기 위하여 △를 Y로 전환했을 때 토크는 몇 배가 되는가?

① $\dfrac{1}{3}$ 배

② $\dfrac{1}{\sqrt{3}}$ 배

③ $\sqrt{3}$ 배

④ 3배

해설 ▸ • 전압 : $\dfrac{1}{\sqrt{3}}$

　　 • 기동전류 : $\dfrac{1}{3}$

　　 • 기동토크 : $\dfrac{1}{3}$

★★☆
07 농형 유도전동기 기동법에 대한 설명 중 틀린 것은?

① 전전압 기동법은 일반적으로 소용량에 적용된다.

② Y−△ 기동법은 기동전압[V]이 $\dfrac{1}{\sqrt{3}}$ V로 감소한다.

③ 리액터 기동법은 기동 후 스위치로 리액터를 단락한다.

④ 기동보상기법은 최종속도 도달 후에도 기동보상기가 계속 필요하다.

해설 ▸ 기동 시 단권변압기의 Tap을 낮춰서 감전압으로 기동하고, 기동완료 후에는 Tap을 100[%]로 하여 정격전압으로 운전한다.

★★☆

08 3상 유도전동기의 기동법 중 Y − △기동법으로 기동 시 1차 권선의 각 상에 가해지는 전압은 기동 시 및 운전 시 각각 정격전압의 몇 배가 가해지는가?

① $1, \dfrac{1}{\sqrt{3}}$

② $\dfrac{1}{\sqrt{3}}, 1$

③ $\sqrt{3}, \dfrac{1}{\sqrt{3}}$

④ $\dfrac{1}{\sqrt{3}}, \sqrt{3}$

해설 • 기동 시(Y결선) : 정격전압의 $\dfrac{1}{\sqrt{3}}$ 배

• 운전 시(△결선) : 정격전압과 같다.

★★☆

09 유도전동기의 기동 시 공급하는 전압을 단권변압기에 의해서 일시 강하시켜서 기동전류를 제한하는 기동방법은?

① Y − △ 기동

② 저항기동

③ 직접기동

④ 기동 보상기에 의한 기동

해설 기동보상기법은 단권변압기의 Tap을 조정(Tap : 50[%], 65[%], 80[%])하여 전압을 낮추어 기동하는 방식

★☆☆

10 유도전동기 기동 보상기의 탭 전압으로 보통 사용되지 않는 전압은 정격전압의 몇 [%] 정도인가?

① 35

② 50

③ 65

④ 80

해설 기동 보상기에 사용되는 탭 전압은 정격전압의 50[%], 65[%], 80[%]이다.

★☆☆

11 출력이 50[kW]인 3상 농형 유도전동기를 기동하려고 할 때 다음 중 가장 적당한 기동법은?

① Y − △ 기동법

② 저항기동법

③ 전전압 기동법

④ 기동 보상기법

해설 • 5[kW] 이하 : 직입기동

• 5~15[kW] : Y − △기동

• 15[kW] 이상 : 기동 보상기법

08 SECTION 유도전동기 속도제어

1. 유도전동기 속도 기본식

$$N = (1 - s)\frac{120f}{P}\,[\text{rpm}]$$

2. 농형 유도전동기의 속도제어방식

(1) 주파수 제어(농형)

　① 방직공장(인견공업)의 Pot Motor

　② 선박추진용 Motor

　③ 가변전압가변주파수 제어(VVVF ; Variable Voltage Variable Frequency) → 인버터제어방식

(2) 극수제어(농형)

　고속 ↔ 저속 제어

3. 권선형 유도전동기의 속도제어방식

(1) 2차저항 제어

　① 개념 : 비례추이 원리 이용

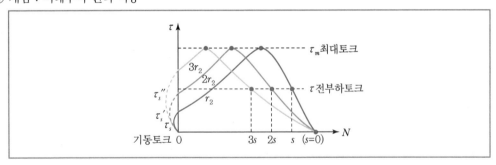

　② 제어방법

　　㉠ 2차저항 감소 → 슬립(s) 증가 → 속도(N) 감소

　　㉡ 2차저항 감소 → 슬립(s) 감소 → 속도(N) 증가

　③ 장 · 단점

　　㉠ 장점 : 구조 간단, 조작 용이

　　㉡ 단점 : 속도변동 크고, 운전효율 낮음

(2) 2차여자 제어

① 개념 : 회전자 슬립링에 슬립주파수(E_C)전압을 인가하여 슬립을 제어

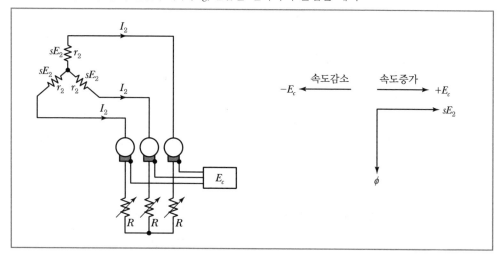

② 2차전류 표현식

$$I_2 = \frac{s E_2 \pm E_c}{\sqrt{r_2{}^2 + (s x_2)^2}}$$

③ 제어방법

　㉠ $+E_c$ 인가 시 : 슬립(s) 감소 → 속도 증가

　㉡ $-E_c$ 인가 시 : 슬립(s) 증가 → 속도 감소

(3) 종속법

① 개념 : 극수가 다른 2대의 전동기를 전기적으로 종속시켜 극수를 제어

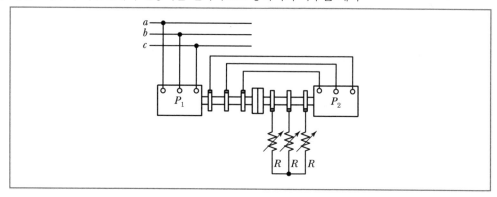

② 속도 계산

직렬종속	차동종속	병렬종속
$N = \dfrac{120 f_1}{P_1 + P_2}$	$N = \dfrac{120 f_1}{P_1 - P_2}$	$N = \dfrac{120 f_1}{\dfrac{P_1 + P_2}{2}}$

과년도 기출 및 예상문제

★★★
01 3상 유도전동기의 속도 제어법이 아닌 것은?

① 2차 저항 제어법
② 2차 여자 제어법
③ 1차 저항 제어법
④ 1차 주파수 제어법

해설 ▶ 권선형 유도전동기는 2차 저항을 가변시켜 속도를 제어하고, 1차 저항은 해당되지 않는다.

★★☆
02 유도전동기의 속도제어 방식으로 틀린 것은?

① 크레머 방식
② 일그너 방식
③ 2차 저항제어 방식
④ 1차 주파수제어 방식

해설 ▶ 일그너 방식은 직류전동기 속도제어법 중 전압제어 방식의 일종이다.

★★☆
03 3상 유도전동기의 속도제어법이 아닌 것은?

① 극수변환법
② 1차 여자제어
③ 2차 저항제어
④ 1차 주파수제어

해설 ▶ 권선형 유도전동기의 속도제어법은 2차 여자제어법이다.

★★☆
04 농형 유도전동기에 주로 사용되는 속도제어법은?

① 극수 변환법
② 종속 접속법
③ 2차 저항제어법
④ 2차 여자제어법

해설 ▶ 농형 유도전동기의 속도제어는 주파수 제어법과 극수 변환법이 사용된다.

정답 | 01 ③ 02 ② 03 ② 04 ①

05 인견 공업에 사용되는 포트 모터의 속도제어는 다음 설명 중에 어떤 것에 따르는가?

① 극수 변환에 의한 제어　　　　② 주파수 변환에 의한 제어
③ 저항에 의한 제어　　　　　　　④ 2차 여자에 의한 제어

해설 **주파수 제어(농형)**
- 방직공장(인견공업)의 Pot Motor
- 선박추진용 Motor
- VVVF(가변전압가변주파수 제어)

06 선박의 전기 추진용 전동기의 속도제어에 가장 알맞은 것은?

① 주파수 변화에 의한 제어　　　② 극수 변환에 의한 제어
③ 1차 저항에 의한 제어　　　　　④ 2차 저항에 의한 제어

해설 **주파수 제어(농형)**
- 방직공장(인견공업)의 Pot Motor
- 선박추진용 Motor
- VVVF(가변전압가변주파수 제어)

07 VVVF(Variable Voltage Variable Frequency)는 어떤 전동기의 속도제어에 사용되는가?

① 동기 전동기　　　　　　　　　② 유도전동기
③ 직류 복권 전동기　　　　　　　④ 직류 타여자 전동기

해설 VVVF(가변전압가변주파수) 제어방식은 유도전동기의 속도제어 방식 중 주파수 제어방식이다.

08 유도전동기의 속도제어를 인버터방식으로 사용하는 경우 1차 주파수에 비례하여 1차 전압을 공급하는 이유는?

① 역률을 제어하기 위해　　　　　② 슬립을 증가시키기 위해
③ 자속을 일정하게 하기 위해　　　④ 발생토크를 증가시키기 위해

해설 주파수 제어 시 자속($\varnothing$)을 일정하게 유지하기 위해 $\dfrac{V_1}{f}$ 를 일정하게 해야 한다.

★☆☆
09 권선형 유도전동기의 저항 제어법의 장점은?

① 부하에 대한 속도변동이 크다.
② 구조가 간단하여 제어 조작이 용이하다.
③ 역률이 좋고, 운전효율이 양호하다.
④ 전부하로 장시간 운전하여도 온도 상승이 적다.

> **해설** **저항 제어법의 장·단점**
> • 장점 : 구조 간단, 조작 용이
> • 단점 : 속도변동 크고, 운전효율 낮음

★★☆
10 유도전동기의 속도제어법 중 저항제어와 관계가 없는 것은?

① 농형 유도전동기
② 비례추이
③ 속도 제어가 간단하고 원활함
④ 속도 조정 범위가 작음

> **해설** 저항제어와 관련된 전동기는 권선형 유도전동기이다.

★☆☆
11 유도전동기의 2차 회로에 2차 주파수와 같은 주파수로 적당한 크기와 위상의 전압을 외부에서 가하는 속도제어법은?

① 1차 전압 제어
② 극수 변환 제어
③ 2차 저항 제어
④ 2차 여자 제어

> **해설** 2차 여자 제어법은 $I_2 = \dfrac{sE_2 \pm E_c}{Z_2}$ [A]의 식에서, 정토크 부하의 경우 I_2는 일정하므로 slip 주파수의 전압 E_c의 크기에 따라 s가 변하게 되고, 속도가 변하게 된다.

★★☆
12 sE_2는 권선형 유도전동기의 2차 유기전압이고 E_c는 외부에서 2차 회로에 가하는 2차 주파수와 같은 주파수의 전압이다. E_c가 sE_2와 반대 위상일 경우 E_c를 크게 하면 속도는 어떻게 되는가? (단, $sE_2 - E_c$ 는 일정하다.)

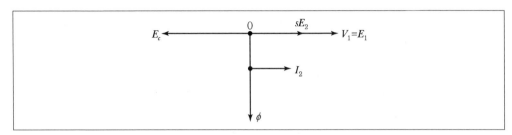

① 속도가 증가한다.
② 속도가 감소한다.
③ 속도에 관계없다.
④ 난조 현상이 발생한다.

해설 • sE_2와 동일한 방향 : 속도 증가
　　　　 • sE_2와 반대 방향 : 속도 감소

★★☆
13 권선형 유도전동기 2대를 직렬종속으로 운전하는 경우 그 동기속도는 어떤 전동기의 속도와 같은가?

① 두 전동기 중 적은 극수를 갖는 전동기
② 두 전동기 중 많은 극수를 갖는 전동기
③ 두 전동기의 극수의 합과 같은 극수를 갖는 전동기
④ 두 전동기의 극수의 차와 같은 극수를 갖는 전동기

해설 종속법에 의한 속도 계산

직렬종속	차동종속	병렬종속
$N = \dfrac{120f_1}{P_1 + P_2}$	$N = \dfrac{120f_1}{P_1 - P_2}$	$N = \dfrac{120f_1}{\dfrac{P_1 + P_2}{2}}$

정답 | 12 ② 13 ③

★★☆

14 60[Hz]인 3상 8극 및 2극의 유도전동기를 차동종속으로 접속하여 운전할 때의 무부하속도[rpm]는?

① 720

② 900

③ 1,000

④ 1,200

해설 차동종속이므로 $N = \dfrac{120f_1}{P_1 - P_2} = \dfrac{120 \times 60}{8 - 2} = 1,200[\text{rpm}]$

★★☆

15 8극과 4극 2개의 유도전동기를 종속법에 의한 직렬 종속법으로 속도제어를 할 때, 전원주파수가 60[Hz]인 경우 무부하속도[rpm]는?

① 600

② 900

③ 1,200

④ 1,800

해설 직렬종속이므로 $N = \dfrac{120f_1}{P_1 + P_2} = \dfrac{120 \times 60}{8 + 4} = 600[\text{rpm}]$

정답 | 14 ④ 15 ①

09 SECTION 유도전동기 제동

1. 유도전동기의 제동방식 종류

① 역상 제동 : 회전중인 전동기 1차권선의 3상 중 임의의 2상의 결선을 서로 바꾸어 접속 → 역토크 발생으로 급속히 정지

② 발전 제동 : 전동기 전원 분리 → 직류전원 공급 → 발전기로 동작 → 저항기에서 열로 소비 → 정지

③ 회생 제동 : 발생된 전력을 전원으로 반환하면서 제동

2. 3상 유도전동기의 역회전

→ 3상 중 2상의 결선을 서로 바꾸어 접속함

⚡ 과년도 기출 및 예상문제

★☆☆
01 유도전동기의 제동법이 아닌 것은?

① 회생 제동
② 발전 제동
③ 역전 제동
④ 3상 제동

해설 유도전동기 제동법은 역상(역전) 제동, 발전 제동, 회생 제동이 있다.

★☆☆
02 권선형 유도전동기를 급격히 정지시키려 할 때 가장 적합한 방식은?

① 2차 저항법
② 역상 제어법
③ 고정자 단상법
④ 불평형법

해설 역상 제어법은 회전 중인 전동기의 1차 권선 3단자 중 임의의 2단자의 접속을 바꾸면 상회전의 순서가 반대로 되어 회전자에 작용하는 토크의 방향이 역으로 되므로 전동기는 급제동된다.

★☆☆
03 유도전동기의 제동법 중 유도전동기를 전원에 접속한 상태에서 동기속도 이상의 속도로 운전하여 유도 발전기로 동작시킴으로써 그 발생전력을 전원으로 환원하면서 제동하는 방법은?

① 회생 제동
② 발전 제동
③ 역전 제동
④ 단상 제동

해설 회생 제동은 발생전력을 전원으로 환원하면서 제동하는 방식이다.

정답 | 01 ④ 02 ② 03 ①

10 SECTION 단상 유도전동기

1. 단상 유도전동기 동작원리

(1) 개념도

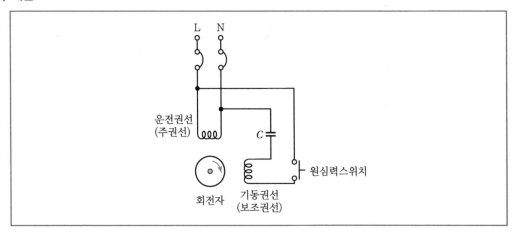

(2) 기동원리

① 단상전원 인가 → 교번자계 발생 → 기동토크 발생 불가

② 기동권선(보조권선) 채용 → 2상 전류에 의한 회전자계 발생 → 기동토크 발생

③ 동기속도(N_s)의 60~80[%]에서 원심력 스위치 동작

2. 단상 유도전동기 분류

(1) 기동방식에 따른 분류 – 기동토크가 큰 순서(반기>콘>분>세)

① 반발 기동형

② 반발 유도형

③ 콘덴서 기동형 : 효율, 역률 우수, 가정용으로 많이 사용

④ 분상 기동형

⑤ 세이딩 코일형 : 효율 및 역률 나쁨, 역회전 불가

(2) 영구콘덴서 기동형

① 원심력스위치 없음

② 선풍기, 세탁기, 냉장고 등 가정용으로 가장 많이 사용

⚡ 과년도 기출 및 예상문제

★☆☆
01 단상 유도전동기와 3상 유도전동기를 비교했을 때, 단상 유도전동기에 해당되는 것은?

① 역률, 효율이 좋다.
② 중량이 작아진다.
③ 기동장치가 필요하다.
④ 대용량이다.

해설 단상 유도전동기는 회전자계를 발생하지 못하고 교번자계가 발생하기 때문에 기동권선을 통해 회전자계를 발생시켜 기동한다.

★★★
02 단상 유도전동기의 특징을 설명한 것으로 옳은 것은?

① 기동 토크가 없으므로 기동장치가 필요하다.
② 기계손이 있어도 무부하 속도는 동기속도보다 크다.
③ 권선형은 비례추이가 불가능하며, 최대 토크는 불변이다.
④ 슬립은 $0 > S > -1$이고, 2보다 작고 0이 되기 전에 토크가 0이 된다.

해설 단상 유도전동기는 회전자계를 발생하지 못하고 교번자계가 발생하기 때문에 기동권선을 통해 회전자계를 발생시켜 기동한다.

★★★
03 단상 유도전동기의 기동 방법 중 기동 토크가 가장 큰 것은 어느 것인가?

① 반발 기동형
② 반발 유도형
③ 콘덴서 분상형
④ 분상 기동형

해설 기동 토크가 큰 순서는 "반기＞콘＞분＞세"로 암기하면 된다.

★★★
04 단상 유도전동기의 기동 방법 중 가장 기동 토크가 작은 것은 어느 것인가?

① 반발 기동형
② 반발 유도형
③ 콘덴서 분상형
④ 분상 기동형

해설 기동 토크가 큰 순서는 "반기＞콘＞분＞세"로 암기하면 된다.

정답 ┃ 01 ③ 02 ① 03 ① 04 ④

★☆☆

05 콘덴서 전동기의 특징이 아닌 것은?

① 소음 증가 　　　　　　　　　　② 역률 양호
③ 효율 양호 　　　　　　　　　　④ 진동 감소

> 해설 • 콘덴서 전동기＝콘덴서 기동형
> • 콘덴서 전동기는 기동전류가 작고, 기동 토크가 크며, 역률이 매우 좋고, 효율도 다른 전동기보다 좋고, 토크의 맥동도 적고, 소음도 적다.

★☆☆

06 정역 운전을 할 수 없는 단상 유도전동기는?

① 분상 기동형 　　　　　　　　　② 세이딩 코일형
③ 반발 기동형 　　　　　　　　　④ 콘덴서 기동형

> 해설 세이딩 코일형 : 효율 및 역률 나쁨, 역회전 불가

정답 ┃ 05 ①　06 ②

11 SECTION 유도 전압조정기

1. 유도 전압조정기 개요

(1) 개념

① 교류전압을 자유로이 바꿀 수 있는 장치이다.
② 1차권선과 2차권선의 자기적 결합관계를 가변으로 하여 2차 유도 전압을 변화시켜 연속적으로 출력전압을 조정한다.

(2) 종류

① 단상 유도 전압조정기
② 3상 유도 전압조정기

2. 단상유도 전압조정기

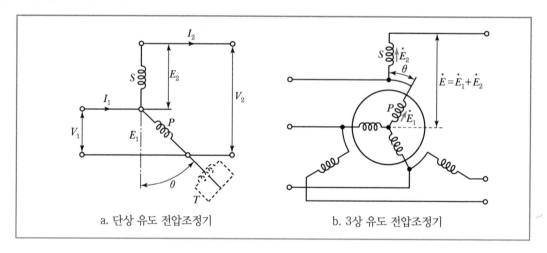

a. 단상 유도 전압조정기   b. 3상 유도 전압조정기

3. 단상, 3상 유도전압조정기 특성 비교

구분	단상 유도 전압조정기	3상 유도 전압조정기
원리	교번자계(단권 변압기)	회전자계(3상 유도전동기)
구성	• 직렬권선 • 분로권선 • 단락 권선(전압강하 경감)	• 직렬권선 • 분로 권선
위상차 (입·출력전압 간)	없음	있음
2차전압	$V_2 = V_1 + E_2 \cdot \cos \alpha \,[\text{V}]$	$V_2 = \sqrt{3}\,(E_1 \pm E_2)\,[\text{V}]$
조정기 용량	$P = E_2 I_2 \times 10^{-3}\,[\text{kVA}]$	$P = \sqrt{3}\,E_2 I_2 \times 10^{-3}\,[\text{kVA}]$
부하용량	$P = V_2 I_2 \times 10^{-3}\,[\text{kVA}]$	$P = \sqrt{3}\,V_2 I_2 \times 10^{-3}\,[\text{kVA}]$

⚡ 과년도 기출 및 예상문제

★★☆

01 단상 유도전압조정기의 원리는 다음 중 어느 것을 응용한 것인가?

① 3권선 변압기
② V결선 변압기
③ 단상 단권변압기
④ 스코트결선(T결선) 변압기

해설
• 단상 유도 전압조정기 : 단권변압기 원리 이용
• 3상 유도 전압조정기 : 유도전동기 원리 이용

★★☆

02 3상 전압 조정기의 원리는 어느 것을 응용한 것인가?

① 3상 동기발전기
② 3상 변압기
③ 3상 유도전동기
④ 3상 교류자전동기

해설
• 단상 유도 전압조정기 : 단권변압기 원리 이용
• 3상 유도 전압조정기 : 유도전동기 원리 이용

★★☆

03 단상 유도 전압 조정기의 단락 권선의 역할은?

① 철손 경감
② 전압강하 경감
③ 절연 보호
④ 전압조정 용이

해설 단락권선은 1차 권선과 직각으로 감아서 누설 리액턴스로 인한 전압강하를 경감시킨다.

★☆☆

04 단상 유도 전압조정기에 단락 권선을 1차 권선과 수직으로 놓는 이유는?

① 2차 권선의 누설 리액턴스 강하를 방지하기 위해서
② 2차 권선의 주파수를 변환시키기 위하여
③ 2차의 단자전압과 1차의 위상을 같게 하기 위해서
④ 부하시의 전압 조정을 용이하게 하기 위해서

해설 단락권선은 1차 권선과 직각으로 감아서 누설 리액턴스로 인한 전압강하를 경감시킨다.

정답 | 01 ③ 02 ③ 03 ② 04 ①

★☆☆
05 3상 유도 전압조정기의 동작 원리는?

① 회전자계에 의한 유도 작용을 이용하여 2차 전압의 위상 전압의 조정에 따라 변화한다.
② 교번 자계의 전자 유도 작용을 이용한다.
③ 충전된 두 물체 사이에 작용하는 힘
④ 두 전류 사이에 작용하는 힘

해설 3상 유도 전압조정기는 3상 교류전압에 의한 회전자계를 이용하여 전압을 조정한다.

★★☆
06 단상 유도 전압 조정기와 3상 유도 전압 조정기의 비교 설명으로 옳지 않은 것은?

① 모두 회전자와 고정자가 있으며 한편에 1차 권선을, 다른 편에 2차 권선을 둔다.
② 모두 입력 전압과 이에 대응한 출력 전압 사이에 위상차가 있다.
③ 단상 유도 전압 조정기에는 단락 코일이 필요하나 3상에서는 필요 없다.
④ 모두 회전자의 회전각에 따라 조정된다.

해설 단상 유도 전압 조정기는 입력 전압과 출력 전압의 위상차가 없다.

★★☆
07 3상 유도전압조정기의 특징이 아닌 것은?

① 분로권선에 회전자계가 발생한다.
② 입력전압과 출력전압의 위상이 같다.
③ 두 권선은 2극 또는 4극으로 감는다.
④ 1차 권선은 회전자에 감고 2차 권선은 고정자에 감는다.

해설 3상 유도전압 조정기는 입·출력 전압 간 위상차가 있다.

★★☆
08 단상 유도 전압 조정기의 1차 전압 100[V], 2차 전압 100 ± 30[V], 2차 전류는 50[A]이다. 이 전압조정기의 정격용량은 약 몇 [kVA]인가?

① 1.5   ② 2.6
③ 5   ④ 6.5

해설 전압조정기 정격용량 $P = E_2 I_2 = 30 \times 50 \times 10^{-3} = 1.5$[kVA]

정답 05 ① 06 ② 07 ② 08 ①

★★☆

09 단상유도전압조정기의 1차 권선과 2차 권선의 축 사이의 각도를 α라 하고 양 권선의 축이 일치할 때 2차 권선의 유기전압을 E_2, 전원전압을 V_1, 부하측의 전압을 V_2라고 하면 임의의 각 α일 때의 V_2는?

① $V_2 = V_1 + E_2 \cdot \cos\alpha$

② $V_2 = V_1 - E_2 \cdot \cos\alpha$

③ $V_2 = V_1 + E_2 \cdot \sin\alpha$

④ $V_2 = V_1 - E_2 \cdot \sin\alpha$

해설 ▶ 2차전압 $V_2 = V_1 + E_2 \cdot \cos\alpha\,[\text{V}]$

★☆☆

10 $200 \pm 200\,[\text{V}]$, 자기용량 $3\,[\text{kVA}]$인 단상 유도 전압 조정기가 있다. 최대 출력[kVA]은?

① 2

② 4

③ 6

④ 8

해설 ▶ $\dfrac{\text{자기용량}}{\text{부하용량}} = \dfrac{V_H - V_L}{V_H}$ 의 관계에서, 부하용량 $= \dfrac{\text{자기용량}}{\dfrac{V_H - V_L}{V_H}} = \dfrac{3}{\dfrac{400-200}{400}} = \dfrac{3 \times 400}{200} = 6\,[\text{kVA}]$

정답 | 09 ① 10 ③

CHAPTER 05 정류기

01 SECTION 다이오드(Diode)를 이용한 정류회로

1. 다이오드(Diode) 특성

(1) 구조 및 심벌

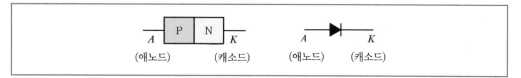

(2) 특징

① 교류(AC)를 직류(DC)로 변환하는 대표적인 정류소자(PN접합 구조)
② 다이오드 직렬연결 : 과전압 방지
③ 다이오드 병렬연결 : 과전류 방지
④ 제너 다이오드 : 전압을 일정하게 유지하기 위해서 이용(정전압 회로용 소자)

2. 단상 반파 정류회로

① 구성도 및 출력파형

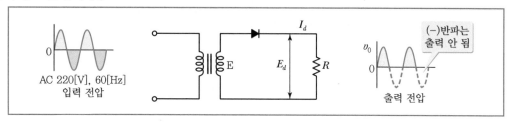

② 직류 평균전압(E_d) : $E_d = \dfrac{\sqrt{2}}{\pi} E_a = 0.45 E_a \,[\text{V}]$, $E_d = 0.45 E_a - e \,[\text{V}]$

③ 교류 실효전압(E_a) : $E_a = \dfrac{E_d}{0.45}\,[\text{V}]$, $E_a = \dfrac{E_d + e}{0.45}\,[\text{V}]$

④ 직류 평균전류(I_d) : $I_d = \dfrac{E_d}{R} = \dfrac{0.45\,Ea}{R}\,[\text{A}]$

⑤ 첨두역전압(PIV) : $PIV = \sqrt{2}\,E_a[\text{V}]$(Peak Inverse Voltare)

3. 단상 전파 정류회로

① 구성도 및 출력파형

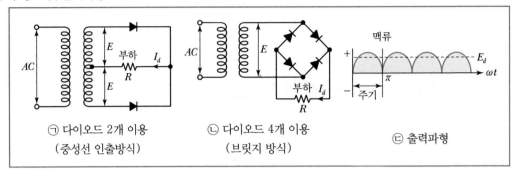

㉠ 다이오드 2개 이용
(중성선 인출방식)

㉡ 다이오드 4개 이용
(브릿지 방식)

㉢ 출력파형

② 직류 평균전압(E_d) : $E_d = \dfrac{2\sqrt{2}}{\pi} E_a = 0.9 E_a [\text{V}]$, $E_d = 0.9 E_a - e [\text{V}]$

③ 교류 실효전압(E_a) : $E_a = \dfrac{E_d}{0.9} [\text{V}]$, $E_a = \dfrac{E_d + e}{0.9} [\text{V}]$

④ 직류 평균전류(I_d) : $I_d = \dfrac{E_d}{R} = \dfrac{0.9 Ea}{R} [\text{A}]$

⑤ 첨두역전압(PIV)

　　㉠ 다이오드 2개 이용(중성선 인출) : $PIV = 2\sqrt{2}\, E_a [\text{V}]$

　　㉡ 다이오드 4개 이용 : $PIV = \sqrt{2}\, E_a [\text{V}]$

4. 3상 반파 정류회로

① 구성도 및 출력파형

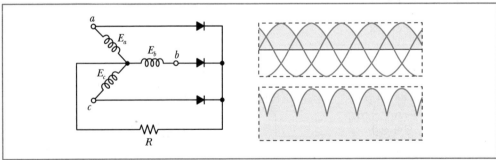

② 직류 평균전압(E_d) : $E_d = 1.17 E_a [\text{V}]$

5. 3상 전파 정류회로

① 구성도 및 출력파형

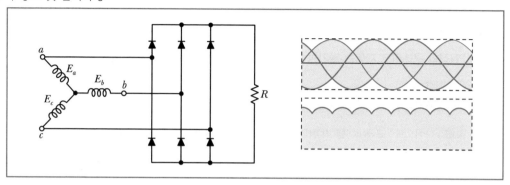

② 직류 평균전압(E_d) : $E_d = 1.35\,E_a\,[\mathrm{V}] \rightarrow 6$상 반파정류회로와 동일

⚡ 과년도 기출 및 예상문제

★★☆
01 PN접합 구조이고 제어는 불가능하나 교류를 직류로 변환하는 반도체 정류 소자는?

① IGBT   ②다이오드

③ MOSFET   ④ 사이리스터

> **해설** 다이오드 : 교류(AC)를 직류(DC)로 변환하는 대표적인 정류소자(PN접합 구조)

★★☆
02 다이오드를 사용한 정류 회로에서 여러 개를 직렬로 연결하여 사용할 경우 얻는 효과는?

① 다이오드를 과전류로부터 보호   ② 다이오드를 과전압으로부터 보호

③ 부하 출력의 맥동률 감소   ④ 전력 공급의 증대

> **해설** • 다이오드 직렬연결 : 과전압 방지(입력전압을 증가시킬 수 있음)
> • 다이오드 병렬연결 : 과전류 방지

★★☆
03 다이오드를 사용하는 정류회로에서 과대한 부하전류로 인하여 다이오드가 소손될 우려가 있을 때 가장 적절한 조치는 어느 것인가?

① 다이오드를 병렬로 추가한다.

② 다이오드를 직렬로 추가한다.

③ 다이오드 양단에 적당한 값의 저항을 추가한다.

④ 다이오드 양단에 적당한 값의 콘덴서를 추가한다.

> **해설** • 다이오드 직렬연결 : 과전압 방지(입력전압을 증가시킬 수 있음)
> • 다이오드 병렬연결 : 과전류 방지

★☆☆
04 다이오드를 사용한 정류회로에서 여러 개를 병렬로 연결하여 사용할 경우 얻는 효과는?

① 인가전압 증가   ② 다이오드의 효율 증가

③ 부하 출력의 맥동률 감소   ④다이오드의 허용전류 증가

> **해설** 병렬연결 시 전류가 분류되어 작아지므로 허용전류가 증가한다.

정답	01 ② 02 ② 03 ① 04 ④

★★☆
05 단상 반파정류회로에서 평균 출력 전압은 전원 전압의 약 몇 [%]인가?

① 45.0   ② 66.7
③ 81.0   ④ 86.7

해설 $E_d = 0.45\,E[\text{V}] \rightarrow 45[\%]$

★☆☆
06 반파 정류회로에서 직류전압 200[V]를 얻는데 필요한 변압기 2차 상전압은 약 몇 [V]인가? (단, 부하는 순저항, 변압기 내 전압강하를 무시하면 정류기 내의 전압강하는 5[V]로 한다.)

① 68   ② 113
③ 333   ④ 455

해설 $E_a = \dfrac{E_d + e}{0.45} = \dfrac{200 + 5}{0.45} \fallingdotseq 455[\text{V}]$

★☆☆
07 전원이 200[V], 부하가 20[Ω]인 단상 반파 정류회로의 부하 전류[A]는?

① 125   ② 4.5
③ 17   ④ 8.2

해설 $E_d = 0.45 E_a = 0.45 \times 200 = 90[\text{V}]$, $I_d = \dfrac{E_d}{R} = \dfrac{90}{20} = 4.5[\text{A}]$

★★★
08 단상 반파정류로 직류전압 150[V]를 얻으려고 한다. 최대 역전압(Peak Inverse Voltage)이 약 몇 [V] 이상의 다이오드를 사용하여야 하는가? (단, 정류회로 및 변압기의 전압강하는 무시한다.)

① 150   ② 166
③ 333   ④ 471

해설 $PIV = E_m = \sqrt{2}\,E = \sqrt{2} \times \dfrac{E_d}{0.45} = \sqrt{2} \times \dfrac{150}{0.45} = 471[\text{V}]$

★★☆
09
단상 전파 정류에서 공급전압이 E일 때, 무부하 직류전압의 평균값은? (단, 브릿지 다이오드 사용 전파 정류회로이다.)

① $0.90E$　　　　　　　　② $0.45E$

③ $0.75E$　　　　　　　　④ $1.17E$

해설 단상 전파 정류 : $E_d = \dfrac{2\sqrt{2}\,E}{\pi} = 0.9E[\mathrm{V}]$

★★☆
10
단상 전파 정류회로를 구성한 것으로 옳은 것은?

①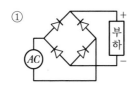

②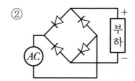

③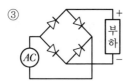

④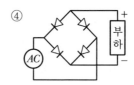

해설 단상 전파 브릿지 정류회로이다.

★★★
11
그림과 같은 단상 전파 정류회로를 사용하여 직류전압 100[V]를 얻으려고 한다. 회로에 사용한 D_1, D_2는 몇 [V]의 PIV인 다이오드를 사용해야 하는가? (단, 부하는 무유도 저항이고 정류 회로 및 변압기 내의 전압강하는 무시한다.)

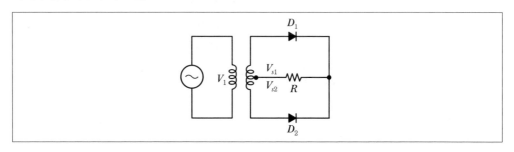

① 314　　　　　　　　② 222

③ 111　　　　　　　　④ 100

해설 • 다이오드 2개 이용(중성선 인출) : $PIV = 2\sqrt{2}\,E_a[\mathrm{V}]$

　　　• $PIV = 2\sqrt{2}\,E_a = 2\sqrt{2} \times \dfrac{E_d}{0.9} = 2\sqrt{2} \times \dfrac{100}{0.9} = 314.26[\mathrm{V}]$

정답 | 09 ①　10 ①　11 ①

★★★

12 사이리스터 2개를 사용한 단상 전파 정류회로에서 직류전압 100[V]를 얻으려면 PIV가 약 몇 [V]인 다이오드를 사용하면 되는가?

① 111

② 141

③ 222

④ 314

해설 $PIV = 2\sqrt{2}\,E = 2 \times \sqrt{2} \times 111 = 314\,[\text{V}]$

★☆☆

13 다음의 정류 회로 중 가장 큰 출력값을 갖는 회로는?

① 단상 반파 정류회로

② 3상 반파 정류회로

③ 단상 전파 정류회로

④ 3상 전파 정류회로

해설 ① 단상 반파 정류회로 : $E_d = 0.45 E_a$

② 3상 반파 정류회로 : $E_d = 1.17 E_a$

③ 단상 전파 정류회로 : $E_d = 0.9 E_a$

④ 3상 전파 정류회로 : $E_d = 1.35 E_a$

정답 | 12 ④   13 ④

02 SECTION 맥동률과 맥동주파수

1. 맥동률

(1) 개념
① 직류 전압의 맥동의 비율을 나타낸 값
② 교류분을 포함한 직류에서 그 평균값에 대한 교류분의 실횻값의 비

(2) 맥동률(γ) 표현식

$$r = \frac{\text{나머지 교류분의 크기}}{\text{직류분의 크기}} \times 100 \, [\%]$$

(3) 표준값

정류방식	단상 반파	단상 전파	3상 반파	3상 전파
맥동률[%]	121	48	17	4

※ 파형이 좋아질수록 맥동률이 작음

2. 맥동주파수

(1) 표현식

$$\text{맥동주파수}[\text{Hz}] = \text{기본파 주파수}[\text{Hz}] \times \text{상수} \times \text{계수}$$

• 상수(3상 : 3, 단상 : 1)
• 계수(반파 : 1, 전파 : 2)
※ 파형이 좋아질수록 맥동주파수는 증가

3. 파형이 좋아지는 경우

① 단상보다 3상, 반파보다는 전파 정류회로가 파형이 우수함
② 파형이 좋을수록 맥동률↓, 맥동주파수↑

구분	직류 평균 전압[V]	맥동률[%]	맥동 주파수[Hz]
단상 반파	$E_d = 0.45 E_a$	121	1f
단상 전파	$E_d = 0.9 E_a$	48	2f
삼상 반파	$E_d = 1.17 E_a$	17	3f
삼상 전파	$E_d = 1.35 E_a$	4	6f

⚡ 과년도 기출 및 예상문제

★★☆
01 단상 전파정류의 맥동률은?

① 0.17
② 0.34
③ 0.48
④ 0.86

해설 **맥동률 표준값**

정류방식	단상 반파	단상 전파	3상 반파	3상 전파
맥동률[%]	121	48	17	4

★★☆
02 정류회로에서 상의 수를 크게 했을 경우 옳은 것은?

① 맥동주파수와 맥동률이 증가한다.
② 맥동률과 맥동 주파수가 감소한다.
③ 맥동주파수는 증가하고 맥동률은 감소한다.
④ 맥동률과 주파수는 감소하나 출력이 증가한다.

해설 파형이 좋을수록 맥동률 감소, 맥동주파수 증가

★★★
03 어떤 정류회로의 부하전압이 50[V]이고 맥동률 3[%]이면 직류 출력전압에 포함된 교류분은 몇 [V]인가?

① 1.2
② 1.5
③ 1.8
④ 2.1

해설 맥동률 $\gamma = \dfrac{\text{나머지 교류분의 크기}}{\text{직류분의 크기}} \times 100\,[\%]$의 식에서,

교류분 크기 = 직류분 크기 $\times \gamma = 50 \times 0.03 = 1.5[V]$

★★☆
04 3상 반파 정류회로에서 직류전압의 파형은 전원전압 주파수의 몇 배의 교류분을 포함하는가?

① 1
② 2
③ 3
④ 6

해설 맥동주파수[Hz] = 기본파[Hz] × 상수 × 계수 = 기본파 × 3 × 1 = $3f$[Hz]

정답 | **01 ③ 02 ③ 03 ② 04 ③**

03 SECTION 사이리스터(SCR)을 이용한 정류회로

1. 사이리스터(SCR) 특성

(1) 구조 및 심벌

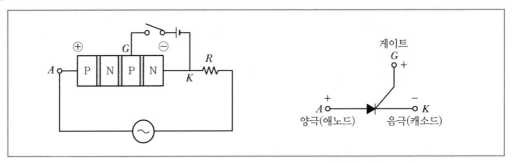

(2) 특징

① PNPN 접합 구조

② 정류작용, 고속스위칭 작용, 위상제어(전압제어) 소자

③ 과전압에 약함

④ 전압강하가 작음

⑤ 역내전압이 큼

(3) 래칭전류(latching current) 개념

사이리스터가 턴 온(turn on)하기 시작하는 전류

2. 단상 반파 정류회로

(1) 구성도 및 출력파형

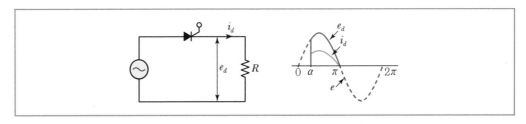

(2) 직류 평균전압(E_d)

$$E_d = \frac{\sqrt{2}\,E_a}{\pi}\left(\frac{1+\cos\alpha}{2}\right) = 0.45E_a\left(\frac{1+\cos\alpha}{2}\right)[\text{V}]$$

3. 단상 전파 정류회로

(1) 저항부해[무유도성($L = 0$), 전류가 불연속적]

$$E_d = \frac{2\sqrt{2}\,E_a}{\pi}\left(\frac{1+\cos\alpha}{2}\right) = 0.9E_a\left(\frac{1+\cos\alpha}{2}\right)[\text{V}]$$

(2) 유도성($L = \infty$), 전류가 연속적일 때

$$E_d = \frac{2\sqrt{2}\,E_a}{\pi}cos\alpha = 0.9E_a\cos\alpha\,[\text{V}]$$

4. 3상 정류회로

(1) 3상 반파 정류회로

$$E_d = \frac{3\sqrt{6}}{2\pi}E\cos\alpha = 1.17E\cos\alpha\,[\text{V}]$$

(2) 3상 전파 정류회로

$$E_d = \frac{3\sqrt{2}}{\pi}E\cos\alpha = 1.35E\cos\alpha\,[\text{V}]$$

⚡ 과년도 기출 및 예상문제

★★☆
01 실리콘 제어정류기(SCR)의 설명 중 틀린 것은?

① PNPN 구조로 되어 있다.
② 인버터 회로에 이용될 수 있다.
③ 고속도의 스위치 작용을 할 수 있다.
④ 게이트에 (+)와 (−)의 특성을 갖는 펄스를 인가하여 제어한다.

> **해설** SCR은 게이트에 (+)전류를 흘려서 제어한다.

★☆☆
02 다음은 SCR에 관한 설명으로 옳지 않은 것은?

① 3단자 소자이다.
② 도통 상태에서 전류가 유지 전류 이하로 되면 비도통 상태가 된다.
③ 직류 전압만을 제어한다.
④ 적은 게이트 신호로 대전력을 제어한다.

> **해설** SCR을 통해 직류, 교류 모두 제어 가능하다.

★☆☆
03 SCR(실리콘 정류 소자)의 특징이 아닌 것은?

① 아크가 생기지 않으므로 열의 발생이 적다.
② 과전압에 약하다.
③ 게이트에 신호를 인가할 때부터 도통할 때까지의 시간이 짧다.
④ 전류가 흐르고 있을 때의 양극 전압 강하가 크다.

> **해설** • SCR의 순방향 전압 강하는 보통 1.5[V] 이하로 작아 전압강하가 작다.
> • SCR의 특징
> −PNPN 접합 구조
> −정류작용, 고속스위칭 작용, 위상제어(전압제어) 소자
> −과전압에 약함
> −전압강하가 작음
> −역내전압이 큼

정답	01 ④ 02 ③ 03 ④

★★☆
04 SCR의 특징이 아닌 것은?

① 아크가 생기지 않으므로 열의 발생이 적다.
② 열용량이 적어 고온에 약하다.
③ 전류가 흐르고 있을 때 양극의 전압강하가 작다.
④ 과전압에 강하다.

해설 ꞏ SCR은 단방향성 3단자로 구성된 반도체 소자로써 과전압에 약한 특성을 가진다.

★★☆
05 다음과 같은 반도체 정류기 중에서 역방향 내전압이 가장 큰 것은?

① 실리콘 정류기   ② 게르마늄 정류기
③ 셀렌 정류기   ④ 아산화동 정류기

해설 ꞏ 실리콘 정류기의 역방향 내전압은 500~1,000[V] 정도로서 매우 크다.

★★★
06 반도체 사이리스터의 게이트 신호 제어는 어느 것을 변화시키는 것인가?

① 전압   ② 전류
③ 주파수   ④ 위상각

해설 ꞏ 사이리스터(SCR)는 PNPN접합 구조로 정류작용, 고속스위칭 작용, 위상제어(전압제어)용 소자이다.

★☆☆
07 도통(ON) 상태에 있는 SCR을 차단(OFF) 상태로 만들기 위해서는 어떻게 하여야 하는가?

① 전원 전압이 부(−)가 되도록 한다.   ② 게이트 전압이 부(−)가 되도록 한다.
③ 게이트 전류를 증가시킨다.   ④ 게이트 펄스 전압을 가한다.

해설 ꞏ SCR을 차단(OFF)하기 위해서는 역전압이 되어야 한다.

★☆☆
08 사이리스터가 기계적인 스위치보다 유효한 특성이 될 수 없는 것은?

① 내충격성   ② 소형 경량
③ 무소음   ④ 고온에 강함

해설 ꞏ 사이리스터는 기계적 접점이 없으므로 무소음으로 전환되고 아크가 없고, 접촉 불량 등의 염려가 없는 동시에 반영구적이다. 소형 경량으로 대전력 제어가 가능하지만, 열용량이 적으므로 온도 상승에 약하다.

정답 | 04 ④   05 ①   06 ④   07 ①   08 ④

★★☆

09 그림과 같은 회로에서 V(전원전압의 실효치) = 100[V], 점호각 α = 30[°]인 때의 부하 시의 직류전압 $E_d\alpha$[V]는 약 얼마인가? (단, 전류가 연속하는 경우이다.)

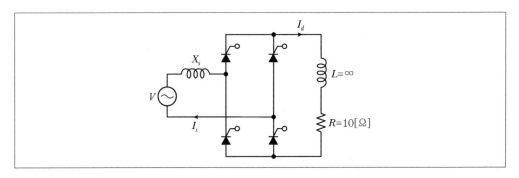

① 90

② 86

③ 77.9

④ 100

해설 $E_d = 0.9\,E\cos\alpha = 0.9 \times 100 \times \cos 30[°] = 77.9[\text{V}]$

★★☆

10 전류가 불연속인 경우 전원전압 220[V]인 단상 전파정류 회로에서 점호각 α = 90[°]일 때의 직류 평균 전압은 약 몇 [V]인가?

① 45

② 84

③ 90

④99

해설 $E_d = 0.9E\left(\dfrac{1+\cos\alpha}{2}\right)[\text{V}] = 0.9 \times 220 \times \left(\dfrac{1+\cos 90[°]}{2}\right) = 99[\text{V}]$

★★★

11 저항부하를 갖는 단상 전파제어 정류기의 평균 출력 전압은? (단, α는 사이리스터의 점호각, V_m은 교류 입력 전압의 최대값이다.

① $V_{dc} = \dfrac{V_m}{2\pi}(1+\cos\alpha)$

② $V_{dc} = \dfrac{V_m}{\pi}(1+\cos\alpha)$

③ $V_{dc} = \dfrac{V_m}{2\pi}(1-\cos\alpha)$

④ $V_{dc} = \dfrac{V_m}{\pi}(1-\cos\alpha)$

해설 $E_d = \dfrac{2\sqrt{2}\,E}{\pi}\left(\dfrac{1+\cos\alpha}{2}\right) = \dfrac{2\sqrt{2}\,E}{2\pi}(1+\cos\alpha) = \dfrac{\sqrt{2}\,E}{\pi}(1+\cos\alpha) = \dfrac{E_m}{\pi}(1+\cos\alpha)[\text{V}]$

정답 | 09 ③ 10 ④ 11 ②

★★☆
12 상전압 200[V]의 3상 반파정류회로의 각 상에 SCR을 사용하여 정류제어 할 때 위상각을 $\pi/6$로 하면 순 저항부하에서 얻을 수 있는 직류전압[V]은?

① 90   ② 180

③ 203   ④ 234

해설 $E_d = 1.17\,E\cos\alpha = 1.17 \times 200 \times \cos 30[°] = 203[\mathrm{V}]$

★★☆
13 입력 전압이 220[V]일 때, 3상 전파제어 정류회로에서 얻을 수 있는 직류전압은 몇 [V]인가? (단, 최대 전압은 점호각 $\alpha = 0$일 때이고, 3상에서 선간전압으로 본다.)

① 152   ② 198

③ 297   ④ 317

해설 $E_d = 1.35\,E = 1.35 \times 220 = 297[\mathrm{V}]$

04 반도체 소자의 특성 및 전력변환기

1. 반도체 소자 특성

구분	단방향(역저지)	양방향(2방향성)
2단자	• Diode $A \circ\!\!-\!\!\blacktriangleright\!\!-\!\!\circ K$ • 직렬연결 : 과전압 보호 • 병렬연결 : 과전류 보호 • 제너 다이오드 : 일정전압 유지	• DIAC $A \circ\!\!-\!\!\blacktriangleright\!\blacktriangleleft\!\!-\!\!\circ K$
3단자	• SCR $A \circ\!\!-\!\!\blacktriangleright\!\!-\!\!\circ K$ (G) • 정류, 고속 스위칭, 위상(전압) 제어 • GTO (G) $A \circ\!\!-\!\!\blacktriangleright\!\!-\!\!\circ K$ • 자기소호기능 : Gate전류로 ON/OFF 가능 • IGBT C $G \circ$ E	• TRIAC (G) $A \circ\!\!-\!\!\blacktriangleright\!\blacktriangleleft\!\!-\!\!\circ K$
4단자	• SCS G_K $A \circ\!\!-\!\!\blacktriangleright\!\!-\!\!\circ K$ G_A	—

2. 전력변환기

① AC → DC : 컨버터(정류기), 순변환 장치

② DC → AC : 인버터, 역변환 장치

③ DC → DC : 초퍼(직류전압 제어)

④ AC → AC : 사이클로 컨버터(주파수 변환, 교류전력 증폭)

과년도 기출 및 예상문제

***

01 2방향성 3단자 사이리스터는 어느 것인가?

① SCR   ② SSS

③ SCS   ④ TRIAC

> **해설** 트라이액(TRIAC) : 양방향(2방향성) 3단자 소자
>
>

***

02 3단자 사이리스터가 아닌 것은?

① SCR   ② GTO

③ SCS   ④ TRIAC

> **해설** SCS : 단방향 4단자 소자
>
>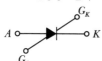

***

03 게이트 조작에 의해 부하전류 이상으로 유지 전류를 높일 수 있어 게이트 턴온, 턴오프가 가능한 사이리스터는?

① SCR   ② GTO

③ LASCR   ④ TRIAC

> **해설** GTO : 게이트 신호에 의해 턴온, 턴오프가 가능한 단방향성 3단자 소자
>
>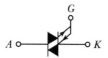

정답 | 01 ④   02 ③   03 ②

★★☆
04 1방향성 4단자 사이리스터는?

① TRIAC   ② SCS

③ SCR   ④ SSS

해설 SCS : 단방향 4단자 소자

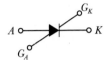

★☆☆
05 다음에서 게이트에 의한 턴 온(turn – on)을 이용하지 않는 소자는?

① DIAC   ② SCR

③ GTO   ④ TRAIC

해설 DIAC :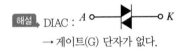

→ 게이트(G) 단자가 없다.

★★☆
06 다음은 IGBT에 관한 설명이다. 잘못된 것은?

① Insulated Gate Bipolar Thyristor의 약자이다.
② 트랜지스터와 MOSFET를 조합한 것이다.
③ 고속 스위칭이 가능하다.
④ 전력용 반도체 소자이다.

해설 IGBT은 Insulated – Gate – Bipolar – Transistor의 약자이다.

★★☆
07 전력변환기기가 아닌 것은?

① 변압기   ② 정류기
③ 유도전동기   ④ 인버터

해설 유도전동기는 전기에너지를 운동에너지로 변환하는 기기이다.

정답 | 04 ②   05 ①   06 ①   07 ③

★☆☆
08 인버터(inverter)의 전력 변환은?

① 교류 → 직류로 변환

② 직류 → 직류로 변환

③ 교류 → 교류로 변환

④ 직류 → 교류로 변환

해설 ▶ 직류(DC) → 교류(AC) : 인버터, 역변환 장치

★★☆
09 직류를 다른 전압의 직류로 변환하는 전력변환 기기는?

① 초퍼

② 인버터

③ 사이클로 컨버터

④ 브리지형 인버터

해설 ▶ 직류(DC) → 직류(DC) : 초퍼(직류전압 제어)

★☆☆
10 다음 중 직류 전압을 직접 제어하는 것은?

① 단상 인버터

② 브리지형 인버터

③ 초퍼형 인버터

④ 3상 인버터

해설 ▶ 직류(DC) → 직류(DC) : 초퍼(직류전압 제어)

★☆☆
11 교류전력을 교류로 변환하는 것은?

① 정류기

② 초퍼

③ 인버터

④ 사이클로 컨버터

해설 ▶ 교류(AC) → 교류(AC) : 사이클로 컨버터(주파수 변환, 교류전력 증폭)

★☆☆
12 사이클로 컨버터(cycloconveter)에 대한 설명으로 옳은 것은?

① 실리콘 양방향성 소자이다.

② 제어 정류기를 사용한 주파수 변환기이다.

③ 직류 제어 소자이다.

④ 전류 제어 장치이다.

해설 ▶ 교류(AC) → 교류(AC) : 사이클로 컨버터(주파수 변환, 교류전력 증폭)

정답 | 08 ④ 09 ① 10 ③ 11 ④ 12 ②

CHAPTER

06 교류 정류자기 및 특수 전동기

01 교류 정류자기 및 특수 전동기
SECTION

1. 교류 정류자기의 개념

(1) 개념

정류자를 가지고 있는 교류기의 총칭을 뜻한다.

(2) 종류

단상	3상
• 단상 직권 정류자 전동기 • 단상 반발 전동기	• 3상 직권 정류자 전동기 • 3상 분권 정류자 전동기

2. 속도 기전력

최댓값	실횻값
$E_m = \dfrac{PZ\varnothing_m N}{60a}\,[\text{V}]$	$E = \dfrac{1}{\sqrt{2}} \cdot \dfrac{PZ\varnothing_m N}{60a}\,[\text{V}]$

3. 단상 직권 정류자 전동기

(1) 개념

직권 전동기의 형태를 가지며, 직·교류 양용할 수 있어 만능전동기 또는 유니버셜 전동기라고 한다.

(2) 종류

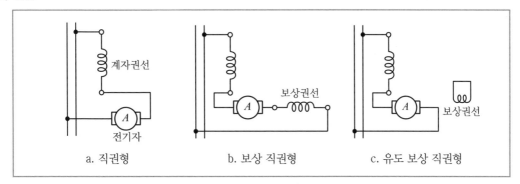

a. 직권형   b. 보상 직권형   c. 유도 보상 직권형

(3) 특징

① 계자권선의 권수를 작게하여 인덕턴스 감소한다(약 계자, 강 전기자형).

② 보상권선 설치한다.

    ㉠ 역률 개선(가장 큰 효과)

    ㉡ 전기자 반작용 상쇄

    ㉢ 누설 리액턴스 감소

③ 전기자 코일과 정류자편 사이에 고저항의 도선 접속한다(이유 : 단락전류 제한).

④ 회전속도 증가 시 역률 개선시킨다.

⑤ 전기자 철심 및 계자 철심을 모두 성층하여 철손 저감한다.

(4) 적용

175[W] 이하의 소형공구, 치과의료용, 가정용 재봉틀, 믹서기 등

4. 단상 반발 전동기

(1) 개념

브러시를 단락하여 고정자와 회전자 사이에 일어나는 자극의 반발력에 의하여 기동하는 전동기를 말한다.

(2) 종류

아트킨손형, 톰슨형, 데리형

(3) 특징

① 브러시의 이동으로 기동, 정지, 속도제어 가능하다.

② 브러시를 반대방향으로 이동하면 역회전(회전방향 변경) 가능하다.

③ 구조가 간단하고 기동토크가 특히 크다.

5. 3상 직권 정류자 전동기

(1) 개념

고정자권선과 회전자권선이 중간변압기를 통해 직렬로 접속되어 직권의 특성을 가지는 가변속 전동기이다.

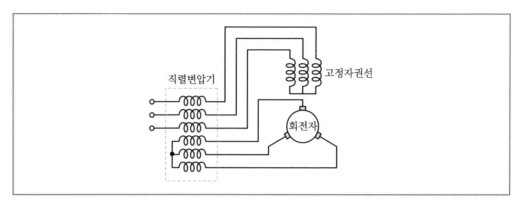

(2) 특징

① 토크는 전류의 제곱에 비례하고, 기동토크가 크다.
② 고정자 권선과 전기자 권선이 직렬변압기를 통해서 직렬로 접속한다.
③ 역률 : 저속에서 좋지 않으나 동기속도 근처나 그 이상에서는 매우 양호하며 거의 100[%] 정도이다.
④ 효율 : 저속에서 나쁘고 동기속도 근처에서 가장 우수하다.

(3) 중간변압기 사용 목적

① 정류자 전압 조정
② 실효 권수비 조정으로 전동기 특성 조정
③ 경부하 시 속도상승 억제
④ 회전자 상수 증가 가능

6. 3상 분권 정류자 전동기

(1) 개념

고정자권선과 회전자권선이 중간변압기를 통해 병렬로 접속되어 분권의 특성을 가지는 가변속 전동기이다.

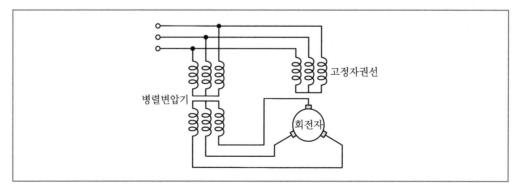

(2) 특징

    ① 1차 권선을 회전자에 둔 3상 권선형 유도전동기이다.

    ② 브러시의 위치 이동으로 속도제어 및 역률개선 가능하다.

    ③ 속도변화에 편리한 교류 전동기이다.

(3) 적용

시라게 전동기가 가장 많이 사용된다.

⚡ 과년도 기출 및 예상문제

★☆☆

01 단상 직권 정류자 전동기에서 주자속의 최대치를 ϕ_m, 자극수를 P, 전기자 병렬회로수를 a, 전기자 도체 수를 Z, 전기자 속도를 $N[\text{rpm}]$이라 하면, 속도 기전력의 실효값 $E_r[\text{V}]$은? (단, 주자속은 정현파이다.)

① $E_r = \sqrt{2}\,\dfrac{P}{a}\,Z\dfrac{N}{60}\,\phi_m$

② $E_r = \dfrac{1}{\sqrt{2}}\,\dfrac{P}{a}\,ZN\phi_m$

③ $E_r = \dfrac{P}{a}\,Z\dfrac{N}{60}\,\phi_m$

④ $E_r = \dfrac{1}{\sqrt{2}}\,\dfrac{P}{a}\,Z\dfrac{N}{60}\,\phi_m$

해설	최댓값	실횻값
	$E_m = \dfrac{PZ\phi_m N}{60a}[\text{V}]$	$E = \dfrac{1}{\sqrt{2}} \cdot \dfrac{PZ\phi_m N}{60a}[\text{V}]$

★☆☆

02 교류 정류자 전동기에 대한 설명 중 틀린 것은?

① 높은 효율과 연속적인 속도제어가 가능하다.
② 회전자는 정류자를 갖고 고정자는 집중 분포 권선이다.
③ 기동 브러시 이동만으로 큰 기동 토크를 얻는다.
④ 정류 작용은 직류기와 같이 간단히 해결된다.

해설 교류 정류자 전동기는 고효율, 높은 토크, 연속적인 속도제어가 가능하지만, 정류문제는 간단하게 해결되지 않는다.

★★☆

03 교류 직류 양용 전동기(Universal motor) 또는 만능전동기라고 하는 전동기는?

① 단상 반발 전동기
② 3상 직권 전동기
③ 단상 직권 정류자 전동기
④ 3상 분권 정류자 전동기

해설 단상 직권 정류자 전동기는 교류 및 직류 양용이므로 만능 전동기(universal motor)라고도 한다.

★★★

04 다음 중 가정용 재봉틀, 소형공구, 영사기, 치과의료용 엔진 등에 사용되고 있으며, 교류, 직류 양쪽 모 두에 사용되는 만능 전동기는?

① 3상 유도 전동기
② 차동 복권 전동기
③ 단상 직권 정류자 전동기
④ 전기 동력계

해설 단상 직권 정류자 전동기의 적용 : 75[W] 이하의 소형공구, 치과의료용, 가정용 재봉틀, 믹서기 등

정답	01 ④ 02 ④ 03 ③ 04 ③

★☆☆

05 단상 교류정류자 전동기의 직권형에 가장 적합한 부하는?

① 치과의료용
② 펌프용
③ 송풍기용
④ 공작기계용

> **해설** 단상 직권 정류자 전동기의 적용 : 75[W] 이하의 소형공구, 치과의료용, 가정용 재봉틀, 믹서기 등

★☆☆

06 75[W] 이하의 소출력 단상 직권 정류자 전동기의 용도로 적합하지 않은 것은?

① 소형 공구
② 치과의료용
③ 믹서
④ 공작기계

> **해설** 공작기계는 기계부품을 가공하는 압연, 프레스, 절단, 절삭기로 용량이 크기 때문에 직권 정류자 전동기 부하
> 로는 부적합하다.

★☆☆

07 교류 단상 직권전동기의 구조를 설명한 것 중 옳은 것은?

① 역률 개선을 위해 고정자와 회전자의 자로를 성층 철심으로 한다.
② 정류 개선을 위해 강계자 약전기자형으로 한다.
③ 전기자 반작용을 줄이기 위해 약계자 강전기자형으로 한다.
④ 역률 및 정류 개선을 위해 약계자 강전기자형으로 한다.

> **해설** 역률저하를 방지하기 위해 계자권선을 줄여 약계자로하고, 고정자 권선에 보상 권선을 설치하여 전기자 반작
> 용을 보상하는 동시에 전기자 권선수를 증가시켜 필요한 토크를 발생하기 위한 강전기자형으로 한다.

★★☆

08 그림은 단상 직권 정류자 전동기의 개념도이다. C를 무엇이라고 하는가?

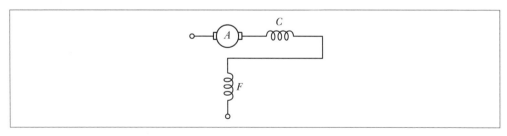

① 제어권선
② 보상권선
③ 보극권선
④ 단층권선

> **해설** • A : 전기자, C : 보상권선, F : 계자권선
> • 보상권선 : 고정자에 보상 권선을 설치해서 전기자 반작용을 상쇄하여 역률을 개선

정답 | 05 ① 06 ④ 07 ④ 08 ②

★★★
09 단상 정류자 전동기에 보상권선을 사용하는 가장 큰 이유는?

① 정류 개선   ② 기동토크 조절
③ 속도 제어   ④ 역률 개선

> **해설** **보상권선 설치목적**
> - 역률 개선(가장 큰 효과)
> - 전기자 반작용 상쇄
> - 누설 리액턴스 감소

★★★
10 단상 직권 정류자 전동기에 있어서 보상권선의 효과로 틀린 것은?

① 전동기의 역률을 개선하기 위한 것이다.
② 전기자(電機子) 기자력을 상쇄시킨다.
③ 누설(leakage) 리액턴스가 적어진다.
④ 제동 효과가 있다.

> **해설** **보상권선 설치목적**
> - 역률 개선(가장 큰 효과)
> - 전기자 반작용 상쇄
> - 누설 리액턴스 감소

★★★
11 단상 반발전동기의 회전 방향을 변경하려면?

① 전원의 2선을 바꾼다.   ② 브러시의 위치를 조정한다.
③ 주권선의 2선을 바꾼다.   ④ 브러시의 접속선을 바꾼다.

> **해설** **단상 반발전동기**
> - 브러시의 이동으로 기동, 정지, 속도제어 가능
> - 브러시를 반대 방향으로 이동하면 역회전(회전방향 변경) 가능

★☆☆
12 단상 정류자 전동기의 일종인 단상 반발 전동기에 해당되는 것은?

① 시라게 전동기   ② 아트킨손형 전동기
③ 단상 직권 정류자 전동기   ④ 반발 유도 전동기

> **해설** 단상 반발 전동기에는 아트킨손형, 톰슨형, 데리형이 있다.

★★☆
13 3상 직권 정류자 전동기의 특성으로 틀린 것은?

① 직권성의 변속도 전동기이다.

② 토크는 거의 전류의 제곱에 비례하고, 기동 토크가 크다.

③ 역률은 동기속도 이상에서 나빠지면 80[%] 정도이다.

④ 효율은 고속에서는 거의 일정하며 동기속도 근처에서 가장 좋다.

해설 역률은 저속에서 좋지 않으나 동기속도 근처나 그 이상에서는 매우 양호하며 거의 100[%] 정도이다.

★★☆
14 직권 정류자 전동기의 회전속도를 높이는 이유는?

① 리액턴스 강하를 크게 한다.

② 전기자에 유도되는 역기전력을 작게 한다.

③ 역률을 개선한다.

④ 토크를 증가시킨다.

해설 역률은 저속에서 좋지 않으나 동기속도 근처나 그 이상에서는 매우 양호하며 거의 100[%] 정도이다.

★★★
15 3상 직권 정류자 전동기의 중간 변압기의 사용 목적은?

① 실효 권수비의 조정　　　　　② 역회전을 위하여

③ 직권 특성을 얻기 위하여　　　④ 역회전의 방지

해설 **중간(직렬) 변압기 사용 목적**
- 정류자 전압 조정
- 실효 권수비 조정으로 전동기 특성 조정
- 경부하 시 속도상승 억제
- 회전자 상수 증가 가능

★★★
16 3상 직권 정류자 전동기에 중간 변압기를 사용하는 이유로 적당하지 않은 것은?

① 중간 변압기를 이용하여 속도상승을 억제할 수 있다.

② 회전자 전압을 정류작용에 맞는 값으로 선정할 수 있다.

③ 중간 변압기를 사용하여 누설 리액턴스를 감소할 수 있다.

④ 중간 변압기의 권수비를 바꾸어 전동기 특성을 조정할 수 있다.

해설 중간 변압기 사용으로 누설 리액턴스 감소의 효과는 볼 수 없다.

정답	13 ③　14 ③　15 ①　16 ③

17 속도변화에 편리한 교류 전동기는?

① 농형 전동기   ② 2중 농형 전동기

③ 동기 전동기   ④ 시라게 전동기

> **해설** 시라게 전동기는 브러시의 이동으로 간단히 원활하게 속도 제어가 된다.

18 교류 전동기에서 브러시 이동으로 속도변화가 편리한 전동기는?

① 시라게 전동기   ② 농형 전동기

③ 동기 전동기   ④ 2중 농형 전동기

> **해설** 시라게 전동기는 3상 분권 전동기의 대표적인 전동기로 브러시 이동으로 속도변화가 편리한 특성을 갖는다.

19 시라게 전동기의 특성과 가장 가까운 전동기는?

① 3상 평복권 정류자 전동기

② 3상 복권 정류자 전동기

③ 3상 직권 정류자 전동기

④ 3상 분권 정류자 전동기

> **해설** 시라게 전동기는 3상 분권 정류자 전동기이다.

20 3상 분권 정류자 전동기인 슈라게 전동기의 특성은?

① 1차 권선을 회전자에 둔 3상 권선형 유도전동기

② 1차 권선을 고정자에 둔 3상 권선형 유도전동기

③ 1차 권선을 고정자에 둔 3상 농형 유도전동기

④ 1차 권선을 회전자에 둔 3상 농형 유도전동기

> **해설** **3상 분권정류자 전동기의 특징**
> - 1차 권선을 회전자에 둔 3상 권선형 유도전동기
> - 브러시의 위치 이동으로 속도제어 및 역률개선 가능
> - 속도변화에 편리한 교류 전동기

02 특수 전동기

1. 서보모터

(1) 개념

제어신호에 의해 부하를 구동하는 전동기

(2) 제어기능

직류 서보모터	교류 서보모터
• 전류 제어 • 속도 제어 • 위치 제어 • 토크 제어	• 전압 제어 • 위상 제어 • 전압 · 위상 혼합 제어

(3) 특징

① 기동토크가 크다(직류 서보모터 > 교류 서보모터).
② 제어권선 전압 "0"에서는 기동해서는 안 되며 즉시 정지해야 한다.
③ 속응성이 좋고, 응답성이 빠르다.
④ 회전자 직경 및 관성 모멘트가 작다.

(4) 직류 서보모터와 교류 서보모터의 비교

구분	직류 서보모터	교류 서보모터
기동토크	큼	작음
구동 시스템	간단	복잡(인버터 사용 때문)
브러시와 정류자	있음	없음
회전부 마찰력	큼(브러시 마찰)	작음
수명	짧다(브러시 손상)	길다
회로의 독립성	–	용이
대용량 제작	용이	–

2. 스텝 모터

(1) 개념

디지털 신호(입력펄스)에 비례하여 일정 각도만큼 회전하는 전동기이다.

(2) 특성

① 여자방식 : 1상 여자방식, 2상 여자방식, 1~2상 여자방식
② 정 · 역 운전 및 가속과 감속이 용이하다.

③ 위치제어 시 오차가 적고, 누적되지 않는다.

④ 브러시, 슬립링 등이 없어 부품 수가 적고 신뢰성이 높다.

⑤ 총 회전각도＝스텝각[°]×스텝주파수[pps]

(3) 적용

자동화 설비 등에서 위치 결정 기구에 사용한다.

3. 리니어 모터(선형전동기)

(1) 개념

회전운동이 아닌 직선(선형)적 운동을 하는 전동기이다.

(2) 특징

① 일반 모터는 회전운동을 하지만 리니어 모터는 직선운동을 한다.

② 회전형에 비해 공극의 크기가 크다.

③ 회전형에 비해 부하관성의 영향이 크다.

④ 전원의 상 순서를 바꾸어 이동방향을 변경한다.

(3) 적용

회전원동을 직선운동으로 변환하는 데 사용한다.

과년도 기출 및 예상문제

01 다음 중 DC 서보모터의 제어 기능에 속하지 않는 것은?

① 역률제어 기능　　　　　　　② 전류제어 기능
③ 속도제어 기능　　　　　　　④ 위치제어 기능

직류 서보모터	교류 서보모터
• 전류 제어 • 속도 제어 • 위치 제어 • 토크 제어	• 전압 제어 • 위상 제어 • 전압 · 위상 혼합 제어

02 서보모터(servomotor)에 관한 다음 기술 중 옳은 것은?

① 기동 토크가 크다.　　　　　② 시정수가 크다.
③ 온도 상승이 낮다.　　　　　④ 속응성이 좋지 않다.

해설 서보모터는 기동토크가 크다(직류 서보모터 > 교류 서보모터).

03 자동 제어 장치에 쓰이는 서보모터의 특성을 나타내는 것 중 옳지 않은 것은?

① 빈번한 기동, 정지, 역전 등의 가혹한 상태에 견디도록 견고하고 큰 돌입 전류에 견딜 것
② 시동 토크는 크나, 회전부의 관성 모멘트가 적고 전기적 시정수가 짧을 것
③ 발생 토크는 입력 신호에 비례하고 그 비가 클 것
④ 직류 서보모터에 비하여 교류 서보모터의 기동 토크가 매우 클 것

해설 기동 토크는 직류식이 교류식보다 월등히 크다.

04 다음 중 서보모터가 갖추어야 할 조건이 아닌 것은?

① 기동토크가 클 것
② 토크속도곡선이 수하특성을 가질 것
③ 회전자를 굵고 짧게 할 것
④ 전압이 0이 되었을 때 신속하게 정지할 것

해설 회전자 직경 및 관성 모멘트가 작아야 한다(굵게 하지 않음).

정답 | 01 ① 02 ① 03 ④ 04 ③

★★☆

05 직류 서보모터와 교류 2상 서보모터의 비교에서 잘못된 것은?

① 교류식은 회전 부분이 마찰이 크다.
② 기동 토크는 직류식이 월등히 크다.
③ 회로의 독립은 교류식이 용이하다.
④ 대용량의 제작은 직류식이 용이하다.

해설 교류식은 브러시가 없어 베어링 마찰뿐으로 마찰이 적다.

★☆☆

06 자동화 설비 등에서 위치 결정 기구에 사용되는 것은?

① 반동 전동기   ② 전기 동력계
③ 세이딩 모터   ④ 스테핑 모터

해설 스테핑 모터는 디지털 신호에 비례하여 일정각도 만큼 회전하는 모터로 그 총 회전각은 입력 펄스의 수로 정해진다.

★★☆

07 2상 서보모터의 특성 중 옳지 않은 것은?

① 기동 토크가 클 것
② 회전자의 관성 모멘트가 작을 것
③ 제어 권선 전압 v_c가 0일 때 기동할 것
④ 제어 권선 전압 v_c가 0일 때 속히 정지할 것

해설 $v_c = 0$일 때 기동해서는 안 되며, $v_c = 0$가 되었을 때 곧바로 정지해야 한다.

★★☆

08 스테핑 모터의 설명 중 틀린 것은?

① 가속, 감속이 용이하다.
② 정 · 역전 및 변속이 용이하다.
③ 위치제어를 할 때 각도 오차가 작다.
④ 브러시, 슬립링 등 부품 수가 많아 유지보수 필요성이 크다.

해설 스테핑 모터는 브러시, 슬립링 등이 없기에 부품 수가 적고 신뢰성이 높다.

정답 | 05 ① 06 ④ 07 ③ 08 ④

★★☆
09 스텝각이 2[°]이고, 스테핑 주파수(pulse rate)가 1,800[pps]인 스테핑 모터의 축속도[rps]는?

① 8
② 10
③ 12
④ 14

해설 • 총 회전각도＝스텝각[°]×스텝주파수[pps]＝2[°]×1,800＝3,600[°]

• 회전속도＝$\dfrac{3,600}{360}$＝10[rps]

★☆☆
10 회전형 전동기와 선형 전동기(Linear Motor)를 비교한 설명 중 틀린 것은?

① 선형의 경우 회전형에 비해 공극의 크기가 작다.
② 선형의 경우 직접적으로 직선운동을 얻을 수 있다.
③ 선형의 경우 회전형에 비해 부하관성의 영향이 크다.
④ 선형의 경우 전원의 상 순서를 바꾸어 이동방향을 변경한다.

해설 선형 전동기(리니어 모터)는 회전형에 비해 공극의 크기가 작지 않다.

★☆☆
11 일반적인 전동기에 비하여 리니어 전동기의 장점이 아닌 것은?

① 구조가 간단하여 신뢰성이 높다.
② 마찰을 거치지 않고 추진력이 얻어진다.
③ 원심력에 의한 가속제한이 없고, 고속을 쉽게 얻을 수 있다.
④ 기어, 벨트 등 동력변환 기구가 필요 없고, 직접 원운동이 얻어진다.

해설 리니어 전동기는 기어, 벨트 등 동력변환 기구가 필요 없고, 직접 직선 운동이 얻어진다.

정답 | 09 ② 10 ① 11 ④

02

전기기사 필기
과년도 기출문제

전기기사 핵심완성 시리즈 - 3. 전기기기

CRAFTSMAN
ELECTRICITY

※ 2022년 2회 이후 CBT로 출제된 기출문제는 개정된 출제기준과
   해당 회차의 기출 키워드 등을 분석하여 복원하였습니다.

CHAPTER 01

2020년 제1·2회 과년도 기출문제

01 전원전압이 100[V]인 단상 전파정류제어에서 점호각이 30[°]일 때 직류 평균전압은 약 몇 [V]인가?

① 54   ② 64

③ 84   ④ 94

> **해설** $E_d = 0.9E\left(\dfrac{1+\cos\alpha}{2}\right)[\text{V}] = 0.9 \times 100 \times \left(\dfrac{1+\cos 30[°]}{2}\right) = 83.97[\text{V}]$

02 단상 유도전동기의 기동 시 브러시를 필요로 하는 것은?

① 분상 기동형   ② 반발 기동형

③ 콘덴서 분상 기동형   ④ 셰이딩 코일 기동형

> **해설** 반발 기동형 전동기는 브러시 이동으로 기동과 정지 및 속도제어가 가능하다.

03 3선 중 2선의 전원 단자를 서로 바꾸어서 결선하면 회전방향이 바뀌는 기기가 아닌 것은?

① 회전변류기   ② 유도전동기

③ 동기전동기   ④ 정류자형 주파수 변환기

> **해설** 정류자형 주파수 변환기는 유도전동기의 2차 여자를 행하기 위한 교류여자기로 사용되고, 3선 중 2선의 전원 단자를 바꾸어도 회전방향이 바뀌지 않는다.

04 단상 유도전동기의 분상 기동형에 대한 설명으로 틀린 것은?

① 보조권선은 높은 저항과 낮은 리액턴스를 갖는다.

② 주권선은 비교적 낮은 저항과 높은 리액턴스를 갖는다.

③ 높은 토크를 발생시키려면 보조권선에 병렬로 저항을 삽입한다.

④ 전동기가 기동하여 속도가 어느 정도 상승하면 보조권선을 전원에서 분리해야 한다.

> **해설** **분상 기동형**
> - 주권선 : 작은 저항과 큰 리액턴스
> - 보조권선 : 큰 저항과 작은 리액턴스
> - 보조권선은 기동 시에 필요하며, 회전자가 정격속도의 60~85[%]에 도달하면 원심력 스위치가 동작하여 회로에서 분리된다.

> 정답   01 ③   02 ②   03 ④   04 ③

05 변압기의 %Z가 커지면 단락 전류는 어떻게 변화하는가?

① 커진다.   ② 변동 없다.
③ 작아진다.   ④ 무한대로 커진다.

해설 단락 전류 $I_s = \dfrac{100}{\%Z} \times I_n$ [A]의 식에서, %Z가 커지면 단락 전류(I_s)는 작아진다.

06 정격전압 6,600[V]인 3상 동기발전기가 정격출력(역률 = 1)으로 운전할 때 전압 변동률이 12[%]이었다. 여자전류와 회전수를 조정하지 않은 상태로 무부하 운전하는 경우 단자전압[V]은?

① 6,433   ② 6,943
③ 7,392   ④ 7,842

해설
- 전압변동률 $\varepsilon = \dfrac{V_0 - V_n}{V_n} \times 100$[%], $V_o = \left(1 + \dfrac{\varepsilon}{100}\right) \times V_n$ [V]
- 무부하 단자전압 $V_o = \left(1 + \dfrac{12}{100}\right) \times 6,600 = 7,392$[V]

07 계자 권선이 전기자에 병렬로만 연결된 직류기는?

① 분권기   ② 직권기
③ 복권기   ④ 타여자기

해설 분권기 : 분권계자와 전기자를 병렬로 구성한 발전기

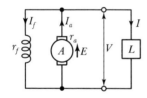

08 3상 20,000[kVA]인 동기발전기가 있다. 이 발전기는 60[Hz]일 때는 200[rpm], 50[Hz]일 때는 약 167[rpm]으로 회전한다. 이 동기발전기의 극수는?

① 18극   ② 36극
③ 54극   ④ 72극

해설 동기속도 $N_s = \dfrac{120f}{P}$ [rpm]에서, 동기발전기의 극수는 $P = \dfrac{120f}{N_s}$ 가 되므로,

$$P = \dfrac{120 \times 60}{200} = 36, \quad P = \dfrac{120 \times 50}{167} = 36$$

정답 | 05 ③   06 ③   07 ①   08 ②

09 1차 전압 6,600[V], 권수비 30인 단상변압기로 전등부하에 30[A]를 공급할 때의 입력[kW]은? (단, 변압기의 손실은 무시한다.)

① 4.4
② 5.5
③ 6.6
④ 7.7

> **해설** 1차전류 $I_1 = \dfrac{I_2}{a} = \dfrac{30}{30} = 1[\text{A}]$, 전등 부하에서 역률 $\cos\theta = 1$이므로,
>
> 입력 P_1은 $P_1 = V_1 I_1 \cos\theta = 6,600 \times 1 \times 1 = 6,600[\text{W}] = 6.6[\text{kW}]$

10 스텝 모터에 대한 설명으로 틀린 것은?

① 가속과 감속이 용이하다.
② 정·역 및 변속이 용이하다.
③ 위치제어 시 각도 오차가 작다.
④ 브러시 등 부품 수가 많아 유지보수 필요성이 크다.

> **해설** 스텝 모터는 브러시, 슬립링 등이 없기 때문에 부품수가 적고 신뢰성이 높다.

11 출력이 20[kW]인 직류발전기의 효율이 80[%]이면 전 손실은 약 몇 [kW]인가?

① 0.8
② 1.25
③ 5
④ 45

> **해설**
> • 효율 $\eta = \dfrac{\text{출력}}{\text{입력}} \times 100\%$의 식에서, 입력 $= \dfrac{\text{출력}}{\eta} = \dfrac{20}{0.8} = 25[\text{kW}]$
> • 손실 = 입력 − 출력 = 25 − 20 = 5[kW]

12 동기전동기의 공급 전압과 부하를 일정하게 유지하면서 역률을 1로 운전하고 있는 상태에서 여자전류를 증가시키면 전기자전류는?

① 앞선 무효전류가 증가
② 앞선 무효전류가 감소
③ 뒤진 무효전류가 증가
④ 뒤진 무효전류가 감소

> **해설** 여자(계자)전류를 증가시키면 진상전류를 공급하기 때문에 앞선 역률이 되고, 전기자전류는 증가한다.

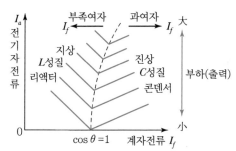

정답 | 09 ③ 10 ④ 11 ③ 12 ①

13 전압변동률이 작은 동기발전기의 특성으로 옳은 것은?

① 단락비가 크다.
② 속도변동률이 크다.
③ 동기 리액턴스가 크다.
④ 전기자 반작용이 크다.

해설 **단락비가 큰 기기의 장·단점**

장점	단점
• 동기 임피던스가 작음 • 전압강하 및 전압변동률 작음 • 전기자 반작용 작음 • 안정도 증가 • 공극이 큼 • 자기여자현상 방지	• 단락 전류가 큼 • 철손이 크고, 효율이 나쁨 • 송전선 충전용량이 큼 • 발전기 구조 및 중량이 큼 • 가격이 고가

14 직류발전기에 $P[\text{N}\cdot\text{m/s}]$의 기계적 동력을 주면 전력은 몇 $[\text{W}]$로 변환되는가? (단, 손실은 없으며, i_a는 전기자 도체의 전류, e는 전기자 도체의 유도기전력, Z는 총 도체수이다.)

① $P = i_a e Z$
② $P = \dfrac{i_a e}{Z}$

③ $P = \dfrac{i_a Z}{e}$
④ $P = \dfrac{eZ}{i_a}$

해설 • 단자전압 : $E = e \times \dfrac{Z}{a}[\text{V}]$

• 전류 : $I = a \times i_a [\text{A}]$

• 전력 : $P = EI = e \times \dfrac{Z}{a} \times a \times i_a = i_a e Z [\text{W}]$

15 도통(ON)상태에 있는 SCR을 차단(OFF)상태로 만들기 위해서는 어떻게 하여야 하는가?

① 게이트 펄스전압을 가한다.
② 게이트 전류를 증가시킨다.
③ 게이트 전압이 부($-$)가 되도록 한다.
④ 전원 전압의 극성이 반대가 되도록 한다.

해설 SCR을 차단(OFF)하기 위해서는 전원전압의 극성이 역전압($-$)이 되어야 한다.

16 직류전동기의 워드레오나드 속도제어 방식으로 옳은 것은?

① 전압제어
② 저항제어
③ 계자제어
④ 직·병렬제어

해설 전압제어 방식의 종류 : 워드레오나드 방식, 일그너 방식, 직·병렬 제어방식

정답 | 13 ① 14 ① 15 ④ 16 ①

17 단권변압기의 설명으로 틀린 것은?

① 분로권선과 직렬권선으로 구분된다.

② 1차 권선과 2차 권선의 일부가 공통으로 사용된다.

③ 3상에는 사용할 수 없고 단상으로만 사용한다.

④ 분로권선에서 누설자속이 없기에 전압변동률이 작다.

> **해설** 단권변압기는 단상 및 3상에서 사용이 가능하며, 대용량 변압기로 적합하다.

18 유도전동기를 정격상태로 사용 중, 전압이 10[%] 상승할 때 특성변화로 틀린 것은? (단, 부하는 일정 토크라고 가정한다.)

① 슬립이 작아진다.

② 역률이 떨어진다.

③ 속도가 감소한다.

④ 히스테리시스손과 와류손이 증가한다.

> **해설** • 슬립은 전압과 반비례$\left(s \propto \dfrac{1}{V} \right)$
>
> • 역률은 전압과 반비례$\left(\cos\theta = \dfrac{P}{\sqrt{3}\,VI} \right)$
>
> • 속도는 전압의 제곱에 비례($N \propto V^2$), 전압이 상승하면 속도는 증가
>
> • 와류손은 주파수와 무관하고 전압의 제곱에 비례($P_e \propto V^2$)

19 단자전압 110[V], 전기자전류 15[A], 전기자 회로의 저항 2[Ω], 정격속도 1,800[rpm]으로 진부하에서 운전하고 있는 직류 분권전동기의 토크는 약 몇 [N · m]인가?

① 6.0

② 6.4

③ 10.08

④ 11.14

> **해설** • 역기전력 $E = V - I_a r_a = 110 - 15 \times 2 = 80$ [V]
>
> • 토크 $\tau = 0.975 \times \dfrac{P_o}{N} = 0.975 \times \dfrac{EI_a}{N} = 0.975 \times \dfrac{80 \times 15}{1800} \fallingdotseq 0.65$ [kg · m]
>
> • 단위 변환 : $0.65 \times 9.8 = 6.37$ [N · m]

20 용량 1[kVA], 3,000/200[V]의 단상변압기를 단권변압기로 결선해서 3,000/3,200[V]의 승압기로 사용할 때 그 부하용량[kVA]은?

① $\dfrac{1}{16}$

② 1

③ 15

④ 16

해설 단권변압기의 자기용량과 부하용량 비

구분	단권변압기 1대 (승압 · 강압용)	단권변압기 2대 (V결선 · 승압 · 강압)	단권변압기 3대 (Y결선 · 승압 · 강압)	단권변압기 3대 (△결선 · 승 · 상)
$\dfrac{\text{자기용량}}{\text{부하용량}}$	$\dfrac{V_H - V_L}{V_H}$	$\dfrac{2}{\sqrt{3}} \cdot \dfrac{V_H - V_L}{V_H}$	$\dfrac{V_H - V_L}{V_H}$	$\dfrac{V_H^2 - V_L^2}{\sqrt{3}\, V_H V_L}$

- 부하용량 $= \dfrac{\text{자기용량}}{\dfrac{V_H - V_L}{V_H}} = \dfrac{1}{\dfrac{3,200 - 3,000}{3,200}} = 16\,[\text{kVA}]$

01 정격전압 120[V], 60[Hz]인 변압기의 무부하입력 80[W], 무부하전류 1.4[A]이다. 이 변압기의 여자 리액턴스는 약 몇 [Ω]인가?

① 97.6

② 103.7

③ 124.7

④ 180

해설 · 철손전류 $I_i = \dfrac{P_i}{V_1} = \dfrac{80}{120} = 0.67[A]$

· 자화전류 계산 : 여자전류 $I_o = I_i + I_\varnothing = \sqrt{I_i^2 + I_\varnothing^2}\,[A]$의 관계에서,

$I_\varnothing = I\sqrt{I_o^2 - I_i^2} = \sqrt{1.4^2 - 0.67^2} = 1.23[A]$

· 여자 리액턴스 $x_o = \dfrac{V_1}{I_\varnothing} = \dfrac{120}{1.23} = 97.6[\Omega]$

02 서보모터의 특징에 대한 설명으로 틀린 것은?

① 발생토크는 입력신호에 비례하고, 그 비가 클 것

② 직류 서보모터에 비하여 교류 서보모터의 시동 토크가 매우 클 것

③ 시동 토크는 크나 회전부의 관성모멘트가 작고, 전기적 시정수가 짧을 것

④ 빈번한 시동, 정지, 역전 등의 가혹한 상태에 견디도록 견고하고, 큰 돌입전류에 견딜 것

해설 기동 토크는 직류식이 교류식보다 월등히 크다.

구분	직류 서보 모터	교류 서보 모터
기동 토크	큼	작음
구동 시스템	간단	복잡(인버터 사용 때문)
브러시와 정류자	있음	없음
회전부 마찰력	큼(브러시 마찰)	작음
수명	짧다(브러시 손상)	길다
회로의 독립성	-	용이
대용량 제작	용이	-

정답 | 01 ① 02 ②

03 3상 변압기 2차 측의 E_W 상만을 반대로 하고 Y－Y 결선을 한 경우, 2차 상전압이 $E_U = 70[\text{V}]$, $E_V = 70[\text{V}]$, $E_W = 70[\text{V}]$라면 2차 선간전압은 약 몇 [V]인가?

① $V_{U-V} = 121.2[\text{V}]$, $V_{V-W} = 70[\text{V}]$, $V_{W-U} = 70[\text{V}]$

② $V_{U-V} = 121.2[\text{V}]$, $V_{V-W} = 210[\text{V}]$, $V_{W-U} = 70[\text{V}]$

③ $V_{U-V} = 121.2[\text{V}]$, $V_{V-W} = 121.2[\text{V}]$, $V_{W-U} = 70[\text{V}]$

④ $V_{U-V} = 121.2[\text{V}]$, $V_{V-W} = 121.2[\text{V}]$, $V_{W-U} = 121.2[\text{V}]$

해설

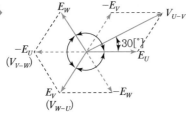

- 선간전압 $V_{u-v} = E_u + (-E_v) = \sqrt{3}\,E_u = \sqrt{3} \times 70 = 121.24[\text{V}]$
- 선간전압 $V_{v-w} = E_v + E_w = -E_u = 70[\text{V}]$
- 선간전압 $V_{w-u} = -E_w + (-E_u) = E_v = 70[\text{V}]$

04 극수 8, 중권 직류기의 전기자 총 도체 수 960, 매극 자속 0.04[Wb], 회전수 400[rpm]이라면 유기기전력은 몇 [V]인가?

① 256

② 327

③ 425

④ 625

해설 중권이므로 $a = P = 8$, $E = \dfrac{PZ\varnothing N}{60a} = \dfrac{8 \times 960 \times 0.04 \times 400}{60 \times 8} = 256[\text{V}]$

05 3상 유도전동기에서 2차 측 저항을 2배로 하면 그 최대토크는 어떻게 변하는가?

① 2배로 커진다.

② 3배로 커진다.

③ 변하지 않는다.

④ $\sqrt{2}$ 배로 커진다.

해설 비례추이는 최대 토크는 변하지 않으며, 2차저항을 가변시켜 기동특성 향상 및 속도제어를 용이하게 한다.

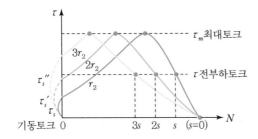

정답 | 03 ① 04 ① 05 ③

06 동기전동기에 일정한 부하를 걸고 계자전류를 0[A]에서부터 계속 증가시킬 때 관련 설명으로 옳은 것은? (단, I_a는 전기자전류이다.)

① I_a는 증가하다가 감소한다.
② I_a가 최소일 때 역률이 1이다.
③ I_a가 감소상태일 때 앞선 역률이다.
④ I_a가 증가상태일 때 뒤진 역률이다.

해설 동기조상기 위상특성곡선(V곡선)은 전기자전류가 최소일 때 역률($\cos\theta$)은 1이다.

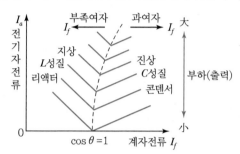

07 3[kVA], 3,000/200[V]와 변압기의 단락시험에서 임피던스 전압 120[V], 동손 150[W]라 하면 %저항강하는 몇 [%]인가?

① 1
② 3
③ 5
④ 7

해설 %저항강하 $p = \dfrac{I_{1n}r}{V_{1n}} \times 100 = \dfrac{I_{1n}^2 r}{V_{1n}I_{1n}} \times 100 = \dfrac{\text{동손}}{\text{변압기 용량}} \times 100 = \dfrac{150}{3,000} \times 100 = 5[\%]$

08 정격출력 50[kW], 4극 220[V], 60[Hz]인 3상 유도전동기가 전부하 슬립 0.04, 효율 90%로 운전되고 있을 때 다음 중 틀린 것은?

① 2차 효율＝92[%]
② 1차 입력＝55.56[kW]
③ 회전자 동손＝2.08[kW]
④ 회전자 입력＝52.08[kW]

해설
• 2차 효율 $\eta_2 = (1-s) \times 100 = (1-0.04) \times 100 = 96[\%]$

• 1차 입력 $P_1 = \dfrac{P_o}{\eta} = \dfrac{50}{0.9} = 55.56[\text{kW}]$

• 회전자 동손 $P_{c2} = sP_2 = s \times \dfrac{P_o}{(1-s)} = 0.04 \times \dfrac{50}{(1-0.04)} = 2.08[\text{kW}]$

• 회전자 입력 $P_2 = P_o + P_{c2} = 50 + 2.08 = 52.8[\text{kW}]$

정답 | **06** ② **07** ③ **08** ①

09 단상 유도전동기를 2전동기설로 설명하는 경우 정방향 회전자계의 슬립이 0.2이면, 역방향 회전자계의 슬립은 얼마인가?

① 0.2

② 0.8

③ 1.8

④ 2.0

 역방향 슬립 : $s' = 2 - s = 2 - 0.2 = 1.8$

10 직류 가동복권발전기를 전동기로 사용하면 어느 전동기가 되는가?

① 직류 직권전동기

② 직류 분권전동기

③ 직류 가동복권전동기

④ 직류 차동복권전동기

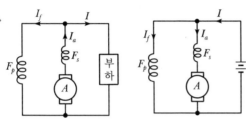

• 가동복권발전기를 전동기로 사용 시 : 차동복권전동기
• 차동복권발전기를 전동기로 사용 시 : 가동복권전동기

11 동기발전기를 병렬운전하는 데 필요하지 않은 조건은?

① 기전력의 용량이 같을 것

② 기전력의 파형이 같을 것

③ 기전력의 크기가 같을 것

④ 기전력의 주파수가 같을 것

해설 동기발전기 병렬운전 조건
• 기전력의 크기가 같을 것
• 기전력의 위상이 같을 것
• 기전력의 주파수가 같을 것
• 기전력의 파형이 같을 것
• 기전력의 상회전 방향이 같을 것

12 IGBT(Insulated Gate Bipolar Transistor)에 대한 설명으로 틀린 것은?

① MOSFET와 같이 전압제어 소자이다.

② GTO 사이리스터와 같이 역방향 전압저지 특성을 갖는다.

③ 게이트와 에미터 사이의 입력 임피던스가 매우 낮아 BJT보다 구동하기 쉽다.

④ BJT처럼 on−drop이 전류와 관계없이 낮고 거의 일정하며, MOSFET보다 훨씬 큰 전류를 흘릴 수 있다.

해설 IGBT는 MOSFET와 같이 입력 임피던스가 매우 높아서 BJT보다 구동이 쉽다.

정답 | **09** ③ **10** ④ **11** ① **12** ③

13 유도전동기에서 공급 전압의 크기가 일정하고 전원 주파수만 낮아질 때 일어나는 현상으로 옳은 것은?

① 철손이 감소한다.　　　　　　　　　② 온도상승이 커진다.
③ 여자전류가 감소한다.　　　　　　　④ 회전속도가 증가한다.

> **해설** • 철손은 주파수와 반비례$\left(P_i \propto \dfrac{1}{f}\right)$이므로 증가한다.
> • 철손이 증가하면 온도가 상승하므로 온도상승폭이 증가한다.
> • 여자전류는 주파수와 반비례$\left(I_o \propto \dfrac{1}{f}\right)$이므로 증가한다.
> • 회전속도는 주파수와 비례$(N \propto f)$이므로 감소한다.

14 용접용으로 사용되는 직류발전기의 특성 중에서 가장 중요한 것은?

① 과부하에 견딜 것
② 전압변동률이 적을 것
③ 경부하일 때 효율이 좋을 것
④ 전류에 대한 전압특성이 수하특성일 것

> **해설** • 수하특성 : 전류가 증가할 때 전압이 저하되는 현상
> • 용접기 전원용으로 사용되는 차동복권 발전기와 누설변압기는 수하특성이 큰 특성을 가진다.

15 동기발전기에 설치된 제동권선의 효과로 틀린 것은?

① 난조 방지
② 과부하 내량의 증대
③ 송전선의 불평형 단락 시 이상전압 방지
④ 불평형 부하 시의 전류, 전압 파형의 개선

> **해설** **제동권선 설치효과**
> • 난조 방지
> • 기동토크 발생(동기전동기)
> • 송전선 불평형 단락 시 이상전압 방지
> • 불평형 부하 시 전압, 전류 파형 개선

16 3,300/220[V] 변압기 A, B의 정격용량이 각각 400[kVA], 300[kVA]이고, %임피던스 강하가 각각 2.4[%]와 3.6[%]일 때 그 2대의 변압기에 걸 수 있는 합성부하용량은 몇 [kVA]인가?

① 550　　　　　　　　　　　　　　　② 600
③ 650　　　　　　　　　　　　　　　④ 700

> **해설** $P_{\max} \leq$ 최소%$Z \times \left(\dfrac{P_A}{\%Z_A} + \dfrac{P_B}{\%Z_B}\right) = 2.4 \times \left(\dfrac{400}{2.4} + \dfrac{300}{3.6}\right) = 600[\text{kVA}]$

정답	13 ② 　14 ④ 　15 ② 　16 ②

17 동작모드가 그림과 같이 나타나는 혼합브리지는?

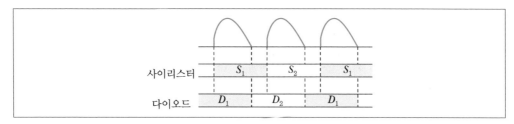

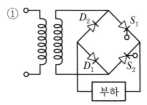

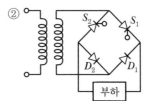

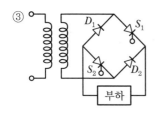

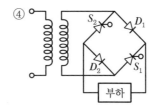

> 해설 > 문제의 조건에서 S_1과 D_1, S_2와 D_2가 출력되는 조건이므로 ①과 같은 회로가 만들어진다.

18 동기기의 전기자 저항을 r, 전기자 반작용 리액턴스를 X_a, 누설 리액턴스를 X_l이라고 하면 동기 임피던스를 표시하는 식은?

① $\sqrt{r^2 + \left(\dfrac{X_a}{X_l}\right)^2}$
② $\sqrt{r^2 + X_l^2}$
③ $\sqrt{r^2 + X_a^2}$
④ $\sqrt{r^2 + (X_a + X_l)^2}$

> 해설 > $Z_s = r_a + jX_s = \sqrt{r_a{}^2 + X_s{}^2} = \sqrt{r_a{}^2 + (X_a + X_\ell)^2}\,[\Omega]$

19 단상 유도전동기에 대한 설명으로 틀린 것은?

① 반발 기동형 : 직류전동기와 같이 정류자와 브러시를 이용하여 기동한다.
② 분상 기동형 : 별도의 보조권선을 사용하여 회전자계를 발생시켜 기동한다.
③ 커패시터 기동형 : 기동전류에 비해 기동토크가 크지만, 커패시터를 설치해야 한다.
④ 반발 유도형 : 기동 시 농형권선과 반발전동기의 회전자 권선을 함께 이용하나 운전 중에는 농형권선만을 이용한다.

> 해설 > 반발 유도형은 단상 유도전동기의 일종이며, 회전자가 농형권선과 반발전동기의 권선으로 구성되고 운전 중에도 두 권선을 그대로 사용한다.

정답 | 17 ① 18 ④ 19 ④

20 직류전동기의 속도제어법이 아닌 것은?

① 계자제어법

② 전력제어법

③ 전압제어법

④ 저항제어법

해설 직류전동기 속도제어법 : 전압제어, 계자제어, 저항제어

01 동기발전기 단절권의 특징이 아닌 것은?

① 코일 간격이 극 간격보다 작다.
② 전절권에 비해 합성 유기기전력이 증가한다.
③ 전절권에 비해 코일 단이 짧게 되므로 재료가 절약된다.
④ 고조파를 제거해서 전절권에 비해 기전력의 파형이 좋아진다.

해설 **단절권의 특징**
- 고조파 제거로 파형 개선
- 권선량(동량) 감소 및 구조 경량화
- 유기기전력 감소

02 3상 변압기의 병렬운전 조건으로 틀린 것은?

① 각 군의 임피던스가 용량에 비례할 것
② 각 변압기의 백분율 임피던스 강하가 같을 것
③ 각 변압기의 권수비가 같고 1차와 2차의 정격전압이 같을 것
④ 각 변압기의 상회전 방향 및 1차와 2차 선간전압의 위상 변위가 같을 것

해설 **변압기 병렬운전 조건**
- 극성이 같을 것
- 정격전압(V_n)이 같을 것
- 권수비(a)가 같을 것
- %Z(%임피던스)가 같을 것
- 상회전방향이 같을 것
- 각변위가 같을 것

정답 | **01** ② **02** ①

03 210/105[V]의 변압기를 그림과 같이 결선하고 고압 측에 200[V]의 전압을 가하면 전압계의 지시는 몇 [V]인가? (단, 변압기는 가극성이다.)

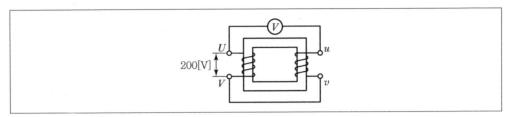

① 100
② 200
③ 300
④ 400

해설 • 저압측(2차) 전압 계산 : $V_2 = \dfrac{1}{a} \times V_1 = \dfrac{105}{210} \times 200 = 100[V]$

　　　 • 가극성인 경우 전압계 지시값 : $V = V_1 + V_2 = 200 + 100 = 300[V]$

04 직류기의 권선을 단중 파권으로 감으면 어떻게 되는가?

① 저압 대전류용 권선이다.
② 균압환을 연결해야 한다.
③ 내부 병렬회로 수가 극수만큼 생긴다.
④ 전기자 병렬회로 수가 극수와 관계없이 언제나 2이다.

해설 중권과 파권의 비교

구분	중권(병렬권)	파권(직렬권)
권선형태		
전압, 전류	저전압, 대전류	고전압, 소전류
병렬회로수(a)	$a = p$	$a = 2$
브러시 수(b)	$b = p$	$b = 2$ or p
균압환	필요(4극 이상)	불필요

05 2상 교류 서보모터를 구동하는 데 필요한 2상 전압을 얻는 방법으로 널리 쓰이는 방법은?

① 2상 전원을 직접 이용하는 방법
② 환상 결선 변압기를 이용하는 방법
③ 여자권선에 리액터를 삽입하는 방법
④ 증폭기 내에서 위상을 조정하는 방법

해설
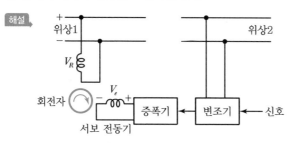

2상 교류 서보모터는 증폭기 내에서 위상을 조정하는 방법으로 구동한다.

06 4극, 중권, 총 도체 수 500, 극당 자속이 0.01[Wb]인 직류발전기가 100[V]의 기전력을 발생시키는데 필요한 회전수는 몇 [rpm]인가?

① 800
② 1,000
③ 1,200
④ 1,600

해설
- 유도기전력 표현식 : $E = \dfrac{PZ\phi n}{a} = \dfrac{PZ\phi N}{60\,a} = K\phi N[\text{V}]$
- 속도 $N = \dfrac{60aE}{PZ\varnothing} = \dfrac{60 \times 4 \times 100}{4 \times 500 \times 0.01} = 1,200[\text{rpm}]$

07 3상 분권 정류자 전동기에 속하는 것은?

① 톰슨 전동기
② 데리 전동기
③ 시라게 전동기
④ 아트킨손 전동기

해설
- 3상 분권 정류자 전동기는 시라게 전동기가 대표적이다.
- 단상 반발 전동기 : 아트킨손, 톰슨형, 데리형

정답 | 05 ④ 06 ③ 07 ③

08 동기기의 안정도를 증진시키는 방법이 아닌 것은?

① 단락비를 크게 할 것
② 속응 여자방식을 채용할 것
③ 정상 리액턴스를 크게 할 것
④ 영상 및 역상 임피던스를 크게 할 것

해설 **안정도 향상 대책**
• 동기 임피던스를 작게함(영상 및 역상 임피던스는 크게 함)
• 단락비를 크게 함
• 속응 여자방식 채용(AVR 속응도 크게 함)
• 플라이휠 설치(회전자 관성 모멘트 크게 함)
• 동기 탈조계전기 사용

09 3상 유도전동기의 기계적 출력 P[kW], 회전수 N[rpm]인 전동기의 토크[N·m]는?

① $0.46\dfrac{P}{N}$

② $0.855\dfrac{P}{N}$

③ $975\dfrac{P}{N}$

④ $9,549.3\dfrac{P}{N}$

해설 $\tau = \dfrac{P}{w} = \dfrac{P\times10^3}{2\pi\times\dfrac{N}{60}} = \dfrac{60\times10^3}{2\pi}\times\dfrac{P}{N} = 9,549.3\dfrac{P}{N}$

10 취급이 간단하고 기동시간이 짧아서 섬과 같이 전력계통에서 고립된 지역, 선박 등에 사용되는 소용량 전원용 발전기는?

① 터빈 발전기
② 엔진 발전기
③ 수차 발전기
④ 초전도 발전기

해설 수차, 초전도, 터빈 발전기는 대용량이다.

11 평형 6상 반파 정류회로에서 297[V]의 직류전압을 얻기 위한 입력 측 각 상전압은 약 몇 [V]인가? (단, 부하는 순수 저항부하이다.)

① 110
② 220
③ 380
④ 440

해설 • 6상 반파 정류회로는 3상 전파정류회로와 동일한 출력값을 나타낸다.

• 직류 평균전압 $E_d = 1.35\, E_a$[V]의 식에서, 상전압 $E_a = \dfrac{E_d}{1.35} = \dfrac{297}{1.35} = 220$[V]

정답 | 08 ③ 09 ④ 10 ② 11 ②

12 단면적 $10[\text{cm}^2]$인 철심에 200회의 권선을 감고, 이 권선에 60[Hz], 60[V]인 교류전압을 인가하였을 때 철심의 최대자속밀도는 약 몇 $[\text{wb}/\text{m}^2]$인가?

① 1.126×10^{-3}

② 1.126

③ 2.252×10^{-3}

④ 2.252

해설 • 자속밀도 $B_m = \dfrac{\varnothing_m}{A}[wb/m^2]$의 식에서, $\varnothing_m = B_m \cdot A$

• 유기기전력 $E = 4.44f\varnothing_m N = 4.44fB_m AN[\text{V}]$

• 최대자속밀도 계산 : $B_m = \dfrac{E}{4.44fAN} = \dfrac{60}{4.44 \times 60 \times 10 \times 10^{-4} \times 200} = 1.126[\text{wb}/\text{m}^2]$

13 전력의 일부를 전원 측에 반환할 수 있는 유도전동기의 속도제어법은?

① 극수 변환법

② 크레머 방식

③ 2차 저항 가감법

④ 세르비우스 방식

해설 • 2차 여자제어 : 크레머 방식, 세르비우스 방식

• 세르비우스 방식 : 2차저항손에 해당하는 전력을 전원에 반환하는 방식

14 직류발전기를 병렬운전할 때 균압모선이 필요한 직류기는?

① 직권발전기, 분권발전기

② 복권발전기, 직권발전기

③ 복권발전기, 분권발전기

④ 분권발전기, 단극발전기

해설 수하특성이 없는 직권, 복권발전기를 병렬운전하기 위해서는 균압선을 설치하여야 한다.

15 전부하로 운전하고 있는 50[Hz], 4극의 권선형 유도전동기가 있다. 전부하에서 속도를 1,440[rpm]에서 1,000[rpm]으로 변화시키자면 2차에 약 몇 $[\Omega]$의 저항을 넣어야 하는가? (단, 2차 저항은 $0.02[\Omega]$이다.)

① 0.147

② 0.18

③ 0.02

④ 0.024

해설 • 동기속도 $N_s = \dfrac{120f}{P} = \dfrac{120 \times 50}{4} = 1,500[\text{rpm}]$

• 속도 1,440[rpm]일 때의 슬립 : $s_1 = \dfrac{N_s - N}{N_s} = \dfrac{1,500 - 1,440}{1,500} = 0.04$

• 속도 1,000[rpm]일 때의 슬립 : $s_2 = \dfrac{N_s - N}{N_s} = \dfrac{1,500 - 1,000}{1,500} = 0.333$

• 비례추이 원리 $\dfrac{r_2}{s_1} = \dfrac{r_2 + R}{s_2}$에 의해서, $\dfrac{0.02}{0.04} = \dfrac{0.02 + R}{0.333}$

• 2차 외부저항 $R = \dfrac{0.02}{0.04} \times 0.333 - 0.02 = 0.1465[\Omega]$

정답 | **12** ② **13** ④ **14** ② **15** ①

16 권선형 유도전동기 2대를 직렬종속으로 운전하는 경우 그 동기속도는 어떤 전동기의 속도와 같은가?

① 두 전동기 중 적은 극 수를 갖는 전동기
② 두 전동기 중 많은 극 수를 갖는 전동기
③ 두 전동기의 극 수의 합과 같은 극 수를 갖는 전동기
④ 두 전동기의 극 수의 합의 평균과 같은 극 수를 갖는 전동기

해설 **종속법에 의한 속도 계산**

직렬종속	차동종속	병렬종속
$N = \dfrac{120f_1}{P_1 + P_2}$	$N = \dfrac{120f_1}{P_1 - P_2}$	$N = \dfrac{120f_1}{\dfrac{P_1 + P_2}{2}}$

17 GTO 사이리스터의 특징으로 틀린 것은?

① 각 단자의 명칭은 SCR 사이리스터와 같다.
② 온(On) 상태에서는 양방향 전류특성을 보인다.
③ 온(On) 드롭(Drop)은 약 2~4[V]가 되어 SCR 사이리스터보다 약간 크다.
④ 오프(Off) 상태에서는 SCR 사이리스터처럼 양방향 전압저지능력을 갖고 있다.

해설 GTO : 게이트 신호에 의해 턴온, 턴오프가 가능한 단방향성 3단자 소자

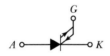

18 포화되지 않은 직류발전기의 회전수가 4배로 증가되었을 때 기전력을 전과 같은 값으로 하려면 자속을 속도변화 전에 비해 얼마로 하여야 하는가?

① $\dfrac{1}{2}$
② $\dfrac{1}{3}$
③ $\dfrac{1}{4}$
④ $\dfrac{1}{8}$

해설 • 유기기전력 $E = \dfrac{PZ\phi n}{a} = \dfrac{PZ\phi N}{60a} = K\phi N[\text{V}]$ 의 식에서, $E \propto \varnothing N$의 관계가 성립한다.
• 회전수(N)가 4배로 증가할 때 기전력(E)이 일정하려면 자속($\varnothing$)이 1/4로 감소되어야 한다.

정답 | 16 ③ 17 ② 18 ③

19 동기발전기의 단자 부근에서 단락 시 단락전류는?

① 서서히 증가하여 큰 전류가 흐른다.
② 처음부터 일정한 큰 전류가 흐른다.
③ 무시할 정도의 작은 전류가 흐른다.
④ 단락된 순간은 크나, 점차 감소한다.

해설 단락전류는 처음은 큰 전류이나 점차 감소하는 형태이다.

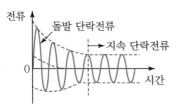

20 단권변압기에서 1차 전압 100[V], 2차 전압 110[V]인 단권변압기의 자기용량과 부하용량의 비는?

① $\dfrac{1}{10}$

② $\dfrac{1}{11}$

③ 10

④ 11

해설 $\dfrac{\text{자기용량}}{\text{부하용량}} = \dfrac{V_H - V_L}{V_H} = \dfrac{110 - 100}{110} = \dfrac{1}{11}$

단권변압기의 자기용량/부하용량

구분	단권변압기 1대 (승압 · 강압용)	단권변압기 2대 (V결선 · 승압 · 강압)	단권변압기 3대 (Y결선 · 승압 · 강압)	단권변압기 3대 (△결선 · 승 · 상)
자기용량 부하용량	$\dfrac{V_H - V_L}{V_H}$	$\dfrac{2}{\sqrt{3}} \cdot \dfrac{V_H - V_L}{V_H}$	$\dfrac{V_H - V_L}{V_H}$	$\dfrac{V_H^2 - V_L^2}{\sqrt{3}\,V_H V_L}$

01 3,300/220[V]의 단상 변압기 3대를 △ - Y결선하고 2차 측 선간에 15[kW]의 단상 전열기를 접속하여 사용하고 있다. 결선을 △ - △로 변경하는 경우 이 전열기의 소비전력은 몇 [kW]로 되는가?

① 5

② 12

③ 15

④ 21

해설
- 전열기 소비전력 $P = VI = \dfrac{V^2}{R}$[W]이므로 $P \propto V^2$의 관계가 성립한다.

- 변압기 2차측을 Y결선에서 △결선으로 변경하면 전압이 $\dfrac{1}{\sqrt{3}}$배로 감소한다.

- 전압이 $\dfrac{1}{\sqrt{3}}$배로 감소하면 $P \propto V^2$의 관계에서 $P \propto \left(\dfrac{1}{\sqrt{3}}\right)^2 = \dfrac{1}{3}$이 된다.

- 따라서, 전열기 소비전력 $P' = 15 \times \dfrac{1}{3} = 5$[kW]가 된다.

02 히스테리시스 전동기에 대한 설명으로 틀린 것은?

① 유도전동기와 거의 같은 고정자이다.

② 회진자 극은 고정자 극에 비하여 항상 각도 δ_h만큼 앞선다.

③ 회전자가 부드러운 외면을 가지므로 소음이 적으며, 순조롭게 회전시킬 수 있다.

④ 구속 시부터 동기속도만을 제외한 모든 속도 범위에서 일정한 히스테리시스 토크를 발생한다.

해설 히스테리시스 전동기는 히스테리시스로 인해 회전자 극이 고정자 극보다 항상 δ_h만큼 뒤진다.

03 직류기에서 계자자속을 만들기 위하여 전자석의 권선에 전류를 흘리는 것을 무엇이라 하는가?

① 보극

② 여자

③ 보상권선

④ 자화작용

해설
- 여자기 : 계자자속을 만들기 위한 전원
- 계자자속을 만들기 위해 권선에 전류를 흘리는 것을 여자라고 하고, 그때 흐르는 전류를 계자전류 또는 여자전류라고 한다.

정답 | **01** ① **02** ② **03** ②

04 사이클로 컨버터(Cyclo Converter)에 대한 설명으로 틀린 것은?

① DC - DC Buck 컨버터와 동일한 구조이다.
② 출력주파수가 낮은 영역에서 많은 장점이 있다.
③ 시멘트공장의 분쇄기 등과 같이 대용량 저속 교류전동기 구동에 주로 사용된다.
④ 교류를 교류로 직접변환하면서 전압과 주파수를 동시에 가변하는 전력변환기이다.

> **해설** **사이클로 컨버터**
> • 교류(AC)를 교류(AC)로 변환하는 전력변환기
> • 적용목적 : 주파수 변환, 교류전력 증폭

05 1차 전압은 3,300[V]이고 1차 측 무부하전류는 0.15[A], 철손은 330[W]인 단상 변압기의 자화전류는 약 몇 [A]인가?

① 0.112
② 0.145
③ 0.181
④ 0.231

> **해설** • 철손전류 $I_i = \dfrac{P_i}{V_1} = \dfrac{330}{3300} = 0.1\,[\mathrm{A}]$
>
> • 자화전류 계산 : 여자전류 $I_o = I_i + I_\varnothing = \sqrt{I_i^{\,2} + I_\varnothing^{\,2}}\,[\mathrm{A}]$ 의 관계에서,
>
> $I_\varnothing = I\sqrt{I_o^{\,2} - I_i^{\,2}} = \sqrt{0.15^2 - 0.1^2} = 0.112\,[\mathrm{A}]$

06 유도전동기의 안정 운전조건은? (단, T_m : 전동기 토크, T_L : 부하 토크, n : 회전수)

① $\dfrac{dT_m}{dn} < \dfrac{dT_L}{dn}$

② $\dfrac{dT_m}{dn} = \dfrac{dT_L^{\,2}}{dn}$

③ $\dfrac{dT_m}{dn} > \dfrac{dT_L}{dn}$

④ $\dfrac{dT_m}{dn} \neq \dfrac{dT_L^{\,2}}{dn}$

> **해설** • 안정 운전조건 : $\dfrac{dT_m}{dn} < \dfrac{dT_L}{dn}$
>
> • 불안정 운전조건 : $\dfrac{dT_m}{dn} > \dfrac{dT_L}{dn}$

07 3상 권선형 유도전동기 기동 시 2차 측에 외부 가변저항을 넣는 이유는?

① 회전수 감소
② 기동전류 증가
③ 기동토크 감소
④ 기동전류 감소와 기동토크 증가

해설 • 2차 외부저항 설치목적 : 기동특성 향상, 속도제어 용이
• 좋은 기동조건 : 기동토크는 크게, 기동전류는 작게 기동한다.

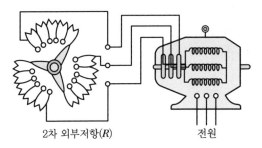

2차 외부저항(R)　　　　전원

08 극수 4이며 전기자 권선은 파권, 전기자 도체수가 250인 직류발전기가 있다. 이 발전기가 1,200[rpm]으로 회전할 때 600[V]의 기전력을 유기하려면 1극당 자속은 몇 [wb]인가?

① 0.04
② 0.05
③ 0.06
④ 0.07

해설 유기기전력 $E = \dfrac{PZ\phi n}{a} = \dfrac{PZ\phi N}{60\,a} = K\phi N[\text{V}]$의 식에서,

자속 $\phi = \dfrac{60aE}{PZN} = \dfrac{60 \times 2 \times 600}{4 \times 250 \times 1,200} = 0.06\,[\text{wb}]$

09 발전기 회전자에 유도자를 주로 사용하는 발전기는?

① 수차발전기
② 엔진발전기
③ 터빈발전기
④ 고주파발전기

해설 유도자형 발전기는 수백~수만[Hz] 정도의 고주파발전기에 주로 사용된다.

구분	고정자	회전자	적용
회전 계자형	전기자	계자	동기발전기
회전 전기자형	계자	전기자	• 직류발전기 • 소용량 동기발전기
유도자형	계자, 전기자	유도자	고주파발전기 (수백~수만[Hz])

정답 ┃ 07 ④　08 ③　09 ④

10 BJT에 대한 설명으로 틀린 것은?

① Bipolar Junction Thyristor의 약자이다.

② 베이스 전류로 컬렉터 전류를 제어하는 전류제어 스위치이다.

③ MOSFET, IGBT 등의 전압제어 스위치보다 훨씬 큰 구동전력이 필요하다.

④ 회로기호 B, E, C는 각각 베이스(Base), 에미터(Emitter), 컬렉터(Collector)이다.

해설 BJT는 Bipolar Junction Transistor의 약자로 양극성 접합 트랜지스터이다.

11 3상 유도전동기에서 회전자가 슬립 s로 회전하고 있을 때 2차 유기전압 E_{2s} 및 2차 주파수 f_{2s}와 s와의 관계는? (단, E_2는 회전자가 정지하고 있을 때 2차 유기기전력이며 f_1은 1차 주파수이다.)

① $E_{2s} = sE_2,\ f_{2s} = sf_1$

② $E_{2s} = sE_2,\ f_{2s} = \dfrac{f_1}{s}$

③ $E_{2s} = \dfrac{E_2}{s},\ f_{2s} = \dfrac{f_1}{s}$

④ $E_{2s} = (1-s)E_2,\ f_{2s} = (1-s)f_1$

해설 • 2차 유기전압 : 회전자가 회전하면 회전자가 정지하고 있을 때의 기전력(E_2)의 슬립(s)만큼 기전력이 유도된다.($E_{2s} = sE_2$)
    • 2차 주파수 : 회전자가 회전하면 1차에 인가된 주파수의 슬립(s)만큼 주파수가 유도된다.($f_{2s} = sf_1$)

12 전류계를 교체하기 위해 우선 변류기 2차측을 단락시켜야 하는 이유는?

① 측정오차 방지   ② 2차측 절연 보호

③ 2차측 과전류 보호   ④ 1차측 과전류 방지

해설 변류기(CT) 2차측을 개방하면 1차 전류에 의해 들어오는 CT전류가 모두 여자전류가 되어 매우 높은 전압이 유기되므로 절연파괴의 우려가 있다. 따라서, 전류계를 교체하기 위해서는 CT 2차측을 단락한 후에 전류계를 교체하여야 한다.

13 단자전압 220[V], 부하전류 50[A]인 분권발전기의 유도기전력은 몇 [V]인가? (단, 여기서 전기자 저항은 0.2[Ω]이며, 계자전류 및 전기자 반작용은 무시한다.)

① 200   ② 210

③ 260   ④ 230

해설 유도기전력 $E = 220 + 50 \times 0.2 = 230[\text{V}]$

정답 | 10 ①   11 ①   12 ②   13 ④

14 기전력(1상)이 E_0이고 동기 임피던스(1상)가 Z_s인 2대의 3상 동기발전기를 무부하로 병렬 운전시킬 때 각 발전기의 기전력 사이에 δ_s의 위상차가 있으면 한쪽 발전기에서 다른 쪽 발전기로 공급되는 1상당의 전력[W]은?

① $\dfrac{E_o}{Z_s}\sin\delta_s$ 　　　　　　　　　② $\dfrac{E_o}{Z_s}\cos\delta_s$

③ $\dfrac{{E_o}^2}{2Z_s}\sin\delta_s$ 　　　　　　　　④ $\dfrac{{E_o}^2}{2Z_s}\cos\delta_s$

> 해설 **수수전력**
> • 병렬운전 중 위상차 발생 시 위상차를 없애기 위해서 발전기 상호 간에 주고받는 전력
> • 표현식 : $P=\dfrac{{E_1}^2}{2Z_s}\times\sin\delta\,[\mathrm{W}]$

15 전압이 일정한 모선에 접속되어 역률 1로 운전하고 있는 동기전동기를 동기조상기로 사용하는 경우 여자전류를 증가시키면 이 전동기는 어떻게 되는가?

① 역률은 앞서고, 전기자전류는 증가한다.
② 역률은 앞서고, 전기자전류는 감소한다.
③ 역률은 뒤지고, 전기자전류는 증가한다.
④ 역률은 뒤지고, 전기자전류는 감소한다.

> 해설 여자(계자)전류를 증가시키면 진상전류를 공급하기 때문에 앞선 역률이 되고, 전기자전류는 증가한다.

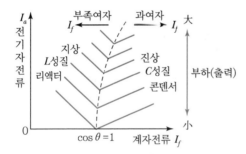

16 직류발전기의 전기자 반작용에 대한 설명으로 틀린 것은?

① 전기자 반작용으로 인하여 전기적 중성축을 이동시킨다.
② 정류자 편간 전압이 불균일하게 되어 섬락의 원인이 된다.
③ 전기자 반작용이 생기면 주자속이 왜곡되고 증가하게 된다.
④ 전기자 반작용이란, 전기자전류에 의하여 생긴 자속이 계자에 의해 발생되는 주자속에 영향을 주는 현상을 말한다.

> 해설 전기자 반작용 영향 : 감자작용(주자속 감소)과 편자작용(중성축 이동)

정답 | 14 ③　15 ①　16 ③

17 단상 변압기 2대를 병렬 운전할 경우, 각 변압기의 부하전류를 I_a, I_b, 1차 측으로 환산한 임피던스를 Z_a, Z_b, 백분율 임피던스 강하를 z_a, z_b, 정격용량을 P_{an}, P_{bn}이라 한다. 이때 부하분담에 대한 관계로 옳은 것은?

① $\dfrac{I_a}{I_b} = \dfrac{Z_a}{Z_b}$　　　　　　　　② $\dfrac{I_a}{I_b} = \dfrac{P_{bn}}{P_{an}}$

③ $\dfrac{I_a}{I_b} = \dfrac{z_b}{z_a} \times \dfrac{P_{an}}{P_{bn}}$　　　　　④ $\dfrac{I_a}{I_b} = \dfrac{Z_a}{Z_b} \times \dfrac{P_{an}}{P_{bn}}$

> **해설** 전류의 분담은 용량에 비례하고 임피던스에는 반비례한다. 따라서, 부하분담비는 $\dfrac{I_a}{I_b} = \dfrac{z_b}{z_a} \times \dfrac{P_{an}}{P_{bn}}$ 로 표현된다.

18 단상 유도전압조정기에서 단락권선의 역할은?

① 철손 경감　　　　　　　　② 절연 보호
③ 전압강하 경감　　　　　　④ 전압조정 용이

> **해설** 단락권선은 1차 권선과 직각으로 감아서 누설 리액턴스로 인한 전압강하를 경감시킨다.

19 동기 리액턴스 $X_s = 10[\Omega]$, 전기자 권선저항 $r_a = 0.1[\Omega]$, 3상 중 1상의 유도기전력 $E = 6,400[V]$, 단자전압 $V = 4,000[V]$, 부하각 $\delta = 30[°]$이다. 비철극기인 3상 동기발전기의 출력은 약 몇 [kW]인가?

① 1,280　　　　　　　　② 3,840
③ 5,520　　　　　　　　④ 6,650

> **해설** 3상 출력 $P_3 = 3 \times \dfrac{EV}{x_s} \sin\delta = 3 \times \dfrac{6,400 \times 4,000}{10} \sin30[°] \times 10^{-3} = 3,840[\text{kW}]$

20 60[Hz], 6극의 3상 권선형 유도전동기가 있다. 이 전동기의 정격 부하 시 회전수는 1,140[rpm]이다. 이 전동기를 같은 공급전압에서 전부하 토크로 기동하기 위한 외부저항은 몇 [Ω]인가? (단, 회전자 권선은 Y결선이며 슬립링 간의 저항은 0.1[Ω]이다.)

① 0.5　　　　　　　　② 0.85
③ 0.95　　　　　　　　④ 1

> **해설** • 동기속도 $N_s = \dfrac{120f}{P} = \dfrac{120 \times 60}{6} = 1,200[\text{rpm}]$
>
> • 슬립 $s = \dfrac{N_s - N}{N_s} = \dfrac{1,200 - 1,140}{1,200} = 0.05$
>
> • 기동토크와 전부하 토크를 같게 하기 위한 외부 삽입저항 $R = \left(\dfrac{1}{s} - 1\right) r_2 = \left(\dfrac{1}{0.05} - 1\right) \times \dfrac{0.1}{2} = 0.95[\Omega]$

정답 | **17** ③　**18** ③　**19** ②　**20** ③

CHAPTER 05

2021년 제2회 과년도 기출문제

01 부하전류가 크지 않을 때 직류 직권전동기 발생 토크는? (단, 자기회로가 불포화인 경우이다.)

① 전류에 비례한다.
② 전류에 반비례한다.
③ 전류의 제곱에 비례한다.
④ 전류의 제곱에 반비례한다.

해설 • 분권 전동기의 토크 특성 : $\tau \propto I$, $\tau \propto \dfrac{1}{N}$

• 직권 전동기의 토크 특성 : $\tau \propto I^2$, $\tau \propto \dfrac{1}{N^2}$, 직권전동기의 토크는 전류의 제곱에 비례한다.

02 동기전동기에 대한 설명으로 틀린 것은?

① 동기전동기는 주로 회전계자형이다.
② 동기전동기는 무효전력을 공급할 수 있다.
③ 동기전동기는 제동권선을 이용한 기동법이 일반적으로 많이 사용된다.
④ 3상 동기전동기의 회전방향을 바꾸려면 계자권선 전류의 방향을 반대로 한다.

해설 동기기 역회전 방법 : 3상 중 2상의 결선을 서로 바꾸어 접속함

03 동기발전기에서 동기속도와 극수와의 관계를 옳게 표시한 것은? (단, N : 동기속도, P : 극수이다.)

①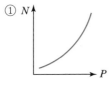
②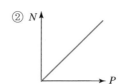
③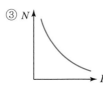
④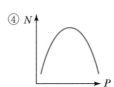

해설 동기발전기의 동기속도 $N_s = \dfrac{120f}{P}$[rpm]이므로 동기속도와 극수는 반비례$\left(N_s \propto \dfrac{1}{P}\right)$ 관계이다.

정답 | 01 ③ 02 ④ 03 ②

04 어떤 직류전동기가 역기전력 200[V], 매분 1,200회전으로 토크 158.76[N·m]를 발생하고 있을 때의 전기자전류는 약 몇 [A]인가? (단, 기계손 및 철손은 무시한다.)

① 90 　　　　　　　　　　　　　② 95

③ 100 　　　　　　　　　　　　④ 105

> **해설** • 전동기 출력 $P_o = EI_a = w\tau = 2\pi n\tau = 2\pi \dfrac{N}{60}\tau$
>
> • 전기자전류 $I_a = \dfrac{2\pi N\tau}{60E} = \dfrac{2\pi \times 1200 \times 158.76}{60 \times 200} = 99.75[\text{A}]$

05 일반적인 DC 서보모터의 제어에 속하지 않는 것은?

① 역률제어 　　　　　　　　　② 토크제어

③ 속도제어 　　　　　　　　　④ 위치제어

> **해설**

직류 서보모터	교류 서보모터
• 전류제어 • 속도제어 • 위치제어 • 토크제어	• 전압제어 • 위상제어 • 전압·위상 혼합제어

06 극수가 4극이고 전기자 권선이 단중 중권인 직류발전기의 전기자전류가 40[A]이면 전기자 권선의 각 병렬회로에 흐르는 전류[A]는?

① 4 　　　　　　　　　　　　　② 6

③ 8 　　　　　　　　　　　　　④ 10

> **해설** 중권은 $a = p$이므로, $I = \dfrac{40}{4} = 10[\text{A}]$

07 부스트(Boost) 컨버터의 입력전압이 45[V]로 일정하고, 스위칭 주기가 20[kHz], 듀티비(Duty Ratio)가 0.6, 부하저항이 10[Ω]일 때 출력전압은 몇 [V]인가? (단, 인덕터에는 일정한 전류가 흐르고 커패시터 출력전압의 리플성분은 무시한다.)

① 27 　　　　　　　　　　　　② 67.5

③ 75 　　　　　　　　　　　　④ 112.5

> **해설** • 부스트(Boost) 컨버터의 전달비 $G_v = \dfrac{V_o}{V_i} = \dfrac{1}{1-D}$
>
> • 여기서, V_o, V_i : 입·출력 전압[V], D : 듀티비
>
> • 출력전압 $V_o = \dfrac{1}{1-D} \times V_i = \dfrac{1}{1-0.6} \times 45 = 112.5[\text{V}]$

정답 　04 ③　05 ①　06 ④　07 ④

CHAPTER 05 2021년 제2회 과년도 기출문제 **267**

08 8극, 900[rpm] 동기발전기와 병렬 운전하는 6극 동기발전기의 회전수는 몇 [rpm]인가?

① 900
② 1,000
③ 1,200
④ 1,400

해설 • 동기속도 $N_s = \dfrac{120f}{P}$ [rpm]이므로, 주파수 $f = \dfrac{N_s \times P}{120} = \dfrac{900 \times 8}{120} = 60$[Hz]이다.

• 회전수(동기속도) $N_s = \dfrac{120 \times 60}{6} = 1,200$[rpm]

09 변압기 단락시험에서 변압기의 임피던스 전압이란?

① 1차 전류가 여자전류에 도달했을 때의 2차 측 단자전압
② 1차 전류가 정격전류에 도달했을 때의 2차 측 단자전압
③ 1차 전류가 정격전류에 도달했을 때의 변압기 내의 전압강하
④ 1차 전류가 2차 단락 전류에 도달했을 때의 변압기 내의 전압강하

해설 **임피던스 전압**
• 변압기 2차 측을 단락한 후 1차 측에 정격전류가 흐를 때까지 인가한 전압 또는 그때의 변압기 내부 전압강하
• 표현식 : $V_s = I_n \times Z$[V]

10 단상 정류자전동기의 일종인 단상 반발전동기에 해당되는 것은?

① 시라게전동기
② 반발유도전동기
③ 아트킨손형 전동기
④ 단상 직권 정류자 전동기

해설 **단상 반발전동기**
• 브러시를 단락하여 고정자와 회전자 사이에 일어나는 자극의 반발력에 의하여 기동하는 전동기
• 종류 : 아트킨손형, 톰슨형, 데리형

11 와전류 손실을 패러데이 법칙으로 설명한 과정 중 틀린 것은?

① 와전류가 철심 내에 흘러 발열 발생
② 유도기전력 발생으로 철심에 와전류가 흐름
③ 와전류 에너지 손실량은 전류밀도에 반비례
④ 시변 자속으로 강자성체 철심에 유도기전력 발생

해설 와전류 에너지 손실량은 전류밀도에 비례하는 관계를 나타낸다.

12 10[kW], 3상, 380[V] 유도전동기의 전부하 전류는 약 몇 [A]인가? (단, 전동기의 효율은 85[%], 역률은 85[%]이다.)

① 15

② 21

③ 26

④ 36

해설 • 전부하 출력 $P = \sqrt{3}\, VI\cos\theta\eta$ [W]

• 전부하 전류 $I = \dfrac{P}{\sqrt{3}\, V\cos\theta\eta} = \dfrac{10 \times 10^3}{\sqrt{3} \times 380 \times 0.85 \times 0.85} = 21.03$ [A]

13 변압기의 주요 시험항목 중 전압변동률 계산에 필요한 수치를 얻기 위한 필수적인 시험은?

① 단락시험

② 내전압시험

③ 변압비시험

④ 온도상승시험

해설 • 무부하시험을 통해 알 수 있는 특성 : P_i(철손), I_o(여자전류), Y_o(여자 어드미턴스)

• 단락시험을 통해 알 수 있는 특성 : P_c(동손, 임피던스 와트), Z(임피던스), V_s(임피던스 전압), ε(전압변동률)

14 2전동기설에 의하여 단상 유도전동기의 가상적 2개의 회전자 중 정방향에 회전하는 회전자 슬립이 s이면 역방향에 회전하는 가상적 회전자의 슬립은 어떻게 표시되는가?

① $1 + s$

② $1 - s$

③ $2 - s$

④ $3 - s$

해설 역회전 슬립 : $s' = 2 - s$

15 3상 농형 유도전동기의 전전압 기동토크는 전부하토크의 1.8배이다. 이 전동기에 기동보상기를 사용하여 기동전압을 전전압의 2/3로 낮추어 기동하면, 기동토크는 전부하토크 T와 어떤 관계인가?

① $3.0\,T$

② $0.8\,T$

③ $0.6\,T$

④ $0.3\,T$

해설 • 유도전동기 토크와 전압과의 관계 : $\tau \propto V^2$

• $\tau_1 : \tau_2 = (V_1)^2 : (V_2)^2$의 관계에서, $1.8 : \tau_2 = (1)^2 : \left(\dfrac{2}{3}\right)^2$, $\tau_2 = \left(\dfrac{2}{3}\right)^2 \times 1.8 = 0.8$

정답 | 12 ② 13 ① 14 ③ 15 ②

16 변압기에서 생기는 철손 중 와류손(Eddy Current Loss)은 철심의 규소강판 두께와 어떤 관계에 있는가?

① 두께에 비례

② 두께의 2승에 비례

③ 두께의 3승에 비례

④ 두께의 $\frac{1}{2}$ 승에 비례

해설
- 와류손 표현식 : $P_e = f_e \cdot (t \cdot f \cdot rf \cdot B_m)^2$ [W/kg]

  여기서, f_e : 재질 계수, t : 재료 두께, rf : 전원전압의 파형율, B_m : 최대자속밀도
- 와류손은 철심 두께의 2승에 비례한다. $(P_e \propto t^2)$

17 50[Hz], 12극의 3상 유도전동기가 10[HP]의 정격출력을 내고 있을 때, 회전수는 약 몇 [rpm]인가? (단, 회전자 동손은 350[W]이고, 회전자 입력은 회전자 동손과 정격출력의 합이다.)

① 468

② 478

③ 488

④ 500

해설
- 회전자 입력 $P_2 = P + P_{c2} = (10 \times 746) + 350 = 7,810$ [W]
- 슬립 $s = \dfrac{P_{c2}}{P_2} = \dfrac{350}{7,810} = 0.045$
- 동기속도 $N_s = \dfrac{120f}{P} = \dfrac{120 \times 50}{12} = 500$ [rpm]
- 회전수 $N = (1-s)N_s = (1-0.045) \times 500 = 477.5 \fallingdotseq 478$ [rpm]

18 변압기의 권수를 N이라고 할 때 누설 리액턴스는?

① N에 비례한다.

② N^2에 비례한다.

③ N에 반비례한다.

④ N^2에 반비례한다.

해설 리액턴스(인덕턴스) $L = \dfrac{\mu A N^2}{\ell} \propto N^2$ 의 관계가 성립한다.

19 동기발전기의 병렬운전 조건에서 같지 않아도 되는 것은?

① 기전력의 용량

② 기전력의 위상

③ 기전력의 크기

④ 기전력의 주파수

해설 **동기발전기 병렬운전 조건**
- 기전력의 크기가 같을 것
- 기전력의 위상이 같을 것
- 기전력의 주파수가 같을 것
- 기전력의 파형이 같을 것
- 기전력의 상회전 방향이 같을 것

정답 | 16 ② 17 ② 18 ② 19 ①

20 다이오드를 사용하는 정류회로에서 과대한 부하전류로 인하여 다이오드가 소손될 우려가 있을 때 가장 적절한 조치는 어느 것인가?

① 다이오드를 병렬로 추가한다.
② 다이오드를 직렬로 추가한다.
③ 다이오드 양단에 적당한 값의 저항을 추가한다.
④ 다이오드 양단에 적당한 값의 커패시터를 추가한다.

해설
- 다이오드 직렬연결 : 과전압 방지(입력전압을 증가시킬 수 있음)
- 다이오드 병렬연결 : 과전류 방지

정답 | **20** ①

CHAPTER

06 2021년 제3회 과년도 기출문제

01 4극, 60[Hz]인 3상 유도전동기가 있다. 1,725[rpm]으로 회전하고 있을 때, 2차 기전력의 주파수[Hz]는?

① 2.5
② 5
③ 7.5
④ 10

해설 ・ 동기속도 $N_s = \dfrac{120f}{P} = \dfrac{120 \times 60}{4} = 1,800\,[\mathrm{rpm}]$

・ 슬립 $s = \dfrac{N_s - N}{N_s} = \dfrac{1,800 - 1,720}{1,800} = 0.0417$

・ 회전자 주파수 $f_2' = s f_1 = 0.0417 \times 60 = 2.5$

02 변압기 내부고장 검출을 위해 사용하는 계전기가 아닌 것은?

① 과전압 계전기
② 비율차동 계전기
③ 부흐홀쯔 계전기
④ 충격압력 계전기

해설 **변압기 내부고장 보호계전기**
- 비율차동 계전기
- 차동 계전기
- 부흐홀쯔 계전기
- 충격압력 계전기
- 권선온도계, 유온계 등

03 단상 반파 정류회로에서 직류전압의 평균값 210[V]을 얻는 데 필요한 변압기 2차 전압의 실횻값은 약 몇 [V]인가? (단, 부하는 순저항이고, 정류기의 전압강하 평균값은 15[V]로 한다.)

① 400
② 433
③ 500
④ 566

해설 $E_a = \dfrac{E_d + e}{0.45} = \dfrac{210 + 15}{0.45} = 500\,[\mathrm{V}]$

04 동기조상기의 구조상 특징으로 틀린 것은?

① 고정자는 수차발전기와 같다.
② 안전 운전용 제동권선이 설치된다.
③ 계자 코일이나 자극이 대단히 크다.
④ 전동기 축은 동력을 전달하는 관계로 비교적 굵다.

해설 ▶ 동기조상기는 무부하 상태로 계자전류(I_f)의 크기를 조정하여 무효전력을 공급하기 때문에 전동기 축은 굵지 않아도 된다.

05 정격출력 10,000[kVA], 정격전압 6,600[V], 정격역률 0.8인 3상 비돌극 동기발전기가 있다. 여자를 정격상태로 유지할 때 이 발전기의 최대출력은 약 몇 [kW]인가? (단, 1상의 동기 리액턴스를 0.9[pu]라 하고 저항은 무시한다.)

① 17,089
② 18,889
③ 21,259
④ 23,619

해설 ▶ • 단위법으로 표현한 1상의 벡터도

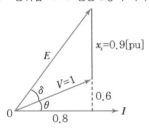

• 유기기전력 $E = \sqrt{0.8^2 + 1.5^2} = 1.7$[pu]
• 최대출력 $P_{\max}$[pu] $= \dfrac{EV}{X_s} = \dfrac{1.7 \times 1}{0.9} = 1.8889$[pu]
• 따라서, 최대출력 $P_{\max} = 10,000 \times 1.8889 = 18,889$[kVA]

06 75[W] 이하의 소출력 단상 직권 정류자 전동기의 용도로 적합하지 않은 것은?

① 믹서
② 소형 공구
③ 공작기계
④ 치과의료용

해설 ▶ 단상 직권 정류자 전동기의 적용 : 75[W] 이하의 소형공구, 치과의료용, 가정용 재봉틀, 믹서기 등

정답 | 04 ④ 05 ② 06 ③

07 권선형 유도전동기의 2차 여자법 중 2차 단자에서 나오는 전력을 동력으로 바꿔서 직류전동기에 가하는 방식은?

① 회생방식
② 크레머 방식
③ 플러깅 방식
④ 세르비우스 방식

> **해설** **크레머 방식**
> • 유도전동기와 직류전동기를 기계적으로 직결한 구조이다.
> • 유도전동기의 2차 출력을 SCR로 정류하여 직류전동기 입력으로 인가한다.

08 직류발전기의 특성곡선에서 각 축에 해당하는 항목으로 틀린 것은?

① 외부 특성곡선 : 부하전류와 단자전압
② 부하 특성곡선 : 계자전류와 단자전압
③ 내부 특성곡선 : 무부하전류와 단자전압
④ 무부하 특성곡선 : 계자전류와 유도기전력

> **해설** **특성곡선 종류**
> • 무부하 특성곡선 : E와 I_f 관계, ($E = V_o = V$)와 I_f 관계
> • 부하 특성곡선 : V와 I_f 관계
> • 외부 특성곡선 : V와 I 관계
> • 내부 특성곡선 : E와 I 관계

09 변압기의 전압변동률에 대한 설명으로 틀린 것은?

① 일반적으로 부하변동에 대하여 2차 단자전압의 변동이 작을수록 좋다.
② 전부하 시와 무부하 시의 2차 단자전압이 서로 다른 정도를 표시하는 것이다.
③ 인가전압이 일정한 상태에서 무부하 2차 단자전압에 반비례한다.
④ 전압변동률은 전등의 광도, 수명, 전동기의 출력 등에 영향을 미친다.

> **해설** • 변압기 전압변동률(ε) 표현식 : $\varepsilon = \dfrac{V_{2o} - V_{2n}}{V_{2n}} \times 100$
> • 변압기 무부하 2차 단자전압(V_{2o})이 클수록 전압변동률(ε)이 증가하므로, 전압변동률과 무부하 2차 단자전압과는 비례관계이다.

10 3상 유도전동기에서 고조파 회전자계가 기본파 회전방향과 역방향인 고조파는?

① 제3고조파
② 제5고조파
③ 제7고조파
④ 제13고조파

해설 회전자계가 기본파 회전방향과 역방향인 고조파는 제5고조파인 경우이다.

고조파 차수에 따른 회전자계 방향과 속도 관계

고조파 차수(h)		회전자계 방향	속도
$h = 2nm + 1$	7, 13, 19 …	기본파와 동일 방향	1/h
$h = 3k$	3, 9, 15, 21 …	회전자계 발생 없음	−
$h = 2nm - 1$	5, 11, 17, 23 …	기본파와 반대 방향	1/h

11 직류 직권전동기에서 분류 저항기를 직권권선에 병렬로 접속해 여자전류를 가감시켜 속도를 제어하는 방법은?

① 저항 제어
② 전압 제어
③ 계자 제어
④ 직 · 병렬 제어

해설 직권전동기는 계자권선에 계자저항기(R_f)를 병렬로 접속하고, 저항값 변화로 자속을 조정하여 속도를 제어한다.

12 100[kVA], 2,300/115[V], 철손 1[kW], 전부하동손 1.25[kW]의 변압기가 있다. 이 변압기는 매일 무부하로 10시간, $\frac{1}{2}$ 정격부하 역률 1에서 8시간, 전부하 역률 0.8(지상)에서 6시간 운전하고 있다면 전일효율은 약 몇 [%]인가?

① 93.3
② 94.3
③ 95.3
④ 96.3

해설 • 전일효율 : 1일(24시간) 동안의 종합 효율
• 전일 철손(P_i) : 부하의 유 · 무와 관계없이 전원만 인가되면 24시간 동안 발생
$P_i = 1 \times 24 = 24\,[\text{kW}]$
• 전일 동손(P_c) : 부하가 접속되어 부하전류(I)가 흐를 때만 발생
$P_c = \left[1.25 \times \left(\frac{1}{2} \right)^2 \times 8 \right] + (1.25 \times 1^2 \times 6) = 10\,[\text{kW}]$
• 전일 출력 : 부하가 접속되어 부하전류(I)가 흐를 때만 발생
$P = \left(100 \times \frac{1}{2} \times 1 \times 8 \right) + (100 \times 1 \times 0.8 \times 6) = 880\,[\text{kW}]$
• 전일효율 계산
$\eta = \dfrac{출력}{출력 + 손실} \times 100 = \dfrac{880}{880 + 24 + 10} \times 100 = 96.28\,[\%]$

13 유도전동기의 슬립을 측정하려고 한다. 다음 중 슬립의 측정법이 아닌 것은?

① 수화기법　　　　　　　　　　② 직류밀리볼트계법
③ 스트로보스코프법　　　　　　　④ 프로니브레이크법

해설 프로니브레이크법은 토크 측정법이다.

14 60[Hz], 600[rpm]의 동기전동기에 직결된 기동용 유도전동기의 극수는?

① 6　　　　　　　　　　　　　　② 8
③ 10　　　　　　　　　　　　　④ 12

해설 **타기동법(기동전동기법)**
- 유도전동기를 이용하여 기동
- 유도전동기의 극수는 동기전동기(회전자기장)의 극수보다 2극 적게 할 것
  ※ 이유 : 유도전동기의 속도가 동기속도보다 슬립만큼($s \cdot N_s$) 늦기 때문
- 동기전동기 극수 계산 : 동기속도 $N_s = \dfrac{120f}{P}$ [rpm]이므로, 극수 $P = \dfrac{120f}{N_s} = \dfrac{120 \times 60}{600} = 12$극
- 따라서, 유도전동기 극수는 12극$-$2$=$10극

15 1상의 유도기전력이 6,000[V]인 동기발전기에서 1분간 회전수를 900[rpm]에서 1,800[rpm]으로 하면 유도기전력은 약 몇 [V]인가?

① 6,000　　　　　　　　　　　② 12,000
③ 24,000　　　　　　　　　　④ 36,000

해설 · 유도기전력 $e = B\ell v = B\ell \pi Dn = B\ell \pi D\dfrac{N}{60}$ [V]이므로, $E \propto N$의 관계가 성립한다.
· 유도기전력 $e' = \dfrac{1,800}{900} \times 6,000 = 12,000$ [V]

16 3상 변압기를 병렬운전하는 조건으로 틀린 것은?

① 각 변압기의 극성이 같을 것
② 각 변압기의 %임피던스 강하가 같을 것
③ 각 변압기의 1차와 2차 정격전압과 변압비가 같을 것
④ 각 변압기의 1차와 2차 선간전압의 위상변위가 다를 것

정답 | 13 ④　14 ③　15 ②　16 ④

변압기 병렬운전 조건
- 극성이 같을 것
- 정격전압(V_n)이 같을 것
- 권수비(a)가 같을 것
- %Z(%임피던스)가 같을 것
- 상회전방향이 같을 것
- 각변위가 같을 것

17 직류 분권전동기의 전압이 일정할 때 부하토크가 2배로 증가하면 부하전류는 약 몇 배가 되는가?

① 1 ② 2

③ 3 ④ 4

• 분권 전동기의 토크 특성 : $\tau \propto I$, $\tau \propto \dfrac{1}{N}$, 토크와 전류는 비례이므로 전류는 2배로 증가한다.

   • 직권 전동기의 토크 특성 : $\tau \propto I^2$, $\tau \propto \dfrac{1}{N^2}$

18 변압기유에 요구되는 특성으로 틀린 것은?

① 점도가 클 것 ② 응고점이 낮을 것

③ 인화점이 높을 것 ④ 절연 내력이 클 것

절연유 구비조건
- 절연내력이 높을 것
- 점도가 낮을 것
- 응고점이 낮을 것
- 인화점이 높을 것
- 쉽게 변질(산화)되지 않을 것

19 다이오드를 사용한 정류회로에서 다이오드를 여러 개 직렬로 연결하면 어떻게 되는가?

① 전력공급의 증대

② 출력전압의 맥동률을 감소

③ 다이오드를 과전류로부터 보호

④ 다이오드를 과전압으로부터 보호

• 다이오드 직렬연결 : 과전압 방지(입력전압을 증가시킬 수 있음)

   • 다이오드 병렬연결 : 과전류 방지

정답 | 17 ② 18 ① 19 ④

20 직류 분권전동기의 기동 시에 정격전압을 공급하면 전기자전류가 많이 흐르다가 회전속도가 점점 증가함에 따라 전기자전류가 감소하는 원인은?

① 전기자반작용의 증가
② 전기자권선의 저항 증가
③ 브러시의 접촉저항 증가 ·
④ 전동기의 역기전력 상승

해설 • 단자전압 $V = E + I_a r_a$[V]이므로, 전기자전류 $I_a = \dfrac{V-E}{r_a}$[A]

• 기동 시 : 회전수(n)가 적기 때문에 역기전력(E)이 작고, 많은 전기자전류(I_a)가 흐른다.

• 속도 증가 시 : 역기전력(E)이 상승하기 때문에 전기자전류(I_a)가 감소한다.

01 SCR을 이용한 단상전파 위상제어 정류회로에서 전원전압은 실횻값이 220[V], 60[Hz]인 정현파이며, 부하는 순저항으로 10[Ω]이다. SCR의 점호각 α를 60[°]라 할 때 출력전류의 평균값[A]은 약 얼마인가?

① 7.54
② 9.73
③ 11.43
④ 14.86

해설 • 단상전파 정류회로의 직류출력전압

$$E_d = \frac{2\sqrt{2}}{\pi}E_a\left(\frac{1+\cos\alpha}{2}\right) = \frac{2\sqrt{2}}{\pi}\times 220\times\left(\frac{1+\cos 60[°]}{2}\right) = 148.55[V]$$

• 출력전류 $I_d = \dfrac{E_d}{R} = \dfrac{148.55}{10} \fallingdotseq 14.86[A]$

02 직류발전기가 90[%] 부하에서 최대효율이 된다면 이 발전기의 전부하에 있어서 고정손과 부하손의 비는?

① 0.81
② 0.9
③ 1.0
④ 1.1

해설 • 90[%] 부하에서 효율이 최대이므로, 최대효율 시 부하율 $\dfrac{1}{m} = \sqrt{\dfrac{P_i}{P_c}} = 0.9$이다.

• 따라서, 고정손과 부하손의 비 $\dfrac{P_i}{P_c} = 0.9^2 = 0.81$

03 정류기의 직류 측 평균전압이 2,000[V]이고 리플률이 3[%]일 경우 리플전압의 실횻값[V]은?

① 20
② 30
③ 50
④ 60

해설 • 리플률(맥동률) $r = \dfrac{\text{나머지 교류분의 크기}}{\text{직류분의 크기}}\times 100[\%]$

• 리플전압의 실횻값(교류분) $E_a = \dfrac{E_d}{100}\times\gamma = \dfrac{2,000}{100}\times 3 = 60[V]$

정답 | **01** ④ **02** ① **03** ④

04 단상직권정류자전동기에서 보상권선과 저항도선의 작용에 대한 설명으로 틀린 것은?

① 보상권선은 역률을 좋게 한다.
② 보상권선은 변압기의 기전력을 크게 한다.
③ 보상권선은 전기자 반작용을 제거해 준다.
④ 저항도선은 변압기 기전력에 의한 단락 전류를 작게 한다.

해설 • 보상권선 설치목적 : 역률개선, 전기자 반작용 상쇄 및 변압기 기전력을 작게 하여 정류작용을 개선한다.
• 저항도선 : 전기자 코일과 정류자편 사이에 고저항의 도선을 접속하여 단락 전류를 작게 한다.

05 3상 동기발전기에서 그림과 같이 1상의 권선을 서로 똑같은 2조로 나누어 그 1조의 권선전압을 E[V], 각 권선의 전류를 I[A]라 하고 지그재그 Y형(Zigzag Star)으로 결선하는 경우 선간전압[V], 선전류[A] 및 피상전력[VA]은?

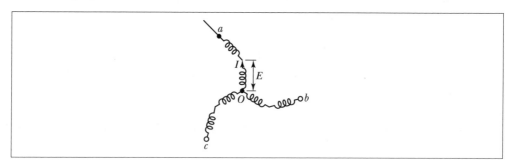

① $3E$, I, $\sqrt{3} \times 3E \times I = 5.2EI$
② $\sqrt{3}\,E$, $2I$, $\sqrt{3} \times \sqrt{3}\,E \times 2I = 6EI$
③ E, $2\sqrt{3}\,I$, $\sqrt{3} \times E \times 2\sqrt{3}\,I = 6EI$
④ $\sqrt{3}\,E$, $\sqrt{3}\,I$, $\sqrt{3} \times \sqrt{3}\,E \times \sqrt{3}\,I = 5.2EI$

해설 • 지그재그 결선에서 상전압은 $\sqrt{3}\,E$가 되고, 선간전압은 상전압의 $\sqrt{3}$ 배이므로, 선간전압은 $\sqrt{3} \times \sqrt{3}\,E$ $= 3E$[V]가 된다.
• Y결선에서 상전류와 선전류가 같으므로 선전류는 I[A]가 된다.
• 피상전력 $P_a = \sqrt{3} \times$ 선간전압 $\times$ 선전류 $= \sqrt{3} \times 3E \times I = 5.2EI$ [VA]

06 비돌극형 동기발전기 한상의 단자전압을 V, 유도기전력을 E, 동기리액턴스를 X_s, 부하각이 δ이고, 전기자저항을 무시할 때 한상의 최대출력[W]은?

① $\dfrac{EV}{X_s}$

② $\dfrac{3EV}{X_s}$

③ $\dfrac{E^2 V}{X_s}$

④ $\dfrac{EV^2}{X_s}$

해설 비돌극형 동기발전기 출력 $P = \dfrac{EV}{X_s}\sin\delta\,$[W]의 식에서, 최대출력은 $\delta = 90°$ 일 때이므로 $P = \dfrac{EV}{X_s}\sin 90$

$= \dfrac{EV}{X_s}$[W]의 식에 된다.

07 다음 중 비례추이를 하는 전동기는?

① 동기전동기

② 정류자전동기

③ 단상유도전동기

④ 권선형 유도전동기

해설 비례추이는 2차저항을 변화시켜서 기동특성 및 속도제어를 용이하게 하기 위한 장치로서 2차저항을 가지고 있는 3상 권선형 유도전동기에서 적용된다.

08 단자전압 200[V], 계자저항 50[Ω], 부하전류 50[A], 전기자저항 0.15[Ω], 전기자 반작용에 의한 전압강하 3[V]인 직류분권발전기가 정격속도로 회전하고 있다. 이때 발전기의 유도기전력은 약 몇 [V]인가?

① 211.1

② 215.1

③ 225.1

④ 230.1

해설 • 전기자전류 $I_a = I + I_f = 50 + 4 = 54$[A]
• 유도기전력 $E = V + I_a r_a + e_a = 200 + 54 \times 0.15 + 3 = 211.1$[V]

09 동기기의 권선법 중 기전력의 파형을 좋게 하는 권선법은?

① 전절권, 2층권

② 단절권, 집중권

③ 단절권, 분포권

④ 전절권, 집중권

해설 단절권과 분포권은 전절권과 집중권에 비해 기전력은 작지만 고조파가 제거되는 특성으로 기전력의 파형을 좋게 한다.

10 변압기에 임피던스 전압을 인가할 때의 입력은?

① 철손   ② 와류손

③ 정격용량   ④ 임피던스 와트

> **해설** • 임피던스 전압 : 변압기 2차 측을 단락한 후 1차 측에 정격전류가 흐를 때까지 인가한 전압 또는 그때의 변압기 내부 전압강하
> • 임피던스 와트(동손) : 임피던스 전압일 때의 전력값

11 불꽃 없는 정류를 하기 위해 평균 리액턴스 전압(A)과 브러시 접촉면 전압강하(B) 사이에 필요한 조건은?

① A > B   ② A < B

③ A = B   ④ A, B와 관계없다.

> **해설** • 정류과정에서 불꽃발생의 원인은 평균 리액턴스 전압이 크기 때문이다.
> • 이에 대한 대책으로 접촉저항이 큰 브러시를 사용하여 브러시 접촉면 전압강하를 크게 한다.
> • 불꽃 없는 정류 조건 : 브러시 접촉면 전압강하 > 평균 리액턴스 전압

12 유도전동기 1극의 자속 Φ, 2차 유효전류 $I_2 \cos \theta_2$, 토크 τ의 관계로 옳은 것은?

① $\tau \propto \Phi \times I_2 \cos \theta_2$ ② $\tau \propto \Phi \times (I_2 \cos \theta_2)^2$

③ $\tau \propto \dfrac{1}{\Phi \times I_2 \cos \theta_2}$ ④ $\tau \propto \dfrac{1}{\Phi \times (I_2 \cos \theta_2)^2}$

> **해설** • 유도전동기 토크는 동기속도로 회전할 때 2차입력과 비례한다(동기와트).
> • 토크 $\tau \propto P_2 \propto E_2 I_2 \cos \theta_2 \propto \varnothing I_2 \cos \theta_2 (\because E_2 = 4.44 K_{w2} f \varnothing N_2 [V])$

13 회전자가 슬립 s로 회전하고 있을 때 고정자와 회전자의 실효권수비를 α라 하면 고정자기전력 E_1과 회전자기전력 E_{2s}의 비는?

① $s\alpha$ ② $(1-s)\alpha$

③ $\dfrac{\alpha}{s}$ ④ $\dfrac{\alpha}{1-s}$

> **해설** • 전동기 정지 시 실효권수비 : $\alpha = \dfrac{E_1}{E_2}$
> • 전동기가 슬립 s로 회전 시 권수비 : $\alpha' = \dfrac{E_1}{sE_2} = \dfrac{1}{s} \times \alpha = \dfrac{\alpha}{s}$

14 직류직권전동기의 발생토크는 전기자전류를 변화시킬 때 어떻게 변하는가? (단, 자기포화는 무시한다.)

① 전류에 비례한다.
② 전류에 반비례한다.
③ 전류의 제곱에 비례한다.
④ 전류의 제곱에 반비례한다.

해설 • 토크 $\tau = \dfrac{PZ\varnothing I_a}{2\pi a} = K\varnothing I_a [\text{N} \cdot \text{m}]$, $\tau \propto \varnothing I_a$

• 직권전동기는 $I = I_a = I_s \propto \varnothing$ 이므로, 토크는 전류의 제곱에 비례한다($\tau \propto I^2$).

15 동기발전기의 병렬운전 중 유도기전력의 위상차로 인하여 발생하는 현상으로 옳은 것은?

① 무효전력이 생긴다.
② 동기화 전류가 흐른다.
③ 고조파 무효순환전류가 흐른다.
④ 출력이 요동하고 권선이 가열된다.

해설 • 기전력의 위상차가 다르게 되는 원인 : 원동기의 출력이 변할 때
• 위상이 다르면 흐르는 전류 : 동기화 전류(유효횡류)

16 3상 유도기의 기계적 출력(P_0)에 대한 변환식으로 옳은 것은? (단, 2차입력은 P_2, 2차동손은 P_{2c}, 동기속도는 N_s, 회전자 속도는 N, 슬립은 s이다.)

① $P_o = P_2 + P_{2c} = \dfrac{N}{N_s} P_2 = (2-s)P_2$

② $(1-s)P_2 = \dfrac{N}{N_s} P_2 = P_o - P_{2c} = P_o - sP_2$

③ $P_o = P_2 - P_{2c} = P_2 - sP_2 = \dfrac{N}{N_s} P_2 = (1-s)P_2$

④ $P_o = P_2 + P_{2c} = P_2 + sP_2 = \dfrac{N}{N_s} P_2 = (1+s)P_2$

해설 • 전동기 출력(P_o)=2차입력(P_2)−2차동손(P_{C2})

• 따라서, $P_o = P_2 - P_{c2} = (1-s)P_2$ 의 형태가 되고, 회전자 속도 $N = (1-s)N_s$ 이므로 $(1-s) = \dfrac{N}{N_s}$ 의 형태가 된다.

17 변압기의 등가회로 구성에 필요한 시험이 아닌 것은?

① 단락시험
② 부하시험
③ 무부하시험
④ 권선저항 측정

해설 **변압기 등가회로 작성 전 시험**
• 무부하시험
• 단락시험
• 권선저항 측정

정답 | 14 ③ 15 ② 16 ③ 17 ②

18 단권변압기 두 대를 V 결선하여 전압을 2,000[V]에서 2,200[V]로 승압한 후 200[kVA]의 3상 부하에 전력을 공급하려고 한다. 이때 단권변압기 1대의 용량은 약 몇 [kVA]인가?

① 4.2

② 10.5

③ 18.2

④ 21

해설 • V 결선 시 : $\dfrac{\text{자기용량}}{\text{부하용량}} = \dfrac{2}{\sqrt{3}} \cdot \dfrac{V_H - V_L}{V_H}$

• 자기용량 $= \dfrac{2}{\sqrt{3}} \times \dfrac{V_H - V_L}{V_H} \times$ 부하용량 $= \dfrac{2}{\sqrt{3}} \times \dfrac{2,200 - 2,000}{2,200} \times 200 = 20.99[\text{kVA}]$

• 1대의 자기용량 : $\dfrac{20.99}{2} ≒ 10.5[\text{kVA}]$

19 권수비 $\alpha = \dfrac{6,600}{220}$, 주파수 60[Hz], 변압기의 철심 단면적 0.02[m²], 최대자속밀도 1.2[Wb/m²]일 때 변압기의 1차 측 유도기전력은 약 몇 [V]인가?

① 1,407

② 3,521

③ 42,198

④ 49,814

해설 변압기 1차 측 유도기전력 $E = 4.44f\varnothing_m N_1 = 4.44fB_m AN_1 [\text{V}]$
∴ $E = 4.44 \times 60 \times 1.2 \times 0.02 \times 6600 = 42,197.76[\text{V}]$

20 회전형 전동기와 선형 전동기(Linear Motor)를 비교한 설명으로 틀린 것은?

① 선형의 경우 회전형에 비해 공극의 크기가 작다.

② 선형의 경우 직접적으로 직선운동을 얻을 수 있다.

③ 선형의 경우 회전형에 비해 부하관성의 영향이 크다.

④ 선형의 경우 전원의 상 순서를 바꾸어 이동방향을 변경한다.

해설 **리니어 모터(선형 전동기)의 특징**
• 일반 모터는 회전운동을 하지만 리니어 모터는 직선운동을 한다.
• 회전형에 비해 공극의 크기가 크다.
• 회전형에 비해 부하관성의 영향이 크다.
• 전원의 상 순서를 바꾸어 이동방향을 변경한다.

정답 | 18 ② 19 ③ 20 ①

CHAPTER 08 2022년 제2회 과년도 기출문제

01 단상변압기의 무부하상태에서 $V_1 = 200\sin(\omega t + 30[°])[V]$의 전압이 인가되었을 때 $I_o = 3\sin(\omega t + 60[°]) + 0.7\sin(3\omega t + 180[°])[A]$의 류가 흘렀다. 이때 무부하손은 약 몇 [W]인가?

① 150

② 259.8

③ 415.2

④ 512

해설 • 주파수가 다른 전압과 전류 사이에서의 전력은 0(zero)이기 때문에 기본파에 대한 전력만을 계산하면 된다.

• 무부하손 $P_o = \dfrac{200}{\sqrt{2}} \times \dfrac{3}{\sqrt{2}} \times \cos(60[°] - 30[°]) = 259.81[W]$

02 단상직권정류자전동기의 전기자권선과 계자권선에 대한 설명으로 틀린 것은?

① 계자권선의 권수를 적게 한다.

② 전기자권선의 권수를 크게 한다.

③ 변압기 기전력을 적게 하여 역률저하를 방지한다.

④ 브러시로 단락되는 코일 중의 단락 전류를 크게 한다.

해설 • 브러시에 의해 단락되는 코일에는 인덕턴스에 의한 유도기전력과 교번자속에 의한 기전력이 더해져서 단락 전류가 크기 때문에 단락 전류를 줄이기 위한 대책이 적용된다.

• 대책 : 브러시 접촉저항을 크게(저항정류)하고, 전기자 코일과 정류자편 사이에 고저항의 도선을 접속하여 단락 전류를 제한한다.

03 전부하 시의 단자전압이 무부하 시의 단자전압보다 높은 직류발전기는?

① 분권발전기

② 평복권발전기

③ 과복권발전기

④ 차동복권발전기

해설 **직류발전기 외부특성곡선**

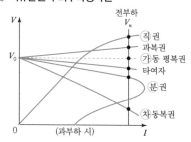

04 직류기의 다중 중권 권선법에서 전기자 병렬회로수 a와 극수 P 사이의 관계로 옳은 것은? (단, m은 다중도이다.)

① $a = 2$ ② $a = 2m$

③ $a = P$ ④ $a = mP$

해설 중권에서의 병렬회로수(a)는 극수(P)와 같고, 다중도를 적용하면 $a = mP$로 표현된다.

05 슬립 s_t에서 최대토크를 발생하는 3상 유도전동기에 2차 측 한상의 저항을 r_2라 하면 최대토크로 기동하기 위한 2차 측 한상에 외부로부터 가해 주어야 할 저항[Ω]은?

① $\dfrac{1-s_t}{s_t}r_2$ ② $\dfrac{1+s_t}{s_t}r_2$

③ $\dfrac{r_2}{1-s_t}$ ④ $\dfrac{r_2}{s_t}$

해설 기동 시 최대토크와 같은 토크로 기동하기 위한 외부저항(R)

$$\frac{r_2}{s_t} = \frac{r_2+R}{s'} = \frac{r_2+R}{1} \rightarrow R = \frac{r_2}{s_t} - r_2 = \frac{1-s_t}{s_t}r_2 [\Omega]$$

06 단상변압기를 병렬운전할 경우 부하전류의 분담은?

① 용량에 비례하고 누설 임피던스에 비례

② 용량에 비례하고 누설 임피던스에 반비례

③ 용량에 반비례하고 누설 리액턴스에 비례

④ 용량에 반비례하고 누설 리액턴스의 제곱에 비례

해설 부하분담 비 $\dfrac{I_b}{I_a} = \dfrac{P_B}{P_A} \times \dfrac{\%Z_A}{\%Z_B}$ 이므로, 용량에는 비례하고 임피던스에는 반비례한다.

07 스텝모터(Step Motor)의 장점으로 틀린 것은?

① 회전각과 속도는 펄스 수에 비례한다.

② 위치제어를 할 때 각도 오차가 적고 누적된다.

③ 가속, 감속이 용이하며 정·역전 및 변속이 쉽다.

④ 피드백 없이 오픈루프로 손쉽게 속도 및 위치제어를 할 수 있다.

해설 **스텝모터의 특성**
- 여자방식 : 1상 여자방식, 2상 여자방식, 1~2상 여자방식
- 정·역 운전 및 가속과 감속이 용이함
- 위치제어 시 오차가 적고, 누적되지 않음
- 브러시, 슬립링 등이 없기 때문에 부품 수가 적고 신뢰성이 높음

정답 | **04** ④   **05** ①   **06** ②   **07** ②

08 380[V], 60[Hz], 4극, 10[kW]인 3상 유도전동기의 전부하슬립이 4[%]이다. 전원전압을 10[%] 낮추는 경우 전부하슬립은 약 몇 [%]인가?

① 3.3

② 3.6

③ 4.4

④ 4.9

해설 유도전동기에서 토크가 일정하면 슬립은 공급전압에 제곱에 반비례$\left(s \propto \dfrac{1}{V^2}\right)$하는 특성을 가지므로,

$$s' = \left(\dfrac{1}{0.9}\right)^2 \times 4 = 4.94[\%]$$

09 3상 권선형 유도전동기의 기동 시 2차 측 저항을 2배로 하면 최대토크값은 어떻게 되는가?

① 3배로 된다.

② 2배로 된다.

③ 1/2로 된다.

④ 변하지 않는다.

해설 비례추이 원리에서 2차저항을 변화시키면 슬립이 변화하고, 최대출력은 변화되지 않는다.

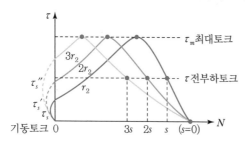

10 직류분권전동기에서 정출력 가변속도의 용도에 적합한 속도제어법은?

① 계자제어

② 저항제어

③ 전압제어

④ 극수제어

해설 직류전동기 속도제어 방식에서 전압제어 방식은 정토크 제어방식이고, 계자제어 방식은 정출력의 속도제어 방식이다.

11 직류분권전동기의 전기자전류가 10[A]일 때 5[N·m]의 토크가 발생하였다. 이 전동기의 계자의 자속이 80[%]로 감소되고, 전기자전류가 12[A]로 되면 토크는 약 몇 [N·m]인가?

① 3.9

② 4.3

③ 4.8

④ 5.2

해설 토크 $\tau = \dfrac{PZ\varnothing I_a}{2\pi a} = K\varnothing I_a[\text{N·m}]$, $\tau \propto \phi I_a$의 관계에서

$\tau \propto 0.8 \times 1.2 = 0.96$, $\therefore \tau = 5 \times 0.96 = 4.8[\text{N·m}]$

정답 | **08** ④ **09** ④ **10** ① **11** ③

12 권수비가 a인 단상변압기 3대가 있다. 이것을 1차에 Δ, 2차에 Y로 결선하여 3상 교류평형회로에 접속할 때 2차 측의 단자전압을 V[V], 전류를 I[A]라고 하면 1차 측의 단자전압 및 선전류는 얼마인가? (단, 변압기의 저항, 누설리액턴스, 여자전류는 무시한다.)

① $\dfrac{aV}{\sqrt{3}}$[V], $\dfrac{\sqrt{3}I}{a}$[A]

② $\sqrt{3}\,aV$[V], $\dfrac{I}{\sqrt{3}\,a}$[A]

③ $\dfrac{\sqrt{3}\,V}{a}$[V], $\dfrac{I}{\sqrt{3}\,a}$[A]

④ $\dfrac{V}{\sqrt{3}\,a}$[V], $\sqrt{3}\,aI$[A]

해설 • Y결선은 선간전압(V_ℓ)이 상전압(V_p)보다 $\sqrt{3}$ 배 크고, 선전류(I_ℓ)와 상전류(I_p)는 같다.
  • Δ결선은 선간전압(V_ℓ)과 상전압(V_p)이 같고, 선전류(I_ℓ)가 상전류(I_p)보다 $\sqrt{3}$ 배 크다.
  • 따라서, 1차측 단자전압과 선전류는 $\dfrac{aV}{\sqrt{3}}$[V], $\dfrac{\sqrt{3}I}{a}$[A]가 된다.

13 3상 전원전압 220[V]를 3상 반파정류회로의 각 상에 SCR을 사용하여 정류제어할 때 위상각을 60[°]로 하면 순저항부하에서 얻을 수 있는 출력전압 평균값은 약 몇 [V]인가?

① 128.65

② 148.55

③ 257.3

④ 297.1

해설 3상반파 SCR 정류회로의 출력전압 $E_d = 0.9E\cos\alpha = 1.17 \times 220 \times \cos 60[°] = 128.65$[V]

14 유도자형 동기발전기의 설명으로 옳은 것은?

① 전기자만 고정되어 있다.
② 계자극만 고정되어 있다.
③ 회전자가 없는 특수 발전기이다.
④ 계자극과 전기자가 고정되어 있다.

해설 **동기발전기 회전자에 의한 분류**

구분	고정자	회전자	적용
회전 계자형	전기자	계자	동기발전기
회전 전기자형	계자	전기자	• 직류발전기 • 소용량 동기발전기
유도자형	계자, 전기자	유도자	고주파 발전기 (수백~수만 [Hz])

정답 | 12 ① 13 ① 14 ④

정답 | 12 ① 13 ① 14 ④

15 3상 동기발전기의 여자전류 10[A]에 대한 단자전압이 $1{,}000\sqrt{3}$ [V], 3상 단락 전류가 50[A]인 경우 동기임피던스는 몇 [Ω]인가?

① 5   ② 11
③ 20   ④ 34

해설 단락 전류 $I_s = \dfrac{E}{Z_s}$[A]이므로, $Z_s = \dfrac{E}{I_s} = \dfrac{\dfrac{1{,}000\sqrt{3}}{\sqrt{3}}}{50} = 20[\Omega]$

16 동기발전기에서 무부하정격전압일 때의 여자전류를 I_{fo}, 정격부하정격전압일 때의 여자전류를 I_{f1}, 3상 단락정격전류에 대한 여자전류를 I_{fs}라 하면 정격속도에서의 단락비 K는?

① $K = \dfrac{I_{fs}}{I_{fo}}$ ② $K = \dfrac{I_{fo}}{I_{fs}}$

③ $K = \dfrac{I_{fs}}{I_{f1}}$ ④ $K = \dfrac{I_{f1}}{I_{fs}}$

해설 단락비 $K_s = \dfrac{\text{무부하 시 정격전압을 유기하는데 필요한 여자전류}}{\text{3상 단락 시 정격전류와 같은 단락전류를 흘리는데 필요한 여자전류}} = \dfrac{I_{fo}}{I_{fs}}$

17 변압기의 습기를 제거하여 절연을 향상시키는 건조법이 아닌 것은?

① 열풍법   ② 단락법
③ 진공법   ④ 건식법

해설 **건조법**
- 변압기 권선과 철심에 남아있는 습기를 제거하고, 건조시킴으로써 절연을 향상시키는 방법
- 구분 : 열풍법, 진공법, 단락법

18 극수 20, 주파수 60[Hz]인 3상 동기발전기의 전기자권선이 2층 중권, 전기자 전 슬롯 수 180, 각 슬롯 내의 도체 수 10, 코일피치 7 슬롯인 2중 성형결선으로 되어 있다. 선간전압 3,300[V]를 유도하는 데 필요한 기본파 유효자속은 약 몇 [Wb]인가? (단, 코일피치와 자극피치의 비 $\beta = \dfrac{7}{9}$이다.)

① 0.004   ② 0.062
③ 0.053   ④ 0.07

정답 | **15** ③   **16** ②   **17** ④   **18** ③

해설 • 1상의 유기기전력 $E = 4.44K_w f \varnothing N[\text{V}]$의 식에서, 자속 $\varnothing = \dfrac{E}{4.44K_w fN}[\text{wb}]$

(여기서, K_w : 권선계수, f : 주파수, $\varnothing$: 매극당 자속, N : 권수)

• 단절계수 $K_p = \sin\dfrac{\beta\pi}{2} = \sin\dfrac{\frac{7}{9}\pi}{2} = 0.9396$

• 분포계수 $K_d = \dfrac{\sin\dfrac{\pi}{2m}}{q\sin\dfrac{\pi}{2mq}} = \dfrac{\sin\dfrac{180}{2\times3}}{3\sin\dfrac{180}{2\times3\times3}} = 0.9597$

• 권선계수 $K_w = K_P \times K_d = 0.9396 \times 0.9597 = 0.9$

• 권선수 $N = \dfrac{\text{총 슬롯 수} \times \text{슬롯 내 도체 수}}{\text{상수} \times 2 \times 2} = \dfrac{180 \times 10}{3 \times 2 \times 2} = 150$

→ 권선수는 총 도체 수인 (총 슬롯 수×슬롯 내 도체 수)를 2로 나누어 주면 되는데 추가적으로 1상당 값이므로 상수로 나누어 주고, 2중 Y결선이므로 다시 2로 나누어 준다.

• 따라서, 유효자속 $\varnothing = \dfrac{E}{4.44K_w fN} = \dfrac{\frac{3,300}{\sqrt{3}}}{4.44 \times 0.9 \times 60 \times 150} = 0.053[\text{wb}]$

19 2방향성 3단자 사이리스터는 어느 것인가?

① SCR
② SSS
③ SCS
④ TRIAC

해설 • SCR : 단방향성 3단자 소자
• SSS : 2방향성 2단자 소자
• SCS : 단방향성 4단자 소자
• TRIAC : 2방향성 3단자 소자

20 일반적인 3상 유도전동기에 대한 설명으로 틀린 것은?

① 불평형전압으로 운전하는 경우 전류는 증가하나 토크는 감소한다.
② 원선도 작성을 위해서는 무부하시험, 구속시험, 1차 권선저항 측정을 하여야 한다.
③ 농형은 권선형에 비해 구조가 견고하며 권선형에 비해 대형 전동기로 널리 사용된다.
④ 권선형 회전자의 3선 중 1선이 단선되면 동기속도의 50[%]에서 더 이상 가속되지 못하는 현상을 게르게스현상이라 한다.

해설 • 권선형 유도전동기는 2차 외부저항(R_2)을 이용하여 기동특성 향상 및 속도제어를 용이하게 할 수 있는 특성으로 대형 전동기에 많이 적용된다.
• 농형 유도전동기는 권선형에 비해 기동특성이 좋지 않고, 구조가 간단하고 취급이 용이하여 큰 기동토크를 필요로 하지 않는 중 · 소형 전동기에 사용된다.

정답 | **19** ④ **20** ③

CHAPTER

09

2022년 제3회 과년도 기출문제

01 1차 전압 6,600[V], 2차 전압 220[V], 주파수 60[Hz], 1차 권수 1,200회인 경우 변압기의 최대 자속 (Wb)은?

① 0.36

② 0.63

③ 0.012

④ 0.021

해설 기전력 $E = 4.44f\phi N$[V]의 식에서, $\phi = \dfrac{E}{4.44fN} = \dfrac{6,600}{4.44 \times 60 \times 1,200} = 0.021$

02 출력 7.5[kW]의 3상 유도전동기가 전부하운전에서 2차 저항손이 200[W]일 때, 슬립은 약 몇 [%]인가?

① 8.8

② 3.8

③ 2.6

④ 2.2

해설 슬립 $s = \dfrac{P_{c2}}{P_2} = \dfrac{P_{c2}}{P_o + P_{c2}} = \dfrac{200}{7.5 \times 10^3 + 200} \times 100 \fallingdotseq 2.6$

03 스텝모터에 대한 설명 중 틀린 것은?

① 가속과 감속이 용이하다.

② 정·역회전 및 변속이 용이하다.

③ 위치제어 시 각도오차가 작다.

④ 브러시 등 부품수가 많아 유지보수 필요성이 크다.

해설 **스텝모터**

- 개념 : 디지털 신호(입력펄스)에 비례하여 일정 각도만큼 회전하는 전동기
- 특성
  - 정·역 운전 및 가속과 감속이 용이하다.
  - 위치제어 시 오차가 적고, 누적되지 않는다.
  - 브러시, 슬립링 등이 없기 때문에 부품수가 적고 신뢰성이 높다.
  - 자동화 설비 등에서 위치 결정 기구에 사용된다.

정답 | **01** ④ **02** ③ **03** ④

04 3상 유도전동기에서 동기와트로 표시되는 것은?

① 각속도   ② 토크

③ 2차 출력   ④ 1차 입력

> **해설** **동기와트**
> - 개념 : 전동기 속도가 동기속도일 때 2차입력(P_2)을 토크(τ)로 나타낸 것
> - 표현식 : $\tau = 0.975 \times \dfrac{P_o}{N} = 0.975 \times \dfrac{(1-s)P_2}{(1-s)N_s} = 0.975 \times \dfrac{P_2}{N_s} [\text{kg} \cdot \text{m}]$

05 3상 전원을 이용하여 2상 전압을 얻고자 할 때 사용하는 결선방법이 아닌 것은?

① 포크결선   ② 스코트결선

③ 우드브릿지결선   ④ 메이어결선

> **해설** 포크결선은 3상을 6상으로 변환하는 결선법이다.
> **3상을 2상으로 변환하는 결선방법**
> - 우드브릿지 결선
> - 스코트 결선(T결선)
> - 메이어 결선

06 직류기에서 기계각의 극수가 P인 경우 전기각과의 관계로 옳은 것은?

① 전기각$\times \dfrac{2}{P}$ ② 전기각$\times 2P$

③ 전기각$\times 3P$ ④ 전기각$\times \dfrac{P}{2}$

> **해설** - 전기각 계산식 : 전기각$= \dfrac{P}{2} \times$기계각$[°]$
> - 기계각 계산식 : 기계각$= \dfrac{2}{P} \times$전기각$[°]$

07 60[Hz]의 변압기에 50[Hz]의 동일전압을 가했을 때의 자속밀도는 60[Hz] 때와 비교하여 어떻게 되는가?

① $\dfrac{5}{6}$로 감소   ② $\dfrac{6}{5}$으로 증가

③ $\left(\dfrac{5}{6}\right)^{1.6}$으로 감소   ④ $\left(\dfrac{6}{5}\right)^2$으로 증가

> **해설** 자속밀도는 주파수의 반비례 특성을 가지므로 주파수가 60[Hz]에서 50[Hz]로 저하되면 자속밀도는 $\dfrac{6}{5}$으로 증가한다.

정답 | **04** ②   **05** ①   **06** ①   **07** ②

08 변압기의 누설 리액턴스를 나타낸 것은? (단, N은 권수이다.)

① N에 비례

② N^2에 반비례

③ N에 반비례

④ N^2에 비례

해설 인덕턴스 $L \propto N^2$이고, 리액턴스 $X = 2\pi fL$에서 $X \propto L$이므로 $X \propto N^2$가 된다.

09 상전압 200[V]의 3상 반파정류회로의 각 상에 SCR을 사용하여 정류제어할 때 위상각을 $\dfrac{\pi}{6}$로 한다면 순저항부하에서 얻을 수 있는 직류전압[V]은?

① 90

② 180

③ 203

④ 234

해설 3상 반파정류회로의 출력값 $E_d = 1.17 E\cos\alpha$[V]이므로,

$$E_d = 1.17 \times 200 \times \cos\left(\frac{\pi}{6}\right) \fallingdotseq 203 \, [\text{V}]$$

10 단상정류자전동기의 일종인 단상반발전동기에 해당되는 것은?

① 아트킨손형 전동기

② 반발유도전동기

③ 시라게전동기

④ 단상직권 정류자전동기

해설 **단상반발전동기**
- 개념 : 브러시를 단락하여 고정자와 회전자 사이에 일어나는 자극의 반발력에 의하여 기동하는 전동기
- 종류 : 아트킨손형, 톰슨형, 데리형

11 단락비가 큰 동기발전기에 대한 설명 중 틀린 것은?

① 효율이 나쁘다.

② 계자전류가 크다.

③ 전압변동률이 크다.

④ 안정도와 선로 충전용량이 크다.

해설 **단락비가 큰 기기의 장·단점**

장점	단점
• 동기 임피던스가 작음 • 전압강하 및 전압변동 작음 • 전기자 반작용 작음 • 안정도 증가함 • 공극이 큼	• 단락전류가 큼 • 철손이 크고, 효율이 나쁨 • 발전기 구조 및 중량이 큼 • 가격이 고가임

정답 | 08 ④ 09 ③ 10 ① 11 ③

12 직류기를 구성하고 있는 3요소는?

① 전기자, 계자, 슬립링 ② 전기자, 계자, 정류자
③ 전기자, 정류자, 브러시 ④ 전기자, 계자, 보상권선

해설 **직류기 구성요소**
- 직류기의 3요소 : 계자, 전기자, 정류자
- 계자 : 자속($\varnothing$)을 발생시킨다.
- 전기자 : 유기기전력을 발생시킨다.
- 정류자 : 교류 기전력을 직류기전력으로 변환시킨다.

13 동기조상기를 부족여자로 사용하면?

① 콘덴서로 작용 ② 리액터로 작용
③ 저항손의 보상 ④ 일반 부하의 뒤진 전류를 보상

해설 동기조상기를 부족여자로 운전하면 지상전류를 공급하는 리액터로 작용한다.

14 교류기에서 유기기전력의 특징 고조파분을 제거하고 또 권선을 절약하기 위하여 자주 사용되는 권선법은?

① 전절권 ② 분포권
③ 집중권 ④ 단절권

해설 **단절권의 특징**
- 고조파 제거로 파형 개선
- 권선량(동량) 감소 및 구조 경량화
- 유기기전력 감소

15 어느 정류회로의 부하전압이 200[V]이고 맥동률이 4[%]이면 교류분은 몇 [V] 포함되어 있는가?

① 18 ② 12
③ 8 ④ 4

해설 맥동률 $r = \dfrac{\text{나머지 교류분의 크기}}{\text{직류분의 크기}} \times 100\,[\%]$의 식에서,

교류분 크기=직류분 크기$\times \gamma = 200 \times 0.04 = 8\,[\text{V}]$

16 다음 중 농형 유도전동기에 주로 사용되는 속도제어법은?

① 2차 저항제어법　　　　　　　② 2차 여자법
③ 극수변환법　　　　　　　　　④ 종속접속법

해설 • 농형 유도전동기의 속도제어법 : 극수변환변, 주파수제어법
　　• 권선형 유도전동기의 속도제어법 : 2차 저항제어법, 2차 여자법, 종속접속법

17 누설 변압기에 필요한 특성은 무엇인가?

① 수하 특성　　　　　　　　　② 정전압 특성
③ 고저항 특성　　　　　　　　④ 고임피던스 특성

해설 누설 변압기에는 정전류 특성이 필요하며, 전류가 증가하면 전압이 저하하는 수하 특성이 필요하다.

18 60[Hz]인 3상 8극 및 2극의 유도전동기를 차동종속으로 접속하여 운전할 때의 무부하속도[rpm]는?

① 900　　　　　　　　　　　② 1,200
③ 1,500　　　　　　　　　　④ 1,800

해설 차동종속이므로 $N = \dfrac{120f_1}{P_1 - P_2} = \dfrac{120 \times 60}{8 - 2} = 1,200\,[\mathrm{rpm}]$

19 동기발전기의 단자 부근에서 단락이 일어났다고 하면 단락전류는 어떻게 되는가?

① 전류가 계속 증가한다.
② 큰 전류가 증가와 감소를 반복한다.
③ 일정한 큰 전류가 지속적으로 흐른다.
④ 처음에는 큰 전류가 흐르지만, 점차 감소한다.

해설 단락전류는 처음에는 큰 전류가 흐르지만 누설리액턴스와 반작용리액턴스에 의해서 점차 감소하는 형태를 보인다.

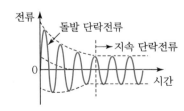

20 직류분권전동기를 무부하로 운전 중 계자회로에 단선이 생긴 경우 발생하는 현상으로 옳은 것은?

① 반대방향으로 회전한다.

② 즉시 정지한다.

③ 과속도로 되어 위험하다.

④ 무부하이므로 서서히 정지한다.

해설 직류분권전동기는 운전 중 계자회로에 단선이 생겨 무여자 상태가 되면 과속도로 되어 위험하다.

01 동기발전기에서 앞선 전류가 흐를 때 어떤 작용을 하는가?

① 감자 작용
② 증자 작용
③ 교차 자화 작용
④ 아무 작용도 하지 않음

해설 진상부하의 경우 증자 작용의 형태를 가진다.

부하의 종류	동기발전기	동기전동기	축 형태
• 저항(R) 부하 • I_a와 $E(V)$가 동상($\cos\theta = 1$)	교차자화 작용	교차자화 작용	횡축 반작용
• 인덕턴스(L) 부하 • I_a가 $E(V)$보다 90[°] 뒤짐(지상)	감자 작용	증자 작용	직축 반작용
• 콘덴서(C) 부하 • I_a가 $E(V)$보다 90[°] 앞섬(진상)	증자 작용	감자 작용	

02 변압기에서 사용되는 변압기유의 구비 조건으로 틀린 것은?

① 점도가 높을 것
② 응고점이 낮을 것
③ 인화점이 높을 것
④ 절연 내력이 클 것

해설 절연유의 점도(끈적거림)는 작아야 한다.

03 직류를 다른 전압의 직류로 변환하는 전력변환 기기는?

① 초퍼
② 인버터
③ 사이클로 컨버터
④ 브리지형 인버터

해설 **전력 변환기**
• AC → DC : 컨버터(정류기), 순변환 장치
• DC → AC : 인버터, 역변환 장치
• DC → DC : 초퍼(직류전압 제어)
• AC → AC : 사이클로 컨버터(주파수 변환, 교류전력 증폭)

정답 | 01 ② 02 ① 03 ①

04 12극 3상 동기발전기의 기계각 15[°]에 대응하는 전기각[°]은?

① 30

② 45

③ 60

④ 90

해설 전기각$=\dfrac{P}{2}\times$기계각$=\dfrac{12}{2}\times15=90[°]$

05 다음 중 가정용 재봉틀, 소형공구, 영사기, 치과의료용 엔진 등에 사용되고 있으며, 교류, 직류 양쪽 모두에 사용되는 만능 전동기는?

① 3상 유도 전동기

② 차동 복권 전동기

③ 단상 직권 정류자 전동기

④ 전기 동력계

해설 단상 직권 정류자 전동기의 적용 : 75[W] 이하의 소형공구, 치과의료용, 가정용 재봉틀, 믹서기 등

06 일반적인 변압기의 무부하손 중 효율에 가장 큰 영향을 미치는 것은?

① 와전류 손

② 유전체 손

③ 히스테리시스 손

④ 여자전류 저항 손

해설 무부하손의 대부분은 철손이며, 철손의 역 70[%]를 차지하는 것이 히스테리시스손이다(와류손은 약 30[%]).

07 정격전압 6,000[V], 용량 5,000[kVA]의 Y결선 3상 동기발전기가 있다. 여자전류 200[A]에서의 무부하 단자전압 6,000[V], 단락전류 600[A]일 때, 발전기의 단락비는 약 얼마인가?

① 0.25

② 1

③ 1.25

④ 1.5

해설 • 정격전류 $I_n=\dfrac{P}{\sqrt{3}\,V}=\dfrac{5,000\times10^3}{\sqrt{3}\times6,000}=481.23[A]$

• 단락비 $K_s=\dfrac{I_s}{I_n}=\dfrac{600}{481.23}=1.247$

08 부흐홀쯔 계전기에 대한 설명으로 틀린 것은?

① 오동작의 가능성이 크다.

② 전기적 신호로 동작한다.

③ 변압기의 보호에 사용된다.

④ 변압기 주탱크와 콘서베이터의 연결 관중에 설치한다.

해설 부흐홀쯔 계전기 : 변압기 내부고장 시 절연유에서 발생하는 가스변화를 검출하여 동작하는 기계적 보호장치

정답 | **04** ④ **05** ③ **06** ③ **07** ③ **08** ②

09 직류 분권전동기의 공급전압이 극성을 반대로 하면 회전방향은 어떻게 되는가?

① 반대로 된다.　　　　　　　　　② 변하지 않는다.
③ 발전기로 된다.　　　　　　　　④ 회전하지 않는다.

> **해설** • 직류전동기 역회전 방법 : 계자전류(I_f)와 전기자전류(I_a) 중 하나의 방향만 바뀌면 된다.
> • 자여자전동기 : 공급전압의 극성을 반대로 하면 계자전류, 전기자전류 둘 다 방향이 바뀌기 때문에 역회전 불가
> • 타여자전동기는 역회전 가능

10 유도 전동기의 속도제어법 중 저항제어와 관계가 없는 것은?

① 농형 유도 전동기　　　　　　　② 비례추이함
③ 속도 제어가 간단하고 원활함　　④ 속도 조정 범위가 작음

> **해설** 저항제어와 관련된 전동기는 권선형 유도전동기이다.

11 다음 중 일반적인 동기전동기 난조 방지에 가장 유효한 방법은?

① 자극수를 적게 한다.
② 회전자의 관성을 크게 한다.
③ 자극면에 제동권선을 설치한다.
④ 동기 리액턴스 X_s를 작게 하고 동기화력을 크게 한다.

> **해설** 난조방지 주 대책 : 자극면에 제동권선 설치

12 직류기의 권선을 단중 파권으로 감으면?

① 내부 병렬회로수가 극수만큼 생긴다.
② 균압환을 연결해야 한다.
③ 저압 대전류용 권선이다.
④ 내부 병렬 회로수가 극수와 관계없이 언제나 2이다.

> **해설** **중권과 파권의 비교**

구분	중권(병렬권)	파권(직렬권)
전압, 전류	저전압, 대전류	고전압, 소전류
병렬회로수(a)	$a = p$	$a = 2$
브러시 수(b)	$b = p$	$b = 2$ or p
균압환	필요(4극 이상)	불필요

정답 | 09 ② 10 ① 11 ③ 12 ④

13 3상 유도전동기의 기동법 중 전전압 기동에 대한 설명으로 틀린 것은?

① 기동 시에 역률이 좋지 않다.
② 소용량으로 기동 시간이 길다.
③ 소용량 농형 전동기의 기동법이다.
④ 전동기 단자에 직접 정격전압을 가한다.

해설 전전압 기동은 별도의 기동장치를 두지 않고 전전압을 인가하여 기동하기 때문에 기동시간이 짧은 특성을 가진다.

14 동기발전기의 전기자 권선법 중 집중권인 경우 매극 매상의 홈(slot) 수는?

① 1개   ② 2개
③ 3개   ④ 4개

해설
집중권은 매극 매상의 슬롯 수가 1개이다.

15 전기기기에서 절연의 종류 중 B종 절연물의 최고허용온도는 몇 [℃]인가?

① 90   ② 105
③ 120   ④ 130

해설

절연등급	Y종	A종	E종	B종	F종	H종	C종
최고허용온도[℃]	90	105	120	130	155	180	180 초과
기준온도[℃]	40						

16 유도전동기 슬립 s의 범위는?

① $1 < s$ ② $s < -1$
③ $-1 < s < 0$ ④ $0 < s < 1$

해설

유도(역상)제동기	유도전동기	유도발전기
$1 < s < 2$	$0 < s < 1$	$-1 < s < 0$

정답   13 ②   14 ①   15 ④   16 ④

17 변압기에서 부하와 관계없이 자속만을 만드는 전류는?

① 철손전류

② 자화전류

③ 여자전류

④ 교차전류

> **해설** • $\dot{I}_\phi$ (자화전류) : 자속을 만드는 전류
> • $\dot{I}_i$ (철손전류) : 철손을 발생하는 전류

18 직류전동기의 공급전압을 V[V], 자속을 ϕ[Wb], 전기자 전류를 I_a[A], 전기자 저항을 r_a[$\varOmega$], 속도를 N[rpm]이라 할 때 속도의 관계식은 어떻게 되는가? (단, K는 상수이다.)

① $N = K\dfrac{V + I_a r_a}{\phi}$

② $N = K\dfrac{V - I_a r_a}{\phi}$

③ $N = K\dfrac{\phi}{V + I_a r_a}$

④ $N = K\dfrac{\phi}{V - I_a r_a}$

> **해설** 역기전력 $E = \dfrac{PZ\phi N}{a} = K\phi n$[V]의 식에서, 속도 $N = \dfrac{E}{K\phi} = K\dfrac{E}{\phi} = K\dfrac{V - I_a\,r_a}{\phi}$[rps]

19 권선형 유도전동기 기동 시 2차측에 저항을 넣는 이유는?

① 회전수 감소

② 기동전류 증대

③ 기동 토크 감소

④ 기동전류 감소와 기동 토크 증대

> **해설** • 2차 외부저항 설치목적 : 기동특성 향상, 속도제어 용이
> • 기동특성을 향상시키기 위해서 2차측 저항을 통해 기동토크를 크게 하고, 기동전류를 감소시킨다.

20 단상 변압기의 병렬운전 시 요구사항으로 틀린 것은?

① 극성이 같을 것

② 정격출력이 같을 것

③ 정격전압과 권수비가 같을 것

④ 저항과 리액턴스의 비가 같을 것

> **해설** **변압기 병렬운전 조건**
> • 극성이 같을 것
> • 정격전압(V_n)이 같을 것
> • 권수비(a)가 같을 것
> • %Z(%임피던스)가 같을 것
> • 상회전방향이 같을 것
> • 각변위가 같을 것

| 정답 | 17 ② | 18 ② | 19 ④ | 20 ② |

01 직류기의 전기자에 일반적으로 사용되는 전기자권선법은?

① 2층권
② 개로권
③ 환상권
④ 단층권

> **해설** **직류기의 전기자권선법 분류**

환상권	개로권	단층권	파권(직렬권)
고상권	폐로권	이층권	중권(병렬권)

02 3상 동기발전기를 병렬운전 시키는 경우 고려하지 않아도 되는 조건은?

① 기전력의 파형이 같을 것
② 기전력의 주파수가 같을 것
③ 회전수가 같을 것
④ 기전력의 크기가 같을 것

> **해설** • 동기발전기 병렬운전 조건 : 크기, 위상, 주파수, 파형, 상회전 방향이 같을 것(크.위.주.파.상)
> • 회전수는 고려하지 않아도 된다.

03 변압기에서 권수가 2배가 되면 유기기전력은 몇 배가 되는가?

① 1
② 2
③ 4
④ 8

> **해설** 유도기전력 $E = 4.44f\phi N[\text{V}]$, $E \propto N$, 권수가 2배가 되면 기전력도 2배가 된다.

04 전기자저항 r_a=0.2[Ω], 동기리액턴스 x_s=20[Ω]인 Y결선의 3상 동기발전기가 있다. 3상 중 1상의 단자전압 V=4,400[V], 유도기전력 E=6,600[V]이다. 부하각 $\delta = 30[°]$라고 하면 발전기의 출력은 약 몇 [kW]인가?

① 2,178
② 3,251
③ 4,253
④ 5,532

> **해설** 3상 출력 $P_3 = 3 \times \dfrac{EV}{x_s}\sin\delta = 3 \times \dfrac{6,600 \times 4,400}{20}\sin30[°] \times 10^{-3} = 2,178[\text{kW}]$

정답	01 ①	02 ③	03 ②	04 ①

05 주파수 60[Hz] 슬립 0.2인 경우 회전자 속도가 720[rpm]일 때 유도전동기의 극수는?

① 4

② 6

③ 8

④ 12

해설 • 회전자 속도 $N = (1-s)\dfrac{120f}{P}$[rpm]의 식에서,

• 극수 $P = (1-s)\dfrac{120f}{N} = (1-0.2) \times \dfrac{120 \times 60}{720} = 8$극

06 10극인 직류 발전기의 전기자 도체수가 600, 단중 파권이고 매극의 자속수가 0.01[wb], 600[rpm]일 때의 유도기전력[V]은?

① 150

② 200

③ 250

④ 300

해설 기전력 $E = \dfrac{PZ\phi N}{60\,a} = \dfrac{10 \times 600 \times 0.01 \times 600}{60 \times 2} = 300$[V]

07 3상 권선형 유도전동기에서 2차측 저항을 2배로 하면 그 최대토크는 어떻게 되는가?

① 불변이다.

② 2배 증가한다.

③ 1/2로 감소한다.

④ $\sqrt{2}$ 배 증가한다.

해설 비례추이는 최대 토크는 변하지 않으며, 2차저항을 가변시켜 기동특성 향상 및 속도제어를 용이하게 한다.

08 정격출력 50[kW], 4극 220[V], 60[Hz]인 3상 유도전동기가 전부하 슬립 0.04, 효율 90[%]로 운전되고 있을 때 다음 중 틀린 것은?

① 2차 효율=96[%]

② 1차 입력=55.56[kW]

③ 회전자 입력=47.9[kW]

④ 회전자 동손=2.08[kW]

해설 회전자 입력 $P_2 = \dfrac{P_o}{(1-s)} = \dfrac{50}{(1-0.04)} = 52.08$[kW]

09 3,000/200[V] 변압기의 1차 임피던스가 225[Ω]이면, 2차 환산 임피던스는 약 몇 [Ω]인가?

① 1.0
② 1.5
③ 2.1
④ 2.8

해설 • 권수비 $a = \dfrac{V_1}{V_2} = \dfrac{3,000}{200} = 15$

• 2차 환산 임피던스 $Z_2 = \dfrac{225}{15^2} = 1[\Omega]$

10 유도전동기의 최대 토크를 발생하는 슬립을 s_t, 최대 출력을 발생하는 슬립을 s_p라 하면 대소 관계는?

① $s_p = s_t$
② $s_p > s_t$
③ $s_p < s_t$
④ 일정치 않다

해설 최대출력은 최대토크보다 고속도에서 발생하고, 최대토크슬립(s_t)이 최대출력슬립(s_p)보다 크다.

11 단상 전파 정류의 맥동률은?

① 0.17
② 0.34
③ 0.48
④ 0.86

해설 **맥동률 표준값**

정류방식	단상 반파	단상 전파	3상 반파	3상 전파
맥동률[%]	121	48	17	4

12 변압기에서 철손을 구할 수 있는 시험은?

① 유도시험
② 단락시험
③ 부하시험
④ 무부하시험

해설 • 무부하 시험 : P_i(철손), I_o(여자전류), Y_o(여자어드미턴스)

• 단락 시험 : P_c(동손, 임피던스와트), Z(임피던스), V_s(임피던스전압), ε(전압변동률)

13 3단자 사이리스터가 아닌 것은?

① SCR
② GTO
③ SCS
④ TRIAC

해설 SCS : 단방향 4단자 소자

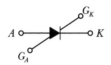

14 직류기에서 전기자 반작용이란 전기자 권선에 흐르는 전류로 인하여 생긴 자속이 무엇에 영향을 주는 현상인가?

① 감자 작용만을 하는 현상
② 편자 작용만을 하는 현상
③ 계자극에 영향을 주는 현상
④ 모든 부분에 영향을 주는 현상

해설 전기자 반작용은 전기자 전류에 의한 전기자 자속이 계자전류에 의한 주 자속에 영향을 미치는 현상을 말한다.

15 2대의 변압기로 V결선하여 3상 변압하는 경우 변압기 이용률[%]은?

① 57.8
② 66.6
③ 86.6
④ 100

해설 V결선의 이용률 $= \dfrac{\sqrt{3}\,VI}{2\,VI} = \dfrac{\sqrt{3}}{2} = 0.866\,(86.6\,[\%])$

16 교류 직류 양용 전동기(Universal motor) 또는 만능 전동기라고 하는 전동기는?

① 단상 반발 전동기
② 3상 직권 전동기
③ 단상 직권 정류자 전동기
④ 3상 분권 정류자 전동기

해설 단상 직권 정류자 전동기는 교류 및 직류 양용이므로 만능 전동기(universal motor)라고도 한다.

17 직류직권 전동기에서 토크 τ와 회전수 N과의 관계는?

① $\tau \propto N$
② $\tau \propto N^2$
③ $\tau \propto 1/N$
④ $\tau \propto 1/N^2$

해설 • 분권 전동기의 토크 특성 : $\tau \propto I$, $\tau \propto \dfrac{1}{N}$

• 직권 전동기의 토크 특성 : $\tau \propto I^2$, $\tau \propto \dfrac{1}{N^2}$

정답 | 13 ③ 14 ③ 15 ③ 16 ③ 17 ④

18 철손 1.6[kW] 전부하동손 2.4[kW]인 변압기에는 약 몇 [%] 부하에서 효율이 최대로 되는가?

① 82
② 95
③ 97
④ 100

해설 최대효율 시 부하율 $\dfrac{1}{m} = \sqrt{\dfrac{P_i}{P_c}} = \sqrt{\dfrac{1.6}{2.4}} \fallingdotseq 0.82$ ∴ 82 [%]

19 동기전동기에 관한 설명 중 틀린 것은?

① 기동 토크가 작다.
② 유도전동기에 비해 효율이 양호하다.
③ 여자기가 필요하다.
④ 역률을 조정할 수 없다.

해설 동기전동기는 무부하인 동기조상기로 사용하여 역률을 조정할 수 있다.

20 타여자 직류전동기의 속도제어에 사용되는 워드 레오나드(Ward Leonard) 방식은 다음 중 어느 제어법을 이용한 것인가?

① 저항제어법
② 전압제어법
③ 주파수제어법
④ 직 · 병렬제어법

해설 전압제어 방식의 종류 : 워드 레오나드 방식, 일그너 방식, 직 · 병렬 제어방식

정답 ┃ 18 ① 19 ② 20 ②

2023년 제3회 과년도 기출문제

01 원통형 회전자를 가진 동기발전기는 부하각 δ가 몇 [°]일 때 최대 출력을 낼 수 있는가?

① 0[°]

② 30[°]

③ 60[°]

④ 90[°]

> **해설** • 비돌극기(원통형) 최대 출력 : $\delta = 90[°]$일 때 발생
> • 돌극기 최대 출력 : $\delta = 60[°]$일 때 발생

02 직류발전기의 전기자 권선법 중 단중 파권과 단중 중권을 비교했을 때 단중 파권에 해당하는 것은?

① 고전압 대전류

② 저전압 소전류

③ 고전압 소전류

④ 저전압 대전류

> **해설**
>
> | 구분 | 중권(병렬권) | 파권(직렬권) |
> |---|---|---|
> | 전압, 전류 | 저전압, 대전류 | 고전압, 소전류 |
> | 병렬회로수(a) | $a = p$ | $a = 2$ |
> | 브러시 수(b) | $b = p$ | $b = 2$ or p |
> | 균압환 | 필요(4극 이상) | 불필요 |

03 △결선 변압기의 한 대가 고장으로 제거되어 V결선으로 공급할 때 공급할 수 있는 전력은 고장 전 전력에 대하여 약 몇 [%]인가?

① 57.7

② 66.7

③ 75.0

④ 86.6

> **해설** 출력비 : $\dfrac{\text{V 결선의 출력}}{\triangle\text{결선의 출력}} = \dfrac{\sqrt{3}\,P_1}{3P_1} = \dfrac{\sqrt{3}}{3} = 0.577$, 57.7[%]

04 3상 변압기를 병렬운전하는 경우 불가능한 조합은?

① △−Y와 Y−△

② △−△와 Y−Y

③ △−Y와 △−Y

④ △−Y와 △−△

> **해설** 결선 조합이 홀수가 되면 병렬운전이 불가능하다.

정답 | **01** ④ **02** ③ **03** ① **04** ④

05 자극수 P, 파권, 전기자 도체수가 Z인 직류 발전기를 N[rpm]의 회전속도로 무부하 운전할 때 기전력이 E[V]이다. 1극당 주자속[Wb]은?

① $\dfrac{120\,E}{PZN}$

② $\dfrac{120\,Z}{PEN}$

③ $\dfrac{120\,ZN}{PE}$

④ $\dfrac{120\,PZ}{EN}$

> **해설** 기전력 $E = \dfrac{PZ\phi\,N}{60 \times a} = \dfrac{PZ\phi\,N}{120}$[V]의 식에서, 자속 $\phi = \dfrac{120\,E}{PZN}$[wb]

06 3상 농형 유도전동기의 기동방법으로 틀린 것은?

① Y-△ 기동

② 전전압 기동

③ 리액터 기동

④ 2차 저항에 의한 기동

> **해설** 2차 저항에 의한 기동은 권선형 유도 전동기의 기동법이다.

07 변압기의 정격을 정의한 것 중 옳은 것은?

① 전부하의 경우 1차 단자전압을 정격 1차 전압이라 한다.
② 정격 2차 전압은 명판에 기재되어 있는 2차 권선의 단자전압이다.
③ 정격 2차 전압을 2차 권선의 저항으로 나눈 것이 정격 2차 전류이다.
④ 2차 단자 간에서 얻을 수 있는 유효전력을 [kW]로 표시한 것이 정격출력이다.

> **해설** 변압기의 정격은 2차측을 기준으로 하고, 정격출력 단위는 [kVA]이다.

08 동기전동기가 무부하 운전 중에 부하가 걸리면 동기전동기의 속도는?

① 정지한다.

② 동기속도와 같다.

③ 동기속도보다 빨라진다.

④ 동기속도 이하로 떨어진다.

> **해설** 동기전동기는 부하의 급변 시에는 난조가 발생될 수 있으나, 일반적인 부하변동에는 일정한 동기속도로 회전한다.

09 권선형 유도전동기 2대를 직렬종속으로 운전하는 경우 그 동기속도는 어떤 전동기의 속도와 같은가?

① 두 전동기 중 적은 극수를 갖는 전동기
② 두 전동기 중 많은 극수를 갖는 전동기
③ 두 전동기의 극수의 합과 같은 극수를 갖는 전동기
④ 두 전동기의 극수의 차와 같은 극수를 갖는 전동기

해설 종속법에 의한 속도 계산

직렬종속	차동종속	병렬종속
$N = \dfrac{120f_1}{P_1 + P_2}$	$N = \dfrac{120f_1}{P_1 - P_2}$	$N = \dfrac{120f_1}{\dfrac{P_1 + P_2}{2}}$

10 부하전류가 2배로 증가하면 변압기의 2차측 동손은 어떻게 되는가?

① 1/4로 감소한다.　　　　　　　　② 1/2로 감소한다.
③ 2배로 증가한다.　　　　　　　　④ 4배로 증가한다.

해설 동손 $P_c = I^2 R$[W], $P_c \propto I^2$의 관계에서, 부하전류(I)가 2배로 증가하면 동손(P_c)은 4배로 증가하게 된다.

11 그림은 여러 직류전동기의 속도 특성곡선을 나타낸 것이다. 1부터 4까지 차례로 옳은 것은?

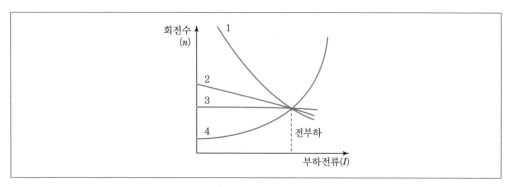

① 차동복권, 분권, 가동복권, 직권
② 직권, 가동복권, 분권, 차동복권
③ 가동복권, 차동복권, 직권, 분권
④ 분권, 직권, 가동복권, 차동복권

해설 속도 변동률이 가장 큰 직권 전동기부터 "직, 가, 분, 차"로 암기함

12 다이오드를 사용하는 정류회로에서 과대한 부하전류로 인하여 다이오드가 소손될 우려가 있을 때 가장 적절한 조치는 어느 것인가?

① 다이오드를 병렬로 추가한다.
② 다이오드를 직렬로 추가한다.
③ 다이오드 양단에 적당한 값의 저항을 추가한다.
④ 다이오드 양단에 적당한 값의 콘덴서를 추가한다.

> **해설** • 다이오드 직렬연결 : 과전압 방지(입력전압을 증가시킬 수 있다.)
> • 다이오드 병렬연결 : 과전류 방지

13 용량이 50[kVA] 변압기의 철손이 1[kW]이고 전부하동손이 2[kW]이다. 이 변압기를 최대효율에서 사용하려면 부하를 약 몇 [kVA] 인가하여야 하는가?

① 2
② 35
③ 50
④ 71

> **해설** 최대효율 시 부하율 $\dfrac{1}{m} = \sqrt{\dfrac{P_i}{P_c}} = \sqrt{\dfrac{1}{2}} \fallingdotseq 0.707$ 이므로,
> 최대효율 시 출력은 $0.707 \times 50 \fallingdotseq 35[\text{kVA}]$ 가 된다.

14 교류기에서 유기기전력의 특징 고조파분을 제거하고 또 권선을 절약하기 위하여 자주 사용되는 권선법은?

① 전절권
② 분포권
③ 집중권
④ 단절권

> **해설** **단절권의 특징**
> • 고조파 제거로 파형 개선
> • 권선량(동량) 감소 및 구조 경량화
> • 유기기전력 감소

15 3상 권선형 유도전동기의 2차 회로의 한상이 단선된 경우에 부하가 약간 커지면 슬립이 50[%]인 곳에서 운전이 되는 것을 무엇이라 하는가?

① 차동기 운전
② 자기여자
③ 게르게스 현상
④ 난조

> **해설** 게르게스 현상은 1상이 단선된 경우에 발생되며 속도가 1/2로 감소된다.

16 직류 분권 전동기 기동 시 계자저항기의 저항값은?

① 최대로 해둔다.　　　　　　② 0으로 해둔다.

③ 중간으로 해둔다.　　　　　④ 1/3로 해둔다.

> **해설** 기동토크를 크게하기 위하여 계자저항기의 저항값을 최소(0)로 한다.

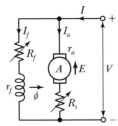

17 그림은 동기발전기의 구동 개념도이다. 그림에서 2를 발전기라 할 때 3의 명칭으로 적합한 것은?

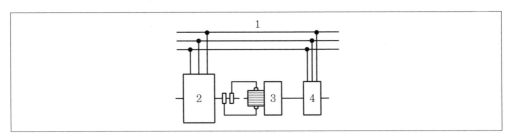

① 전동기　　　　　　　　　　② 여자기

③ 원동기　　　　　　　　　　④ 제동기

> **해설** 1-전원선, 2-발전기, 3-여자기, 4-원동기

18 변압기의 규약효율 산출에 필요한 기본요건이 아닌 것은?

① 파형은 정현파를 기준으로 한다.

② 별도의 지정이 없는 경우 역률은 100[%] 기준이다.

③ 부하손은 40[℃]를 기준으로 보정한 값을 사용한다.

④ 손실은 각 권선에 대한 부하손의 합과 무부하손의 합이다.

> **해설** **변압기 규약효율 산출조건**
> - 파형은 정현파 기준
> - 별도 지정이 없는 경우 역률은 100[%] 기준
> - 부하손은 75[℃]를 기준으로 보정한 값 사용
> - 손실은 각 권선에 대한 부하손의 합과 무부하손의 합으로 함

정답 | 16 ② 　17 ② 　18 ③

19 유도자형 동기발전기의 설명으로 옳은 것은?

① 전기자만 고정되어 있다.
② 계자극만 고정되어 있다.
③ 회전자가 없는 특수 발전기이다.
④ 계자극과 전기자가 고정되어 있다.

해설

구분	고정자	회전자	적용
회전 계자형	전기자	계자	동기발전기
회전 전기자형	계자	전기자	• 직류발전기 • 소용량 동기발전기
유도자형	계자, 전기자	유도자	고주파발전기 (수백~수만 [Hz])

20 직류 전동기의 속도제어 방법이 아닌 것은?

① 계자 제어법 ② 전압 제어법
③ 주파수 제어법 ④ 직렬 저항 제어법

해설
• 직류 전동기의 속도제어 방식 : 전압제어, 계자제어, 저항제어
• 주파수 제어법은 농형 유도전동기에서 주로 사용되는 속도제어 방법이다.

정답 | 19 ④ 20 ③

전기기사 핵심완성 시리즈
3. 전기기기

초 판 발 행	2024년 2월 5일	
편 저	이승학	
발 행 인	정용수	
발 행 처	예문사	
주 소	경기도 파주시 직지길 460(출판도시) 도서출판 예문사	
T E L	031) 955 – 0550	
F A X	031) 955 – 0660	
등 록 번 호	11 – 76호	
정 가	19,000원	

홈페이지 http://www.yeamoonsa.com

ISBN   978 – 89 – 274 – 5299 – 7   [13560]